미래는 생태문명

파국을 넘는 문명 전환의 지도 그리기

What is Ecological Civilization? Crisis, Hope, and Future of the Planet
by Philip Clayton, WM. Andrew Schwartz

미래는 생태문명

—파국을 넘는 문명 전환의 지도 그리기

초판 1쇄 발행   2023년 11월 15일

지은이   필립 클레이튼, 앤드류 슈워츠
기획   이동우
디자인   디자인오팔
펴낸곳   산현재 傘玄齋 The House of Wisdom under Shelter
등록   제2020-000025호
주소   서울시 마포구 연희로 11. 5층 CS-531
이메일   thehouse.ws@gmail.com
인스타그램   wisdom.shelter
인쇄   예림인쇄
제책   예림바인딩
물류   문화유통북스

ISBN 979-11-980846-4-4(03300)

일러두기

1. 역자 주는 각주로, 저자 주는 미주로 표기했다. 차례의 '주석'은 미주를 의미한다.
2. 단행본은 《 》로, 작품명 등은 〈 〉로 표기했다. 낱개의 시작품의 경우, ' '로 표기했다.

WHAT IS ECOLOGICAL CIVILIZATION?

미래는 생태문명

파국을 넘는 문명 전환의 지도 그리기

필립 클레이튼 · 앤드류 슈워츠 지음   이동우 옮김

차례

환영하는 글

파국을 넘는 문명 전환의 지도 그리기

환영하는 글

　　이 책은 오늘날 인류가 직면한 가장 시급한 위협에 관한 것으로, 인류 역사상 가장 중요한 책이 될 수 있다. 점점 더 많은 학자와 운동가들이 이러한 위협의 도전과 그 해결책을 생태문명ecological civilization 개념을 사용해서 제시하고 있다. 안타깝게도 '생태문명'이라는 단어는 우리에게 익숙한 용어가 아니다. 어떤 분들은 이 책을 통해 처음 접했을 수도 있을 것이다. 따라서 이 책에서는 가능한 한 단도직입적으로, 전문적인 용어를 사용함 없이 생태문명을 설명하고자 했다.

　　희망이 없다는 것은 지금의 시점에서 우리가 취할 수 있는 가장 최악의 관점이라 할 수 있다. 그러나 이 책의 저자와 학자들과 운동가들은, 우리가 알고 있는 다른 용어들과는 다르게 '생태문명'이라는 용어가 우리에게 희망을 제공한다는 점을, 나아가 생태문명의 매혹적인 면모들을 발견했다. 우선, 생태문명은 우리가 현재 직면한 위협에서 벗어나 앞으로 다가올 미래를 직시할 수 있도록 돕는다. 그리고 생태문명이라는 관념은 단순히 유토피아적으로 머무는 것이 아니라, 오늘날 실질적으로 누군가의 라이프스타일에 반영되고 사회 정책을 형성하는 데 지침을 제공한다.

　　하지만 이 용어에는 또 다른, 어쩌면 더 놀라운 힘이 있을지 모른다. 이 용어는 인류가 과거에 많은 문명들을 겪어왔다는 사실을 상기시키고 우리에게 장기적인 희망을 제공한다. 특정한 문명의 종말이 반드시 인류의 종말을 의미하는 것은 아니며, 지구상의 모든 생명체의 종말을 의미하는 것은 더더욱 아니다. 근대성의 붕괴가 일어난 이후 나타날, 인류가 서로 공정하고 지속가능한 방식으로 공존하는 사회를 상상하는 것은 그리 어려운 일도 아니다.

생태문명은 장기적인 희망을 제시하는 동시에 오늘날 우리의 행동을 안내하는 가치들도 제공한다. 예컨대, 우리는 협동조합과 대안 경제 모델을 지지하게 된다. 도시 안에서나 동네 안에서 땅을 가꾸고 경작을 시작하기도 한다. 새로운 형태의 가치체계를 기반으로 한 교육을 시행하기도 한다. 생태마을에 들어가 우리가 지구에 미치는 나쁜 영향을 줄일 방도를 찾기도 한다. 이러한 변화들을 만들어내면서, 우리는 바로 이런 것들이 생태문명 발전을 위한 구체적인 조치들임을 깨닫기 시작한다. 여러분과 주변 사람들의 이러한 행동이 새로운 문명을 탄생시키는 데 중요한 역할을 하고 있음도 깨닫는다. 이러한 행동들이 이 세상 전체를 위협하고 있는 경제적, 사회적인 붕괴를 피할 수 있게 해줄지, 우리는 아직 알 수 없다. 그러나 만약 그렇게 되지 않더라도, 변화를 위한 행동들은 그 후에 펼쳐질 역사의 방향을 정초할 것이다.

이 책은 자료들을 연구하고 정리하는 데 도움을 준 여러 사람들의 헌신적 노력 그리고 이를 편집하고 활용한 두 저자의 결과물이다. 이 책은 존 베커John Becker, 존 캅John Cobb, 파블로 디아즈Pablo Diaz, 마릴린 그린벅Marilyn Greenberg, 잭 패트릭 사르겐트Jack Patrick Sargent, 그리고 생태문명 팀이 함께 집필한 책이다. 특히 생태문명에 대한 비전을 통해 우리 모두에게 큰 영향을 준 우리의 멘토인 존 캅 박사께 우리는 특별한 감사의 빚을 지고 있다. 또한 우리의 생각을 발전시키고 우리에게 방향을 제시해 준 다른 멘토들과 학자들과 과학자들과 정치 이론가들과 경제학자들과 선각자들께도 감사 인사를 전한다. 우리는 '생태문명'이라는 비전이 우리가 많은 것을 배운 중국 학자들과 정책 입안자들에게서 시작되었다는 것을 상기한다.

캘리포니아 클레어몬트 포모나 대학에서 열린 '대안 모색하기Seizing an Alternative: Toward Ecological Civilization' 컨퍼런스에 참석한 1,500명의 생태문명 워킹그룹 회원들의 노력과 기조연설에 참석한 약 500명의 또 다른 참석자들의 도움으로 이 책에서 여러분에게 전달할 내용들이 더욱 풍성해졌다. 인류를 새로운 방향으로 이끌기 위해 예언자적으로 생각하고 행동해온, 알려지거나 알려지지 않은 모든 분들께 감사를 표한다.

생태문명이란 무엇인가?

존 캅 주니어

파국을 넘는 문명 전환의 지도 그리기

생태문명이란 무엇인가?
존 캅 주니어

　'생태문명'이라는 용어는 오늘날 '검은 금발' 같이 내적으로 자기모순적인 용어, 즉 모순어법에 가깝다. 이러한 상황에 의해 우리의 목표가 공격 받고 있는 사태 자체가 우리 앞에 놓인 과제가 얼마나 어려운지를 나타낸다. '생태적'은 모든 종류의 맥락에서 가능한 생물의 복합체를 발전시키는 자연세계를 가리킨다. 우리 인간은 자연이 발전시키는 풍부한 시스템들에 그리고 기후변화 앞에서 이 시스템들이 보이는 회복력에 깊은 인상을 받는다. 우리는 인간이 생태계에 개입하면 거의 항상 생태계를 빈곤하게 만든다는 것을 알고 있다. 일부 채집·수렵 사회에서는 그렇지 않을 수도 있지만, 때로는 그런 사회에서도 마찬가지 결과를 낳기도 한다. 그리고 이는 모든 문명에 해당되는 사실이다.

　실제로 '문명'은, 부분적으로는, 인간이 자신들의 즉각적 욕망을 위해 환경을 변화시킨다는 의미로 정의 내려진다. 적어도 일부 채집·수렵 사회는 환경을 거의 변화시키지 않으면서 대신 환경에 적응한다. 이와는 대조적으로 문명은 인간이 원하는 것을 제공하기 위해 의도적이고 성공적으로 환경을 변화시킨다. 이런 의미에서 문명은 본질적으로 반생태적인 것처럼 보일지도 모르겠다. 그렇다면 생태문명으로의 전환이라는 인류를 위한 목표를 어떻게 설명할 수 있을까?

생태문명에 도달한다는 것은 자연을 변형하는 것을 포기한다는 것이 아니다. 그것은 시간이 지남에 따라 복잡해지고 풍요로워지는 생태계를 만들어내는 자연과 그 성공으로부터 배우는 방식으로 자연을 변형하는 법을 알아간다는 것이다. 일반적으로 자연의 생태계들은 토양을 풍요롭게 한다. 즉, 토양의 생명체를 번식시켜 토양을 지탱하는 생태계의 질을 높인다. 안타깝게도 대부분의 인류 문명에는 자연의 생태계들을 단작농을 위한 경작지로 대체하는 식의 농업 형태가 수반되어왔다. 증가하는 인구를 먹여 살리는 데 중심적인 역할을 해온 곡물은 매년 경작이 필요했고, 이 과정에서 항상 표토가 어느 정도 손실되었다. 지난 수백 년간 인구가 증가하고 농업이 농산업으로 전환됨에 따라 표토의 손실이 가속화되었다. 근대 문명의 본질적인 비생태적 특성은 이제 전 세계적인 규모로 드러나고 있다.

하지만 실행 가능한 대안은 존재하며, 이것은 바로 시행할 수 있기도 하다. 캔자스주 토지연구소Land Institute의 웨스 잭슨Wes Jackson은 농부들이 일년생 단일 작물만을 재배할 필요가 없음을 입증한 바 있다. 수천 년 동안 단일 재배는 식량 생산을 늘리는 가장 쉬운 방법이었다. 그러나 어떤 관행이 지속가능하지 않다는 것이 증명되는 경우, 인간사회는 땅을 되살리는 식으로 식량을 생산해내는 법을 자연으로부터 배울지도 모른다. 잭슨이 대초원에서 배운 것은 토양을 더 깊고 풍요롭게 하는 방식으로 식량을 풍부하게 생산할 수 있다는 것이었다. 잭슨은 농업이 전 세계 농지에 부과한 일년생 단작농 대신 다년생 다작농을 통해 그 일을 이뤘다.

인간은 인간이 직접 필요로 하는 곡물 종자를 더 많이 생산하기 위해 일년생 식물의 단일 재배를 강요해왔다. 대부분의 농업 전문가들은 다른 선택의 여지가 없다고 주장했다. 그들은 다년생 작물로 전환하는 것은 전 세계적으로 식량이 부족해지기 시작한 시기에 생산량을 크게 줄이는 것을 받아들이는 것이라고 주장했다. 그러나 잭슨은 이에 동의하지 않았고, 수십 년에 걸쳐 다년생이지만 일년생만큼 많은 식용 종자를 생산할 수 있는 곡물인 컨자Kernza를 개발했다. 다른 곡물도 개발 중이며, 단작농에서 (가장 건강한 것이라고 자연이 알려준 농법인) 다장농으로 전환하기 위해서는 아직 해야 할 일이 많다. 그러나 이것이 불가능하다는 주장은 이제 완전히 반박된 상태다. 식량 생산의 글로벌 전환을 가로막는 거대한 장애물 중 하나가 극복되었다. 환경에 막대한 피해를 주는 육식 위주의 식단에서 벗어나는 전환을 위한 비슷한 해결책 역시 존재한다.

인류는 생태적인 방식으로 스스로를 먹여 살릴 수 있다. 물론 이를 위해서는 관습과 관행에서 엄청난 변화가 필요하다. 이러한 변화는 저절로 일어나지 않는다. 생태적 식량 생산으로의 전환은 쉽지 않을 것이라 예상된다. 한번의 성공만으로는 충분하지 않을 것이다. 그러나 생태문명이라는 관념이 모순이 **아니라**고 믿을 만한 충분한 이유는 이미 존재한다. 문명화된 사람들이 자연으로부터 지속가능한 글로벌 사회를 만드는 방법을 배울 가능성은 있다.

몇 년 전 파올로 솔레리Paolo Soleri는 비생태적인 도시를 계속 만들어가는 대신 '아콜로지arcologies'라는 이름의 건축 생태를 만들자고 제안했다. 안타깝게도 아직까지 그런 곳은 조성되지 않았다. 우리는 식량 생산이 가능한, 수다한 양의 비옥한 토지를 없앴는가 하면 냉난방과 운송에 막대한 에너지를 소비하는 방식으로 건축을 계속해왔다. 50년 전에 우리가 솔레리에게 관심을 기울였다면 이 모든 것이 얼마나 달라졌을까?

　　생태적인 방식으로 도시를 조성하는 일에 관심이 여전히 거의 없는 것 같은데, 왜 이런 이야기를 꺼내는지 혹자는 의아해할지도 모르겠다. 그건 생태문명을 발전시킬지 여부는 선택의 문제라는 점을 보여주기 위해서이다. 객관적으로 불가능한 전환은 없다. 도시는 상대적으로 적은 양의 태양 에너지로 모든 필요를 쉽게 충족시킬 수 있다. 그리고 도시는 현재 점유하고 있는 공간의 1/10만 차지해도 된다. 농업, 레크리에이션, 야생지대를 위해 훨씬 더 많은 땅이 남겨질 수 있다. 도시는 자연 생태와 농업 생태라는 컨텍스트와 조화로울 수 있으며, 도시 내부 생활도 생태적 특성을 가질 수 있다.

　　인간 사이의 생태적 삶이란 건강한 공동체를 의미한다. 인간은 본질적으로 사회적 존재다. 번성하는 공동체에서 자신을 발견하면 삶은 좋을 것이며, 자신이 속한 집단에 기여하는 것을 즐길 것이다. 이러한 지역 집단은 자신이 원하는 대로 자신의 삶을 상당 부분 조형할 수 있을 것이다. 물론 이런 삶의 방식은 교외로 확장된 지역이나 비인간적인 아파트 건물보다는 '아콜로지'에서 더 쉬울 수 있지만, 사람들이 서로와 집단 전체에 대해 어느 정도 책임을 지는 지역사회에서도 여전히 많은 것을 할 수 있다.

　　이러한 것들은 현 위치에서 시작하면 어려운 목표들이다. 그러나 불가능한 것은 아니다. 이 목표들은 인류가 한때 보유했지만 너무도 자주 잃어버리고 만 것을 회복하는 일에 관한 것이다. 공동체 생활과 실질적인 자치에 관한 아이디어는 단순한 환상이 아니다. 사람들이 가장 행복하게 살아가고 있는 세계의 일부 지역에서는 지금도 이러한 삶의 방식이 가능하다.

'생태적'이라는 용어는 공동체 관념을 더욱 풍부하게 한다. 공동체는 동질적인 사람들 사이에서 가장 쉽게 발전할 수 있다. 동질적인 공동체를 비난하는 것은 심각한 실수다. 그러나 동질적인 공동체는 궁극적인 이상은 아니며, 어쨌든 점점 더 희귀해질 가능성이 높다. 생태계는 매우 다양한 개체들, 특히 생명체들로 구성되어 있다. 생태계들에서 발견되는 모든 유형의 관계가 인간 공동체들에서 모방되기를 바라지는 않지만, 우리는 다양성이, 심지어 아주 기본적인 차이조차도 공동체를 파괴하기보다는 풍요롭게 할 수 있다는 것을 배웠다.

그러나 지역공동체가 많다고 해서 그 자체로 생태문명을 구성하거나 보장하는 것은 아니다. 인간은 서로에 대한 관점을 '우리'와 '그들'의 관점에서 정립하는 경향이 강하다. 인간을 자기 폐쇄적이고 이기적인 개인으로 보는 근대적 관점은 역사적으로 거의 지지를 받지 못했다. 그러나 인간이 부족이나 국가 또는 다른 '우리'를 위해 필요하다면 목숨을 바칠 수 있다는 관점에는 많은 지지가 있었다. 이는 고귀하고 칭송받을 만한 일이지만, 자신의 공동체에 대한 헌신이 타인에 대한 적대감으로 표출되는 경우가 너무 많았다. 이로 인해 상호 학살로 이어지는 경우를 자주 찾아볼 수 있다. 그렇기 때문에 지역적으로 건강하고 만족스러운 것이 글로벌 생태문명을 가로막는 가장 큰 장애물이 될 수도 있음을 생각해야 한다.

우리는 지역공동체에 대한 관심을 줄일 수 없다. 생태문명에는 몇몇의 극단적인 개인주의자들이 포함될 수 있지만, 개인주의는 문명 전체나 그 일부를 지탱할 수 없다. 생태문명은 개별 공동체가 스스로를 다른 공동체들과 공동 운명체라고 생각하는 문명이 될 것이다. 국가의 선전이 다른 공동체를 악마화하여 '우리' 공동체를 위해 개인이 기꺼이 희생하도록 만드는 작금의 세상에서 이런 대안은 비현실적으로 보일지도 모른다. 하지만 사실 이것은 이미 우리 모두에게 자연스러운 삶의 일부다.

우리가 정체성이 강한 마을에 살고 있다고 가정해보자. 우리는 마을 주민들을 자신의 일부로 여기고 우리 마을이 이룬 성과에 자부심을 가질 것이다. 그러나 대부분의 국가에서는 우리 마을뿐만 아니라 이웃 마을, 즉 카운티county를 포함하는 더 넓은 의미의 '우리'를 갖게 될 것이다. 그리고 다른 카운티와 경쟁하는 상황에서도 카운티에 대한 자부심을 갖는다는 것이 다른 맥락에서 우리가 우리의 주state와 강하게 동일시하는 것을 막지는 못할 것이다. 사실, 현재 우리가 살아가는 세계에서 '우리'라는 감각은 국가 수준에서 더 강력할 가능성이 높다. 한 국가가 공동체의 공동체의 공동체의 공동체가 되어야 한다는 요청은 이미 왕왕 존재하는 현실로부터의 급격한 변화인 것은 아니다.

공동체 안에서 다른 사람들과 함께한다고 해서 경쟁이 배제되는 것은 아니다. 팀 스포츠는 다른 팀과의 경쟁에서는 강한 공동체 의식을 형성하지만, 경쟁자에 대한 강한 적대감이나 파괴적인 감정을 유발하는 경우는 드물다. 이웃들 간의 어떤 경쟁은 포용적인 공동체라는 개념과 양립할 수 없을지도 모르지만, 이를 제외한 다른 형태의 경쟁은 건전할 수도 있다. 이웃들은 서로 어느 동네가 폐기물을 가장 잘 처리하는지, 화석연료 사용을 가장 많이 줄일 수 있는지 등을 두고 경쟁할 수 있다. 이렇게 한다고 해서 다른 프로젝트에

서로 협력하는 일이 저해되는 것도 아니다.

현재의 글로벌 시스템에서 가장 심각한 문제는 어느 지점부터는 더 큰 '우리'가 존재하지 않는다는 것이다. 미국인들은 때때로 더 큰 '우리'에 우방과 동맹국이 포함된다고 생각할 수 있겠지만, 이 '우리'도 지금까지는 항상 독재자, 공산주의자, 테러리스트, '악의 축' 같은 '그들'에 대항하는 데 쓰인 개념일 뿐이다. 이것이야말로 가장 큰 정치적 도전이라 할 수 있다. 우리 종과 지구에 대한 위협에 맞서서 우리가 하나가 될 수 있을까? 그리하여 진정으로 '우리 인간', 나아가 '우리 생명체'를 생각할 수 있을까? 그렇다, 분명 가능한 일이다. 수많은 사람들이 이미 그렇게 생각하고 있다. 그러나 지금까지 우리의 언론과 교육을 통제하는 사람들은 이것을 원하지 않으며, 그들은 우리 사회에서 자신들의 목적을 달성하기 위해서 '그들'에 의해 위협을 느끼는 우리의 뿌리깊은 마음의 성향을 이용할 줄 안다.

물론, 생태문명에 대해 더 많은 이야기를 할 수 있다. 문명에는 교육이 포함되므로 생태문명에는 생태 교육이 필요하다. (핀란드는 아마도 이 분야에서 선도적인 역할을 하고 있을 것이다.) 생태문명에는 생태경제학이 필요한데, 이론적으로는 상당히 발전했지만 여전히 매우 비생태적인 경제학이 세계를 지배하고 있다. 생태문명을 위해서는 기술과 과학이 생태문명에 맞는 자기이해와 역할을 재정립해야 한다.

지금까지 내가 말하고자 한 것은 모든 이들이 따라야 할 하나의 패턴을 주장하는 것이 아니라 생태문명에 무엇이 포함되는지 설명하려는 것이다. 다양성은 중요하다. 모든 사람이 투표하는 것이 건강한 정치의 필수사항이라는 생각은 보편화될 수 없다. 비록 생태적인 사회에서는 사람들이 자신의 삶과 삶에 통용되는 규칙을 가능한 한 많이 통제해야 한다고 나는 생각하지만 말이다. 내가 지금 너무 멀리 나가는 걸까? 아마 그럴지도 모르겠다. 학교에서는 그룹 활동과 성취를 장려하고 개인 간 경쟁을 중심으로 조직을 구성하지 않아야 한다고 생각한다. 이런 예는 너무 구체적이라 생각할 수도 있다.

적어도 현 단계에서 생태문명을 위해 노력하는 사람들은 많은 구체적인 방안을 제안한다. 그중 일부는 기각될 수 있을 것이다. 어떤 제안은 일부 문화권에서는 긍정적으로 받아들여지겠지만, 다른 문화권에서는 그렇지 않을 수도 있다. 일부는 비판을 받으면서도 모두의 목표가 될 수도 있다. 우리는 전 지구적인 생태문명이 실로 다양한 지역들의 생태문명들을 포함해야 한다고 이해한다. 생태문명을 향한 노력에 동참한다는 것은 생태문명이 모든 곳에서 또는 어느 한곳에서 어떤 모습으로 구체화될지에 관한 대화에 동참한다는 것이다.

나는 생태문명의 농업이 다년생 다작농을 기반으로 할 것이라는 강력한 견해를 피력했다. 그러나 이것이 제한된 지역에서만 적용되어야 하고 다른 곳에서는 농업에 대한 접근법이 달라야 한다는 것을 누군가 보여줄 수 있다면, 생태문명을 구성하는 것이 무엇인지에 관한 논의가 더 풍부해질 수 있다고도 생각한다. 10년 후에는 우리의 문명이 어떻게 생태적일 수 있는지에 관한 아이디어가 발전해서 이 책이 전체 운동 가운데 단 하나의 단계를 보여주는 것으로 여겨지기를 기대, 아니 희망한다. 지구에서의 인류의 건강한 미래를 진정으로 염려하고, 지금 우리가 하고 있는 일들이 그 미래에 반하는 일임을 인식하고 있는 사람이라면 누구라도 환영한다. 또한 우리의 목표를 이야기할 더 나은 언어를 찾기 위해 모두가 자유롭게 협력할 수도 있을 것이다.

마지막으로, 생태문명이라는 관념의 역사에 대해 한마디 덧붙이고 싶다. 이것은 러시아에서 처음 시작되었지만 중국에서 본격적으로 발전되었다. 결국 중국 공산당 헌법에도 반영되었다. 이에 대한 반대가 없었던 것은 많은 사람들이 생태문명이 '포스트모던'한 목표라고 생각했기 때문이라고 생각한다. 그들은 중국이 먼저 근대화되어야만 하며, 그 후에야 비로소 먼 미래에 중국이 완벽해질 것이라고 믿었기 때문에 근대화에 전적으로 헌신적이었을 것이다.

물론 다른 사람들은 생태문명을 지금 이곳의 생태적인 이슈들을 중요시하는 것으로 해석했다. 왕 쩌허Zhihe Wang와 판 메이준Meijun Fan을 비롯한 이들은 알프레드 노스 화이트헤드Alfred North Whitehead의 철학에서 영감을 얻은 '제2의 계몽'을 적극적으로 홍보하는 데 참여했다. 그 결과 중국에서는 많은 사람들이 화이트헤드의 사상을 생태문명과 연관짓는다. 2015년 제10회 국제 화이트헤드 컨퍼런스가 생태문명을 주제로 개최되면서 둘 사이의 연관성은 더욱 강화되었다.

클레어몬트에 있는 우리는 '생태문명'의 의미와 실제적인 함의을 설명하는 연례 회의들을 주도해달라는 (중국인들의) 요청을 받고 그 회의들에 초대되었다. 지금까지 우리는 12회의 연례 회의를 개최했다. 이 회의들과 우리의 중국에서의 활동들은 어느 정도 성공을 거두었는데, 중국이 근대화라는 목표를 생태문명화라는 목표보다 우선시해서는 안 된다고 제안하며 우리는 생태문명 논란 야기를 의도했다.

유기체적이고 시스템적이며 생태학적인 사고로의 전환은 한 사람의 철학자, 지도자 또는 한 국가에 의해 좌우되지 않는다. 많은 사람들이 독립적으로 비슷한 생각들을 발전시키고 있다. 이어지는 챕터들은 다양한 아이디어, 목소리, 접근법을 담고 있다. 이를 이해하기 위해서 학자나 철학자가 될 필요는 없다. 하지만 목표가 무엇인지, 그리고 목표에 도달하기 위해 어떤 주요 변화가 필요한지에 대한 성찰은 핵심적인 수순이다. 이 간략한 소개가 독자들이 진정한 생태문명을 수용하고 이를 위해 노력하는 데 도움이 되기를 바란다.

들어가는 글

왜 이런
특정 질문들인가?

파국을 넘는 문명 전환의 지도 그리기

왜 이런
특정 질문들인가?

북미에서 가장 잘 알려진 생태문명의 제안자 중 한 명인 존 캅 박사가 방금 우리의 주제에 대한 첫 번째 소개를 했다. 생태문명에 대한 8가지 중요한 질문에 대해 다루기 전에, 우리 연구의 기반이 되는 핵심 가정을 공식화하는 것이 도움이 될 것이다.

- 두 가지 당면 과제: 생태문명이 가능성 있는 의미 있는 목표가 되려면, 생태문명이 무엇을 의미하는지 정확히 이해할 필요가 있다. 그리고 우리는 사회의 여러 분야의 행동과 정책에 생태문명이 어떤 함의가 있는지를 명확히 할 필요가 있다.
- 수많은 사상적 원천들이 생태문명 개념에 기여한다. 생태문명은 알프레드 노스 화이트헤드와 관련 사상가들의 과정 철학에서 찾을 수 있는 (기계론을 대신하는) 내적 관계들과 유기체에 관한 철학에 그 철학적 뿌리를 두고 있다. 생태문명은 생태과학의 이론적 지지를 받고, 시스템 사고, 네트워크 이론과의 연관성을 통해 배우고, 세계의 종교적·영적 전통에서 영감을 얻기도 한다.
- 생태문명을 향한 노력은 지나치게 낭만적이거나 유토피아적인 이상이 아니다. 생태문명은 인간이 자연에 아무런 영향

을 미치지 않는 태초의 원시 상태로 돌아가는 것을 의미하는 것은 아니다. 그 대신, 생태문명은 자연과 조화를 이루며 살아가는 법을 배우라고, 시간이 지나면서 더욱 복잡해지고 풍요로워지는 생태계가 조성되도록 도우라고 우리에게 요청한다.

- 생태문명이라는 단어의 근간에는 농업, 교육, 거버넌스, 경제학, 공동체 등 사회의 모든 영역을 생태적 프레임의 관점에서 재고하게 하는 전체론적 비전이 있다.

- 생태문명이라는 목표에는 이론적인 내용 외에도 다양한 구체적 함의가 있다. 여기에는 농사짓는 방식, 도시를 조성하는 방식, 건강한 지역사회를 만들어가는 방식에 관한 구체적인 변화들이 포함된다.

- 인류에게는 근대 문명의 파괴적 패턴을 극복해내는 전환을 만들어낼 능력이 있다. 우리가 현재의 소비 속도를 유지하면 할수록 이러한 전환은 더욱 더 어려워질 것이다.

- 인류는 '우리' 대 '그들'이라는 부족 중심의 사고방식에서 벗어나 '우리' 중심의 사고로 전환해야만 이러한 변화를 만들어낼 수 있다. 우리는 무엇보다도 인간은 이기심에 의해 움직이는 개별적인 자기 폐쇄적 원자라는 근대 철학의 관점을 뛰어넘어야만 한다.

- 생태문명은 공동체 내의 또 다른 공동체 내의 또 다른 공동체와 같은, 연쇄적으로 서로에게 속해 있는 글로벌 네트워크를 의미한다. 이 네트워크는 아래로는 전통적인 마을 생활의 모델인 지역공동체로 확장되고, 위로는 우리가 서로 다른 형태

의 생명체들뿐만 아니라 더 나아가 지구 전체와도 상호의존
적인 관계에 있다는 지구적 인식으로까지 확장된다.

따라서 첫 번째 단계의 과제는 생태문명 개념을 더욱 분명히
정의 내리는 것이다. 우리는 생태 과학의 과학적 근거와 문명사의
역사적 기초를 검토할 것이다. 우리는 생태문명이 겪고 있는 어려움
에 대해 솔직하게 이야기하고 생태문명과 관련된 다른 운동에서 사
용하고 있는 유사한 용어들과 아이디어에 대해 관심을 가지고 다룰
것이다. 또한 생태문명으로의 전환이 이미 전 세계에 미친 영향을
추적할 것이다. 그리고 마지막으로, 근대성이 중심이 되었던 이 시
대를 벗어나 마침내 새로운 형태의 문명이 출현하는 시기로 나아갈
때 인류가 반드시 밟아 나가야 할 몇몇 단계를 간략하게 설명할 것
이다.

이 책을 통해 우리가 제시한 8가지 구체적인 질문들을 종합
적으로 이해하는 것이 생태문명이 무엇인지를 이해하는 데 가장 확
실하고 직접적인 방법이 되리라 믿는다. 여기서 다루고 있는 질문들
만이 논의 가능한 유일한 질문들인 것도 아니고, 추가적인 질문들이
고려되는 것을 막고 싶은 생각도 없다. 그러나 우리가 이 책에서 다
루는 각각의 질문은 특정한 목적을 위해 선택되었다.

1. **왜 '문명'이고 왜 '생태'인가?** 이 질문에 답을 해나가며 우리는
   인간 공동체의 하나의 독특한 포럼으로서의 생태문명이라는
   개념을 설명하게 될 것이다. 생태문명이 다른 문명과 가장 명
   확하게 구분되는 지점은 문명이 자연세계와 관계를 맺는 방

식이다. 다른 문명들을 특징짓는 점이 인간의 이익을 위해 환경을 조작하는 것인 데 반해, 생태문명은 지속가능하고 공생하는 방식으로 환경을 생각하며 자연과 인간의 복리를 모두 고려한다. 이것은 자연 그대로의 순수함으로 돌아간다는 낭만적인 이상이 아니라 결국에는 문명의 한 형태를 표현하는 방법이다. 생태문명은 단순히 인간이 자연과 조화롭게 살아가는 것만이 아니라, 모든 생명의 번영을 증진하기 위해서 사람들이 서로 평화로운 방식으로 공존하는 것을 의미한다.

2. **생태재앙의 근본 원인은 무엇인가?** 이 질문에 대답할 때, 우리에게는 두 가지 일이 일어난다. 첫째, 이러한 문제를 적절하게 해결하는 데 필수적인, 전 세계의 가장 다급한 위협의 (증상들만이 아니라) 근본 원인들을 이해하는 쪽으로 생각의 방향을 바꾸기 시작한다. 둘째, 우리는 생태 위기의 근본 원인이 사회적, 경제적 위기와 불가분의 관계에 있음을 깨닫게 된다. 부자와 빈자 사이의 극심한 불평등은 무한 성장을 추종하는 경제학과 천연자원의 고갈과 생물종들의 멸종과 지구온난화와 분리되어 있지 않다. 근대 문명은 빈곤층과 환경을 희생시키면서 특권층에게 혜택을 주도록 설계되었다. 인간과 모든 비인간 존재들의 공동선[공동의 이익]common good을 모두 증진하는 새로운 문명이 필요하다.

3. **'생태문명'은 단지 유토피아적 아이디어에 불과한 것인가?** 생태문명은 도달할 수 없는 이상이 아니라 이미 나타나기 시작한, 더 나은 세상에 대한 비전이다. 유토피아적인 이상이 평화와 풍요의 근심 없는 미래를 묘사하는 반면, 디스토피아적

비전은 갈등과 결핍으로 점철된 미래를 그린다. 유토피아는 협력과 공유에 대해 묘사하는 경향이 있는 반면, 디스토피아는 생존을 위해 개인의 이익만을 추구해야 하는 폭력적인 개인주의를 묘사한다. 생태문명은 유토피아와 디스토피아 사이에 자리잡으며, 물질적 충족과 생태적인 균형이 동시에 만족될 수 있는 미래를 이루기 위해 필요한 사항들을 제시하면서 동시에 이를 위한 분투가 실재적인 것임을 인식한다. 이 과업은 생태문명이라는 이상의 윤곽을 그리는 일인 것만큼이나 생태문명으로 가는 경로를 분명히 제시하고 밟아가는 것이기도 하다. 또한 생태문명은 단순히 하나의 도착지점이 아니라 계속되는 과정이다. 인류가 사회의 다양한 부문을 생태적 원칙에 기반하여 구축해갈수록 우리는 더 많은 개선 가능성을 보게 될 것이다.

4. **생태문명 운동의 근본적인 통찰은 무엇인가?** 이 질문에 답하기 위해서는 생태문명 운동의 역사, 철학, 근간에 대해 더 깊이 들어가야 한다. 우리 모두에게는 세계에 대한 가정들이 있지만, 그중 대부분은 일상생활 속에서는 검토되지 않는다. 생태문명의 비전은 근본적인 철학적 문제들에 대해 많은 생각을 해온 '대안 모색하기' 운동에 참여한 사람들에 의해 더욱 풍성해졌다. 모든 것들은 서로 연결되어 있으므로, 시스템적이고 종합적이며 기율이 있는 대안적 미래 설계 과정이 필요하다. 문제들은 서로 연관되어 있기 때문에 해결책도 단편적일 수 없다. 모든 생명은 내재적으로 가치가 있으므로, 이 지구에서의 인류의 위치를 적절하게 전할 수 있는 새로운 서사,

즉 새로운 패러다임이 필요하다. 실천은 이론으로부터 자유로울 수가 없으므로 아이디어는 중요하다. 우리가 인식하든 인식하지 못하든, 사회적으로나 개인적으로 우리의 시스템과 관행들은 종종 세계에 대한 검증되지 않은 가정들에 의해 영향을 받는다. 따라서 한 사람의 세계관과 인생관이 바뀌면 그 사람의 삶과 실천도 바뀌어야 한다. 사고의 패러다임이 바뀐 후에는 구체적인 세부사항도 함께 변화한다.

5. **생태문명과 연계된 다른 운동에는 어떤 것들이 있을까?** 생태문명은 토대가 필요하지만, 단 하나의 돌 위에 세워지지는 않는다. 지구에서 근본적으로 다른 삶의 방식을 구상하기 위해 고군분투할 때, 다양성은 현재 우리가 보유한 개념들의 복잡성과 풍요로움을 높이는 데 도움이 된다. 따라서 기본적인 개념들에서는 차이가 있지만 더 나은 미래를 위해 유사한 비전을 제시하는 병행 운동들을 탐구하는 것이 중요하다. 이것이 다섯 번째 질문의 역할이다. 이 챕터에서는 통합 생태학integral ecology과 생태대의 목표the goal of an ecozoic era, 유기체적 마르크스주의organic Marxism, 지구 헌장the Earth Charter 등에 이르기까지 핵심 가치와 철학과 미래에 대한 희망을 공유하며 사회의 모든 영역에서 근본적 시스템 변화를 요구하고 있는 다양한 운동들을 살펴본다.

6. **생태문명으로 가는 길, 어떻게 시작할 수 있을까?** 이 질문에 대답하기 위해서는 이론으로부터 실질적인 실천으로의 전환이 시작되어야 한다. 이 단계에서 여러분은 생태문명이 무엇인지, 생태문명이 아닌 것은 무엇인지, 생태문명은 유사한 운

동들과 어떤 관련이 있는지를 알아가며 생태문명 개념에 대한 기본적인 이해를 얻게 될 것이다. 이 챕터는 이것을 토대 삼아, 세계관 차원의 관심에서 벗어나 세계관이 실질적인 삶과 활동에 지니는 함의로 나아간다. 어떻게 우리는 공동체 형태를, 경제/생산 시스템을, 교육 모델을, 문화, 전통, 종교의 기능을, 영성을 변화시킬 수 있을까? 이 챕터는 현 위기들의 자리에서 시스템적 변화에 필요한 단계들이 보이는 보다 분명한 이해의 자리로 우리를 안내한다.

7. **생태문명은 실제로 어떤 모습일까?** 이 질문은 아마 이 책에서 다루는 가장 중요한 주제 중 하나일 것이다. 이 질문에 답한다는 것은 곧 생태문명 비전 (이 '빅 아이디어')을 보다 실감을 주는 방식으로 구체화한다는 것이다. 이론은 실천에 정보를 제공하고, 실천은 다시 이론에 정보를 제공한다. 생태문명이 이미 실현되고 있는 구체적인 사례를 살펴보면 그만큼 생태문명 비전은 더욱 선명해질 것이다. 그리고 그 비전이 더욱 선명해짐에 따라 개인과 사회를 개선하기 위한 구체적인 실천 단계들 역시 선명해질 것이다.

8. **생태문명이 우리에게 희망을 불러일으키는 이유는 무엇인가?** 우리는 인류 역사상 전례가 없는 시기에 살고 있다. 인류는 처음으로 생명을 지탱하고 유지하는 지구의 능력을 파괴할 수 있는 잠재력을 보유하게 되었다. 그와 동시에 진정한 생태문명을 창조할 수 있는 능력도 처음으로 보유하게 되었다. 전 지구적인 위기의 범위와 그 위기가 초래할 환경적, 사회적 영향은 우리 모두를 절망의 나락으로 몰아갈 수도 있지

만, 동시에 모든 사람들과 환경을 위한 세상을 만들 수 있다는 현실적 전망 또한 우리에게 희망을 줄 수 있다. 절망은 우리의 가장 큰 적일 수 있지만, 충분한 근거가 있는 희망은 인류의 가장 큰 이점이 될 수도 있다. 이 마지막 챕터에서는 생태문명이 우리에게 어떻게 희망을 줄 수 있는지, 그 다양한 방식을 살펴볼 것이다.

왜 이런 특정 질문들인가?

1장

왜 '문명'이고
왜 '생태'인가?

파국을 넘는 문명 전환의 지도 그리기

왜 '문명'이고
왜 '생태'인가?

이 책의 제목에 대해 가장 직접적으로 생각할 수 있는 방법은 '문명'과 '생태'라는 두 단어를 각각 따로 떼어놓고 살펴봄으로써 두 용어가 서로 어떻게 관련되어 있는지를 이해하는 것이다.

문명이란 무엇인가?

문명은 사회와 문화, 국가와 같은 인간 집단이 함께 삶을 조직하는 특정한 방식이다. 이 용어의 독특한 점은 대규모의 사람들과 세계의 넓은 지역, 그리고 광범위한 시간에 걸쳐 있는 공통점들을 표현해내는 **가장 크거나 광범위한** 틀을 이 용어가 지시한다는 것이다.

앞서 존 캅 박사가 자신의 메시지에서 설명했듯, 문명의 부상은 자연환경에 밀접하게 적응된 수렵 채집 사회에서 정착에 기반을 둔 농업 사회로 이동하면서 사람들의 이익을 위해 자연환경을 변형하기 시작했다. 자연을 변형하는 것은 문명의 뚜렷한 특징 중 하나다. 그러나 전 지구적인 규모의 자연 변형은 현행 위기의 핵심에 있는 자연의 상품화로 이어졌다. 우리가 자연환경과 어떻게 관계를 맺느냐는 근본적인 문제이지만, 이는 우리가 서로 어떻게 관계를 맺느냐는 문제와 분리되어 있지 않다.

사람들은 아주 기본적인 방식으로 삶을 함께 구성해낸다―각 각은 무엇을 먹나? 옷은 어떻게 입나? 어떤 식으로 가족을 만들어가 나? 예술과 음악으로 자신들을 어떻게 표현하나? 그들에게 신성한 것은 무엇이고 불경스러운 것은 무엇인가? 바로 이런 것들과 관련된 독특한 패턴이 바로 그들의 **문화**다. 문화는 중학교 친구들끼리만 사 용하는 내부자 언어 같이 구체적일 수도, 그리스-로마 세계 같이 광 범위할 수도 있다.

식별 가능한 패턴들은 종종 다양한 문화권에서 공유된다. 이 러한 패턴들이 문자와 사회의 체계화를 포함할 때 그리고 그것들이 광범위한 지역을 뒤덮고, 광범위한 시간에 걸쳐 지속될 때, 우리는 이것은 한 문화의 집단이 하나의 문명으로 묶여 있다고 말한다. 어 떤 의미에서, **하나의 문명은 그것이 포괄하는 문화권들의 총합**이다. 그것은 그 구성원들이 공유하는 스타일과 관행, 근본적인 가치다. 또 다른 의미에서, 문명은 그 부분의 합보다 훨씬 더 큰 것이다. 종종 한 문명의 근본적인 가치와 관행은 그 구성원들이 수행하는 모든 일 에 스며든 일련의 기본적인 가정, 즉 사람들이 인식하지 못하는 깊 은 가정과 관련되어 있다.

'문명'이라는 용어는 '시민' 또는 '도시'를 의미하는 라틴어의 어근 'civilis'에서 그 어원을 찾을 수 있다. 하지만 이 용어는 18세기 까지는 널리 사용되지 않았다. 일반적으로 '문명'이라는 용어는 시간 이 지남에 따라 지속되고 넓은 지역으로 확장해가는 문화권들의 거 대한 집합을 의미한다. 이 용어는 또한 선진적이거나 세련되거나 계 몽된 (즉, 문명화된) 것으로 여기는 사회를 지칭할 수도 있다. 안타깝 게도 이러한 문명의 개념은 식민주의와 제국의 발전을 뒷받침하는 데 사용되어 왔다. 이런 의미에서 문명은 인류 역사 전반에 걸쳐 수많은 잔혹 행위를 초래했다.

'생태문명'의 맥락에서 '문명'이라는 용어는 **공유된 가치와 함께 살아가는 방식**을 광범위하게 지칭한다. 이것은 농업과 경제, 거버넌스, 교육, 종교, 교통, 의학, 건축, 예술, 음악에 이르기까지 모든 것을 포괄한다. 21세기 학자들이 전 세계와 시대에 걸쳐 매우 다양한 문명을 식별하고 연구하기 위해 사용하고 있는 것이 바로 이러한 광범위한 의미의 문명 개념이다. 문명 연구를 통해 우리는 각 문명의 유사점과 차이점을 인식할 수 있게 되었다.

근대 문명

우리의 현 문명(생태문명이 필요한 대안이 되는 것)은 흔히 '근대 문명' 혹은 근대성이라고 불린다. 철학자 찰스 테일러Charles Taylor는 아마도 근대 문명을 연구한 대표적 학자일 것이다. 그는 근대성의 지배적인 제도가 어떻게 오늘날 사람들에게 자명해 보이게 되었는지 보여주며 다음과 같이 설명한다.

나의 가설은 서구 근대성의 중심에는 사회의 도덕적 질서에 관한 새로운 개념이 있다는 것이다. 처음에는 이 도덕적 질서가 영향력 있는 몇몇 사상가들의 머릿속에 있는 관념에 불과했지만, 나중에는 거대한 계층의, 그리고 결국에는 사회 전체의 사회적 상상을 조형하게 되었다. **이제 이 도덕적 질서는 우리에게 너무도 자명한 것이 되어서, 우리는 이것을 수많은 개념 중 가능한 하나로 볼 수는 없다**. 도덕적 질서에 관한 관점의 이러한 변이가 곧…시장 경제, 공공 영역, 자치하는 인민 등 서구 근대성을 특정짓는 특정 사회 형태들의 발전 그 자체다.[1]

테일러는 근대 문명의 세 가지 독특한 특징을 강조한다.
• 우리는 사회를 주로 상호 번영을 촉진하기 위한 상품과 서비스 교환의 경제로 상상하게 되었다.
• 우리는 공공 영역을 상호 관심사에 대한, 낯선 사람들 사이의 심의와 토론을 위한 상징적인 장소로 상상하기 시작했다.
• 우리는 초월적인 원칙에 의지하지 않은 채로 세속적인 '건국' 행위를 할 수 있는 자치하는 인민이라는 개념을 만들었다.[2]

이러한 관행과 가치는 근대인에게는 너무도 당연하고 자명한 것이 되어서 우리에게는 보이지 않는다. 이런 이유로 이것들은 변하지 않는 것처럼 보인다. 하지만 정말 그럴까? 근대성의 개념적 토대가 되는 다섯 가지를 생각해보자.
1. 근대성은 흔히들 1600년경에 시작되었다고 말한다. 근대 사상의 아버지라 불리는 르네 데카르트는 의미와 가치의 유일한 원천으로서의 주체에 관심을 두어야 한다고 주장했다.
2. 데카르트는 동물을 단순한 기계로 여기고, 자연을 마음과 사고의 모험을 위한 배경으로 보았다. 이런 식으로 그는 세계를 '생각하는 것들'과 '공간에 연장된 것들'로 이분화했다. 대부분의 다른 문명은 사회적 집단이나 공동체로 이루어진 사회에서 시작되었다. 즉, 이러한 생각의 전환은 자명한 것이 아니다.

3. 근대 철학은 주로 경쟁과 지배의 모델에 기반을 두고 있다. 이미 1649년에 정치 철학자 토마스 홉스는 인간의 조건은 "만인에 대한 만인의 투쟁"이며, 따라서 자연 상태의 인간의 삶은 "불결하고 잔인하며 짧다"고 단언했다. 찰스 다윈의 자연 선택론은 그의 동료 (알프레드 로드 테니슨)에 의해 '양육강식'의 성향으로 해석되었다. 여성에 대한 남성의 지배, 유색인종에 대한 지배, 약소국에 대한 강대국의 지배, 종교에 대한 과학의 지배, 비인간에 대한 인간의 지배, 빈자에 대한 부자의 지배 등 인간 존재와 사고의 모든 측면에 걸쳐 이러한 지배의 태도가 존재한다. 물론 다양한 형태의 파트너쉽이 존재했다. 하지만 **공생**symbiosis, 즉 협동하는 것이 보다 근본적인 성공의 전략이라는 생각은 널리 거부되었다.

4. 근대 문명은 특히 강력한 형태의 개인주의를 발전시켰다. 개인을 위해 사회가 존재하며, 이와 유사하게 국가도 오로지 시민을 위해 존재한다고 주장한다. (예컨대 '미국 우선주의') 존 로크는 자신의《통치론 제2 논고》에서 국가가 오직 (남성) 재산 소유 시민의 생명과 자유, 재산을 보존하기 위한 목적으로만 존재한다고 가르쳤다. 철학자 존 스튜어트 밀은 국가의 목표는 개인의 자유를 극대화하는 것이라고 주장하면서 이러한 모더니즘적 이상을 대변했다. 이후 밀은 이러한 전통을 확대해서 한 사람의 행동이 다른 사람에게 직접적인 해를 끼치는 경우에만 국가가 자유를 제한해야 한다고 주장했다. 시민의 행동은 '사적 영역'에 속한다며, 그들이 다른 사람에게 피해를 입히는 것처럼 직접적으로 해로운 행동 (예: 살인)만이 '공적

영역'에 속하기 때문에 이것만을 국가에 의해 규제할 수 있다고 했다. 개인은 주로 사회의 이익, 즉 공동선을 위해 존재한다는 관점인 공동체주의communitarianism는 근대 패러다임 안에서는 개인주의를 거의 이기지 못했다.

5. 과학적 사고는 기계론이라는 토대 위에 세워졌다. 데카르트의 '공간에 연장된 것들'은 토마스 홉스에게 모든 것이 '움직이는 물질'이라는 교리가 되었고, 18세기 프랑스 의사 라 메트리La Mettrie에게 인간은 기계L'homme Machine가 되었다. 뉴턴의 물리학은 물질에 작용하는 힘의 법칙을 통해 모든 운동을 설명하고자 했다. 1648년 얀 바티스트 반 헬몬트Jan Baptist van Helmont는 "모든 생명은 화학"이라고 했다. (더 최근에는, 우리가 아래에서 살펴보겠지만,) 종교적인 것 일체에 대한 대단한 비평가인 생물학자 리차드 도킨스는 인간의 모든 삶과 사고(즉, 문명)를 '이기적인 유전자'의 지배라는 관점, 나중에는 유전자의 문화적 유사체인 **밈**meme의 관점에서 설명하고자 했다. 혹은 한 신경과학자가 최근 비공식 토론에서 "우리는 전선과 화학물질에 불과하다"고 표현한 것처럼 말이다. 도덕적 원칙의 존립, 그리고 종교적 신념이 진실일 가능성은 과학적 비판의 칼날 앞에 떨어지게 된다.

6. 마지막으로 모더니즘은 무엇보다도 스스로를 옹호하는 입장이었다. 인류 역사의 모든 이전 단계는 '전과학적pre-scientific'이었기 때문에 과학의 시대보다 열등했다는 주장이었다. 근대 정치 철학자들은 과거의 정치체제와 철학, 사회·정치 조직 형태가 새것들로 대체되었다고 주장했다. 인류가 이룩한

위대한 발전은 근대성의 원칙 덕분이며, 따라서 올바른 태도
는 사회가 점점 더 나아지고 있다는 믿음인 사회개선론melior-
ism이다.

다른 문명의 사례들

물론 근대 문명만이 유일한 문명은 아니다. 존 캅 박사가 서
두에서 언급했듯, 문명의 출현은 종종 농업의 발전과 관련이 있다.
최초의 문명은 기원전 3,000년 이후에 농업의 발달로 사람들이 잉여
식량을 확보하고 안보를 강화하면서 등장했다. 식량 안보가 강화되
면서 더 많은 인구가 기본적인 생존을 넘어 예술과 여가 활동 등 다
른 문제에 눈을 돌릴 수 있게 되었다. 따라서 문명은 흔히 대규모 인
구 밀집 지역, 문자 언어, 기념비적인 건축물, 독특한 예술 양식, 영
토 관리 체계, 복잡한 분업 체계, 인구의 사회계급화 등에 의해 식별
된다. 문명은 농업과 함께 등장했지만 무역, 전쟁, 개척을 통해 확장
돼왔다. 대부분의 문명은 확장하는 다른 문명에 통합되거나 또는 붕
괴되어 더 단순한 형태로 되돌아가면서 몰락했다.[3]

문명은 메소포타미아(현재의 이라크)에서 처음 등장한 후 이
집트, 인더스 계곡(기원전 2500년), 중국(기원전 1500년), 중앙 아메리
카(현재의 멕시코, 기원전 1200년)에서 나타났다. 수세기에 걸친 주요
문명의 목록은 매우 길다. 이미 거론한 문명들 외에 몇 가지 문명들
만 예로 들자면, 마야, 그리스, 페르시아, 로마, 아즈텍, 잉카, 엘라미
트Elamite, 후리안Hurrian, 오시리아Osirian, 자포텍Zapotec, 하티안Hat-
tian 문명 등이 있다.[4] 지난 4,500년간 모든 대륙(남극을 제외하고)에서
다양한 문명들이 나타났다가 사라졌다는 점을 고려하면, 우리가 아

는 근대 문명이 흥망성쇠를 거듭하지 않을 것이라고 생각하는 것이야말로 오히려 기이하다.

아프리카 문명은 가장 주목받지 못했다. 8천 년 전, 현재 나이지리아의 요루바Yoruba 족과 마찬가지로 오늘날의 자이르Zaire 사람들은 독자적인 숫자 체계를 개발했다. 오늘날 케냐에 있는 아프리카 스톤헨지(기원전 300년경에 건설)로 알려진 구조물은 놀라울 정도로 정확한 달력 역할을 했었다. 말리Mali의 도곤Dogon족은 토성의 고리, 목성의 위성, 은하수의 나선형 구조, 시리우스 성단의 궤도 등 상세한 천문 관측 자료를 풍부하게 축적했었다. 아프리카의 야금술은 증기기관과 탄소강을 아울렀다. 고대 탄자니아의 용광로는 최대 1,800°C까지 도달할 수 있었는데, 이는 로마인들의 용광로보다 400°C나 더 높은 온도였다.[5]

마야 문명도 그에 못지않게 발전했었다. 마야 문명은 유카탄Yucatan 반도에서 멕시코를 가로질러 과테말라와 온두라스까지 퍼져 나갔었다. 마야의 수학자들은 0의 개념을 발견했고, 천문학자들은 일식을 예측했으며, 장인들은 고무를 생산했고, 엔지니어들은 100m에 달하는 현수교와 수압이 조절되는 정교한 지하 수로를 건설했다.[6] 대도시들은 예술, 건축, 문학작품 등에서의 중요한 문화적 성취를 가능하게 했다. 이러한 업적들 중 상당수는 이후 오랜 기간 동안 다른 문명들에서는 찾아볼 수 없었다.

문명 연구

과거 수세기 동안 한 문명의 범위는 지리적 요인들, 산과 바다와 거리에 의해 제한되었다. 따라서 헬레니즘 문명은 중국 문명,

마야 문명과 동시대에 존재할 수 있었다. 오늘날 우리는 인류 역사상 최초로 단일한 지구적 문명 속에 존재하게 되었다. 교통과 통신 기술의 발달은 한때 서로 다른 문명들을 구획하던 지리적 한계들을 효과적으로 제거했다. 휴대폰, 할리우드 영화, 인터넷은 군대와 전쟁이 할 수 없었던 일을 해냈고, 공유된 가치, 국가 간 힘의 균형(또는 불균형), 지구 자본주의 시스템을 기반으로 하는 전 지구적인 커뮤니티를 만들어냈다.

시카고 대학교는 문명 연구 분야에서 세계 최고 수준의 프로그램을 갖추고 있다. 학생들은 인류 역사에 나타난 각각의 주요 문명의 문학, 예술, 건축, 정치, 경제, 사회조직을 공부할 기회를 갖게 된다. 교수들은 각각의 사례에서, 사람들이 자신들의 삶을 사회로 체계적으로 조직하는 다양한 방식을 이해하게 해주는 통합적이고 일관된 틀을 어떻게 문명 개념이 제공하는지 보여주기 위해 노력하고 있다. 시카고 대학은 자신들의 문명 연구법에 관해 다음과 같이 말한다.

> 우리의 문명 연구는 사건들과 사상들의 역사적 맥락에 대한 이해를 강조하며, 사건들, 제도들, 사상들, 문화적 표현들의 상호작용이 사회 변화 안에서 어떻게 이루어지는지에 강조점을 둔다…이 수업들은 한 문명 내의 사건들과 제도들에 대한 이해를 틀짓는 사상들, 문화적 패턴들, 사회적 압력들을 파악하기 위한 방법으로 조사보다는 텍스트를 강조한다. 아울러 **이 수업들은 시민들의 삶, 그 내용을 채워주는 의미를 발전시키고 진화시킬 줄 아는, 하나의 통합된 단위로서의 문명을 탐구하고자 한다.**[7]

그렇다면 문명들은 좋은 것일까, 나쁜 것일까? 사실, 둘 다라고 할 수 있다. 많은 경우에 문명들은 가용한 토지에서 더 많은 사람들이 영양을 섭취할 수 있도록 농업 시스템들을 개발하는 것으로부터 시작되곤 한다. 그러나 이러한 농업적 역량을 조직하는 중앙집권적 권력은 종종 그 자체로 엄청난 비중을 차지하면서 빈곤층과 토지를 과도하게 사용하는 착취 시스템을 형성한다. 유사하게, 문명들은 종종 예술과 문화의 번성을 통해 공유 언어와 문자 체계의 발전을 지원하고 시민들이 문명화 이전에는 누릴 수 없었던 경험을 누릴 수 있게 한다. 반면, 이렇게 형성된 공통의 사고방식은, 한 문명이 제국주의와 군사주의로 변질되어 다른 땅을 정복하고 식민지로 삼아 그곳의 주민들을 노예로 만들고 그들의 문화를 파괴하는 결과를 초래할 수도 있다. 이 두 가지 면이 모두 사실이다. 인류 문화의 가장 훌륭한 발현들이 모두 선진 문명들에서 나타난 것이 사실이지만, 경쟁하는 집단들은 자신들의 문화적 가치를 다른 문화권의 사람들에게 강제로 주입하거나 강요하는 경향도 있었다.

문명들은 다양한 원인들에 의해 종말을 맞이하게 된다. 한 문명이 노쇠하고 약해지면 민중이 반란을 일으켜 기존 지도층을 전복시킬 수 있다. (1789년 프랑스 혁명이나 1918년 차르와 그의 친척들과 가족들을 제거한 러시아 혁명가들을 생각해보면 알 수 있다.) 한 문명이 몰락하는 또 다른 일반적인 원인은 경쟁 문명이 다른 문명을 정복하는 것이다. 이러한 맥락에서 볼 때, 세계 최초의 진정한 지구적 문명을 만든 유럽인들과 북미인들만큼 다른 문명들을 전멸시키는 데 성공한 세력은 인류 문명사에 없었다. 이들의 식민주의는 아프리카, 북미, 남미, 인도, 중국 토착민들의 문화적 유산을 상당 부분 파괴하고 말았다.

오늘날 과학자들과 역사학자들은 환경 파괴로 인해 얼마나 많은 문명이 멸망했는지를 연구하고 있다. 고대 이집트 프톨레마이오스 왕국 시대의 유혈 폭동은 화산 폭발로 인해 몬순 기후가 차단되면서 나일강의 수위가 낮아져 초래된 식량 부족으로 발생한 것으로, 이는 기후변화로 인해 발생한 것으로 추정된다.[8] (이 데이터는 여전히 나일강의 수위와 그에 영향을 받는 식량 생산에 필수적인 이 지역의 몬순 기후가 점점 더 기후변화의 영향을 받고 있다는 점에서 매우 걱정스러운 상황을 보여준다.) 다른 재난들은 인구 과잉의 부산물로, 오늘날 전 세계 인구의 폭발적인 증가로 인한 현상들과 유사성을 보여준다. 마셜 제도에서 발생한 것처럼 사람들이 숲을 벌채하거나 숲을 유지시키는 토지를 파괴하여 비옥한 토양을 척박한 땅으로 만들어버려 결과적으로 농작물이 자라지 못하게 되는 경우들이 빈번하게 발생한다. 사람들이 굶주리기 시작하면 폭력이 뒤따르는 경향이 있다. 마야인들의 경우처럼 대도시들이 주변 토지들에 큰 피해를 입히면서 수많은 문명들이 붕괴해왔다.

수질 오염과 물 부족도 주요 원인으로 작용했다. 예를 들어, 대도시들의 정수 시설 부족은 도시 전체의 인구를 멸절시킬 수 있는 전염병으로 이어졌다. 카일 하퍼Kyle Harper의 책《로마의 운명: 기후, 질병, 그리고 제국의 종말The Fate of Rome: Climate, Disease, and the End of an Empire》은 선페스트bubonic plague를 일으키는 박테리아인 특정 페스트균이 로마제국 붕괴의 주요 원인들 가운데 하나였다는 증거를 제시한다. 같은 박테리아로 인해 발생한 페스트 또는 '흑사병The Black Death'은 1347년에서 1352년 사이에 유럽 인구의 약 1/3에 해당하는 약 2,500만 명의 목숨을 앗아갔다. 그 이후 수십 년간 지속된 식량 부

족은 농민 반란으로 이어져 중세 문명의 종말을 가져오는 데 일조
했다.

근대성과 세계화

오늘날 전 세계 사람들과 국가들은 그 어느 때보다 하나의 지
구적 문명으로 묶여 있다. 점점 더 강력한 기술에 대한 열망은 전 세
계 소비자들을 단일한 욕망과 열망으로 이끌었다. 그 결과, 각종 첨
단 기술 도구들과 기기들을 소유하고 생산하는 기업들은 점점 더 막
대한 부를 축적하게 되었다. 이들은 지구상의 인류를 처음으로 세
계 시민으로 만드는 데 기여했으며, 이는 어떤 군대도, 어떤 예술 작
품도, 어떤 문화적 성취도 성공할 수 없었던 상황에서 오직 소비주
의가 이 일에 성공했음을 의미한다. 이러한 변화의 물결에 맞서 싸
우는 대통령들과 독재자들은 시민들에 의해서 투표에서 패배하거나
권좌에서 끌어내려지고 있다. 물질적 성공의 매력은 모든 저항을 극
복하고 전 세계적인 인기를 끌고 있고, 전 세계 소비자들은 이를 거
부하지 않고 있다. '주머니 속 세계'라 불리는 스마트폰은 이제 전 세
계에서 필수품으로 여겨지는 많은 소유물 중 하나가 되었다.

무제한의 진보라는 신화는 유혹적이다. 의학이 전염병을 막
았고, 그리하여 사망률이 감소했다는 식 말이다. 현재의 문제들은
미래의 기술이 해결할 것이다. 우리는 지금 기술이 소비자를 위해
준비한 편안함과 효율성의 시작점에 있을 뿐이다. 더 큰 번영과 즐
거움을 향한 발전은 무한히 계속될 수 있다. 삶은 한층 더 편안하고
즐거워질 것이다. 사람들은 자신들이 원하는 상품들과 재화들을 소
유하고 소비해야 하며, 그것들을 구매할 수 있을 만큼 부유해지기만

하면 된다. 지구 자본주의와 시장 시스템의 성공 덕분에 보다 큰 부는 계속 창출될 것이고, 사람들의 라이프스타일은 계속 개선될 것이다….

근대의 이 마법 같은 발전은 대부분 화석연료 덕분에 가능했다. 우리가 지금은 당연하게 여기는 대부분의 기술들은 막대한 양의 탄화수소를 연소함으로써 가능해졌다. 이로 인해 에너지는 근대 사회에 전례 없는 수준으로 제공되고 있다. 미국 내 온라인 서버만 해도 연간 700억 KWH(킬로와트시)를 소비한다. 이 에너지 수요를 충족하려면 대형 원자로 8기가 필요하거나 미국 전체의 태양 전지판 모두를 합한 출력의 2배가 필요하다.[9]

그러나 이제 우리는 지구적 한계에 도달했다. 하지만 이 사태가 전 세계 사람들을 문명의 변화에 찬성하도록 만드는 것은 아니다. 근대 문명이 많은 사람들을 행복하게 만들었거나 적어도 다른 사람들이 소유한 것들을 동경하게 만들었기 때문이다. 인도의 소농조차도 이제 휴대폰과 어쩌면 TV도 소유할 수 있을 것이다. 가장 외딴 마을들의 주민들조차 서양의 티셔츠를 입고 코카콜라를 마실 수 있다.

불행하게도, 우리가 더 오래 살고 더 많이 소비할수록 지구는 더 큰 부담을 안게 된다. 우리의 욕망보다 지구가 먼저 한계에 도달할 것이다. 지구 자체가 근대 문명을 종식시키고 있다. 근대 후기인 지금에 와서야 우리는 비로소 지난 몇 세기를 돌이켜보고 이해할 수 있게 되었다. 결국 사람들은 뒤늦게, 종종 아주 늦은 시점에서야 자신의 문명이 어떠했는지를 깨닫게 된다.

지금까지의 간략한 이 문명 연구의 결과는 선명하다—모든 문명과 마찬가지로, 근대 문명도 불가피하게 종국에는 종말을 맞이하게 될 것이다. 그 시기와 방식은 아직 명확하지 않지만, 우리가 한 시대의 끝자락에 서 있다는 것은 확실하다. 이러한 사실은 그렇다면 근대 문명 이후에 진정으로 생태적이고 지속가능한 문명이 도래할 수 있을까라는 중요한 질문으로 이어진다. 과연 인류는 전 지구적 멸망을 저지하거나 현재의 문명이 수명을 다한 후 새로운 문명을 재건하기 위해서 사회와 경제 시스템을 조직하는 전혀 다른 방법을 찾고 땅과 다른 생명체와 함께 살아가는 근본적으로 다른 실천을 할 수 있을까?

'생태적'이란 무엇인가?

지난 수십 년간 생태학 분야는 폭발적으로 성장했고, 이제 생태학은 일상 용어가 되었다.[10] 이 용어는 생물계가 어떻게 구성되어 있는지에 대한 **사실**, 자연 생태계들을 어떻게 보존하고 왜 보존해야 하는지와 관련된 **가치**를 모두 포괄한다. 우리의 존재 자체가 이러한 생태계들에 의존하기 때문에, 이 경우 사실과 가치는 분리할 수 없다. 생태계가 없다면 우리는 하나의 종으로서 생존할 수 없기 때문에 생태계는 중요하고 가치 있다. 따라서 생태계에 관한 사실들은 지구에서 우리가 살아가는 데 긴요하다. 홈즈 롤스턴Holmes Rolston의 말에 주목해보자.

생태학이라는 용어는 어원적으로 생물들이 자기들의 집에서 살아간다는 논리로, 사람이 사는 세계를 뜻하는 그리스어 '오이코스oikos'와 뿌리가 같은 '전 세계적인ecumenical'이라는 단어와 관련 있다.[11]

다른 과학적 발전들과 더불어 생태계 연구의 발전은 세계에 대한 기존의 수많은 잘못된 통념을 깨뜨렸다. 사실상 모든 것이 물리학적 현상, 즉 '움직이는 물질'(토마스 홉스)로 환원될 수 있는 것은 아니라는 것이 밝혀졌다. 생물 시스템들은 물리학 이론만으로는 온전히 설명될 수 없다. 모든 것을 물리학적 현상으로 환원할 수 있다는 잘못된 통념이 무너져야 결정론에 대한 잘못된 통념 또한 무너질 수 있다. 물리학은 결정론적인 이론을 사용할 수 있으나 (비록 물리학의 일부에만 해당되지만), 일반적으로 결정론적인 이론을 사용하여 생물학적 진화를 예측할 수는 없다. 생물학적 시스템의 초기 상태에서는 아주 작은 차이들이 후에 막대한 (그리고 예측할 수 없는) 차이들을 만들어낼 수 있다. 미국 내 환경 조건의 미세한 변화가 북아프리카나 그린란드의 기후에 막대한, 어쩌면 치명적인 영향을 미칠 수 있다는 '나비 효과'를 떠올릴 수 있을 것이다.

마지막으로 이야기해야 하는 한가지 신화는 유전자가 생물 시스템의 변하지 않는 결정적인 구성 요소라는 신화다. 이 철학에 대한 가장 잘 알려진 옹호론자 리처드 도킨스는 《이기적 유전자 *The Selfish Gene*》에서 유전자는 생명체의 중심 단위이며, 생물학적 과정을 통해 자신의 복제본들을 만든다고 주장했다. 도킨스에 따르면, "신체들은 유전자가 자신의 복제본들을 더 많이 만들기 위해 구성하는 생존을 위한 기계들이다. 우리는 유전자라는 이기적인 분자들을 보존하기 위해 맹목적으로 프로그래밍된 로봇 차량들에 불과하다."[12] 그는 이어서 계속 설명한다:

나는 선택의 기본 단위, 즉 이기심의 기본 단위는 종도 아니고 집단도 아니며 엄밀히 말하면 개인도 아니라고 주장할 것이다. 그것은 유전의 단위인 유전자이다…유전자는 당신과 내 안에 존재하며, 우리를 몸과 마음으로 창조했으며, 유전자의 보존은 우리 존재의 궁극적인 근거가 된다. 이 복제체들은 매우 긴 역사를 가지고 있다. 이제 이것들은 유전자라는 이름으로 불리며, 우리는 그들의 생존기계survival machine다.[13]

유기체들이 번식할 때 유전자가 청사진을 제공하는 것은 사실이다. 하지만 유전자가 미래의 모든 특징들을 통제하는 것은 아니다.[14] 유기체들은 유전적 돌연변이를 일으킬 뿐만 아니라 삶의 과정에서 적응해 나간다. 유기체에 영향을 미치는 원인들은 유전자가 특정 형질들을 결정하는 '상향식'이 전부가 아니다. 상향식 변화에는 환경으로부터 와서 아래로 스며드는 변화들, 면역체계에 미치는 시스템적 영향과 거기에서부터 개별 세포의 화학작용에까지 미치는 영향에서 비롯되는 변화들도 있다. 가장 주목할 만한 발견 중 하나는 세포 내 단백질이 DNA의 이중나선구조의 구조를 재배치하는 것과 같은 작용을 통해 유전적 내용 자체를 직접 수정할 수 있다는 것이다. 이러한 발견은 유기체와 환경과의 관계에 대한 새로운 관점을 제시하는 데 기여했다.

생태학의 핵심

생태학은 탁월한 상호의존성의 과학이라고 할 수 있다. 물론 이를 부정하는 과학자들도 있는데, 그들은 **모든** 과학이 보다 근본적인 법칙들을 통해 일련의 복잡한 상호작용을 설명하려고 하기 때문에 생태학이 다른 과학과 크게 다르지 않다고 주장한다. 따라서 과학적 성공은 생태계들에서 유기체들, 유전자들, 생화학과 화학 그리고 최종적으로는 기초 물리학으로 이어지는 환원의 사다리를 따라 아래로 내려가는 것으로 정의돼왔다. 예를 들어, 예일대 임업대학에서는 특정 숲에 있는 나뭇잎의 총 표면적을 계산한 다음, 모든 나뭇잎의 생화학적 처리 능력을 활용해 숲의 진화를 설명하려는 프로젝트가 진행된 적이 있었다.

　　그러나 대부분의 생태계 연구들은 이런 식으로 환원적이지는 않다. 생태계들은 각 부분들의 합보다 더 큰 복잡하고 새로운 실재들이며, 개별 유기체들을 이해하는 관점에서 보면 하나 하나의 시스템은 복합적으로 통합된 전체라고 할 수 있다.[15] 환원주의는 생태계 내의 이러한 높은 수준의 상호의존성 때문에 근본적인 한계에 봉착하게 된다. 예를 들어, 한 생물종의 번성은 다른 생물종의 번식률과 먹이의 필요량에 따라 달라지며, 식물과 동물 사이의 복잡한 균형은 양쪽 모두의 생존을 위해 필수적이다. 매우 커다란 생물들과 아주 작은 생물들은 서로 복잡하게 상호작용하며 공존한다. 세밀하게 조정된 이들의 공생 관계는 생존 확률을 높이는 협력의 한 형태로 나타난다.[16] 물론 환경에 더 잘 적응한 유기체들은 자기들의 경쟁 개체들을 능가하고, 따라서 더 많은 자손들이 번식 연령에 도달하는 등의 다윈의 진화론적인 경쟁은 여전히 존재한다. 그러나 몇몇 연구들이 밝혀낸 바에 의하면, 서로 다른 생물종들의 협력도 생태계와 그 생태계를 구성하는 유기체의 생존과 번영에 중요한 역할을 한다.[17] 어떤 유기체들은 외부에서만 영향을 받는 것이 아니라 내부적으로도 그들 자신을 변화시킬 수 있다. 포유류나 쓰러진 나무에서 나오는 배설물과 유기 폐기물은 다른 종의 영양분이 된다. 이러한 시스템 내의 복합적인 상호의존성을 이해하지 못하면 시스템을 구성하는 유기체들의 행동을 이해할 수 없다.

지면 관계상 모든 생명과학에서 관찰되는 유사한 패턴을 모두 설명할 수는 없지만, 생물학이 이러한 상호의존성으로 가득 차 있다고 말하는 것은 과장이 아니다. 간, 신장, 췌장 같은 개별 장기들은 우리의 행동들에 의해 영향을 받으며, 이는 다시 신체에 총체적인 영향을 미치게 된다. 우리의 정신적 태도와 우울증 같은 우리의 감정 상태들은 면역체계의 강하고 약한 정도와 질병에 대한 취약성에 영향을 미친다. 이러한 영향들은 개별 세포까지 추적이 가능하다. 우리의 생각 자체는 신경전달물질로 알려진 작은 분자들의 영향을 받음과 동시에 신경전달물질은 우리의 기분과 욕구에 반응한다.

위와 같은 사실로부터 우리는, 생태계들의 상호의존성이 생태계들을 구성하고 있는 유기체들이 외부적으로 연관되어 있을 뿐만 아니라 내부적으로도 서로 연관되어 있기 때문에 발생한다는 것을 알 수 있었다. 유전자부터 유기체, 더 광범위한 협력 시스템들까지 생태계 내 구성원들은 상호작용하며 서로를 변화시킨다.

생태학의 핵심 원칙은 무엇인가?

생태학은 대단히 복잡한 분야의 학문으로, 하나의 생태계나 진화의 한 단계를 이해하는 데도 평생에 걸친 노력이 요구된다. 그럼에도 이 챕터에서는 생태학을 몇 개의 짧은 단락으로 요약해 보려고 한다.

이 이야기를 처음 시작할 지점은 **창발**emergence이다. 역사의 어느 시점에서 최초의 자가재생산 세포가 출현하기에 적합한 조건이 갖춰졌다. 이 같은 창발의 원리는 모든 생물들의 원동력을 설명한다. 유기체들이 번식할 때마다 사소한 변이들이 생겨난다. 이러한 변이들은 유기체의 구조나 행동에 변화를 일으킬 수 있다. 이러한 구조들 중 일부는 생물이 환경에 더 잘 적응할 수 있도록 만든다. 이런 일이 발생하면, 그 개체들은 더 많은 자손을 만들 수 있고, 다른 개체들보다 더 빠르고 더 효과적으로 번성하기 시작한다. 자손들 중 하나에 사소한 변이가 생기면 그들 중 환경에 더 잘 적응하는 자손이 생겨날 수 있게 된다. 이런 식으로 계속해서 변이가 일어난다.

여기서 우리가 볼 수 있는 것은 **복잡성**complexity의 증가다. 시간이 지남에 따라 더 복잡한 구조들과 행동들이 나타나고, 이는 유기체의 생존에 유리한 요소들을 증가시킨다. 생물학 연구가 매력적인 점은, 이러한 작은 변이들이 주변 유기체들 그리고 환경과 단순한 상호작용을 통하여 매우 복잡한 시스템들이 생겨난다는 사실에 있다.

이 과정에는 많은 에너지가 필요한데, 행성은 태양에 충분히 가까워야 하지만 열로 인해 생명체가 파괴될 정도로 가까워서는 안 된다. 이러한 조건들이 적절히 갖추어져 진화가 시작되면 외부의 개입이 필요하지 않다. 생명체들이 끊임없이 새로운 방식으로 자기를 조직함과 동시에 진화의 역동성만으로도 복잡성이 발생하기 때문에 우리는 유기체들을 **자기 조직화 시스템**self-organizing systems이라고 부른다. 이는 개방적인 과정이다. 수백만 년 전이든 그 이후든 결과를 예측할 수 있는 물리학의 일부 과정들과는 달리, 생명체의 진화는 유기체들과 생태계들의 복잡성, 서로 간에 미세하게 조정되는 상호작용들을 고려할 때 예측하기 매우 어렵다. 한가지 예를 들면, 인간의 뇌는 약 100,000,000,000(10^{11})개의 뉴런들과 100,000,000,000,000(10^{14})개의 신경 연결망들로 이루어져 있다. 이는 우리가 지금까지 발견한 우주에서 가장 복잡한 구조물이다. 우라늄 원자 하나의 붕괴주기도 완벽하게 예측할 수 없는데, 어떻게 인간 뇌 전체의 미래 반응을 예측할 수 있겠는가?

시간이 지남에 따라 놀랍도록 새로운 구조들과 행동들이 생겨나게 된다. 북극곰의 털, 홍학의 색깔, 공작새의 깃털, 가젤의 빠른 속력, 침팬지의 의사소통 능력, 보노보의 사회 구조, 개와 인간의 관계, 해리 포터를 창작해내고 은하계를 인식하며 세계 평화를 꿈꾸는 종의 출현 등이 우리 주변 곳곳에서 볼 수 있는 이러한 과정의 결과물들이다.

생물의 경이로움은 이러한 상호의존성에서 알아볼 수 있다. 가장 단순한 단세포 유기체조차도 자신과 주변환경 사이의 복잡하고 지속적인 상호작용의 결과물이다. 지렁이 같은 비교적 단순 유기체는 수백만 가지 방식으로 주변환경과 상호작용하지만, 인간의 몸과 마음은 매일 수십억 번씩 세계와 상호작용한다. 물론 우리의 주변에 안정적이고 양육적인 생명유지 체계가 없었다면 우리는 전혀 존재하지 않았을 것이다. 사실, 그런 의미에서 우리는 분리된 채로 존재하는 생명체가 전혀 아니다. 우리는 근본적으로 **공동체 안에 있는 존재들**이다. 우리는 가장 단순한 세포부터 가장 수준 높은 사고까지 우리에게 영양을 공급하고 생명을 부여하는 생태계들의 유기체적 표현들이라 할 수 있다. 앞으로의 글에서 이러한 유기체적 사고로 돌아갈 기회가 자주 있을 것이다.

왜 '문명'이고 왜 '생태'인가?

결론—생태문명

19세기까지 세계적인 문명, 즉 다른 모든 문명들을 압도하고 제거할 수 있는 단일 문명은 존재하지 않았었다. 동아시아, 남아시아 (현재의 인도), 유럽, 아프리카, 라틴 아메리카에서 문명들이 동시다발적으로 번성했다. 고대 그리스에서 미국의 독립 혁명으로 이어지는 일련의 문명들만을 떠올릴 때 우리는 서구 문명을 표준적인 문명으로 삼고 나머지 문명들을 외면하게 된다.

각 문명은 지속되는 동안 수많은 이들의 삶에 깊은 인상을 남겨왔다. 생물다양성이 지구상의 생물들에게 긴요한 것처럼, 인류의 찬란한 역사도 이러한 다양함이 낳은 문화적 다양성이 없었다면 불가능했을 것이다. 조금 전 살펴본 것처럼, 다른 문명들과 그 문명적 유산들의 이름을 나열하는 것만으로도 그동안 문명에 대한 태도가 얼마나 민족중심적이었는지 충분히 알 수 있다.

그러나 우리가 인식하는 것보다 훨씬 더 많은 문명들이 생겨났다가 사라져갔다. 문명들은 보통은 수백 년 정도만 지속된다. 1,000년에 가까운 중세 유럽 문명은 이러한 전 지구적 패턴에서 주요한 예외 중 하나인데, 학자들은 중세 유럽 문명을 단일한 하나의 문명으로 보아야 하는지에 대해 의문을 제기하기도 한다. 모든 인류 문명들의 대다수는 겨우 몇 세기 동안만 번성했다가 쇠락의 길을 걷는다. 셰익스피어의 창작 인물인 맥베스Macbeth의 표현을 빌리자면, 우리는 모두는 각자가 "무대 위에서 / 자신의 시간을 뽐내다가 / 더 이상 그 소리가 들리지 않는 / 불쌍한 연주자"라고 할 수 있다. 또는 생명이라곤 찾아볼 수 없는 사막의 한가운데에서 폐허만 간신히 남아 있는, 오랫동안 잊힌 황제의 오만함과 지금은 사라져버린 문명을 묘사한 셸리Shelly의 유명한 시 '오지만디아스Ozymandias'를 더 떠올린다면 더 강한 느낌을 받을 수 있을 것이다.

문명들이 지역적으로 제한되어 있을 때에는 한 문명이 사라져도 나머지는 영향을 받지 않을 정도로 붕괴로 인한 위험도가 낮았었다. 오늘날 지구는 최초로 하나의 지구적인 문명, 즉 과학과 기술과 국가들과 지구적 소비자들로 이루어진 근대 문명이 지배하고 있다. 모든 문명들이 그러하듯 결국 이 문명의 시대가 지나가면 그 파장은 훨씬 더 커질 것이다. 미국 정부는 일부 은행들이 '너무 커서 파산할 수 없다'고 생각할지 모르지만, 지구적 문명이 비틀거릴 때 이를 구제할 수 있는 힘은 어디에도 없다. 인류 역사상 50번째가 될지 또는 100번째가 될지 확실치는 않지만, 분명 문명적 변화의 리듬이 다시 시작될 것이다. 그 변화의 첫 북소리가 지금 이 순간에도 울리고 있다.

다음에 올 문명은, 사회조직의 다음 패턴은 생태문명일 것이다. 여기에서 '생태적'이라는 용어는 유토피아적 꿈을 표현하는 것이 아니다. (다음에 나올 3장 참조) 이것은 최소한의 의미로 현재의 문명 이후에 도래할 새로운 문명을 의미한다. 어쩌면 새로운 문명은 아예 존재하지 않을 수도 있고, 인류가 나무 위에서 사는 문명일 수도 있으며, 또는 인류가 더 이상 존재하지 않을 수도 있다. 그러나 근대문명이 종언을 고한 후에도 어떤 형태로든 안정적인 사회가 존재한다면 그것은 지속가능한 사회여야만 할 것이다. 즉, 근대문명이 현재 만들어낸 파괴적인 피해를 피하거나 되돌릴 수 있을 만큼 환경과 조화를 이룰 수 있어야만 할 것이다.

이것은 우리 시대의 위대한 사상적 실험이다. 근대성이 자기를 (아마도 문자 그대로) 불살라 없애버리고 그 뒤를 잇는 문명이 등장했을 때 과연 우리는 어떤 문명, 즉 어떤 전반적인 세계관과 인생관을 보유하게 될지 생각해보는 것이다. 생태과학은 우리가 발전시켜야 할 문명의 형태에 대해 우리에게 무엇을 가르쳐줄 수 있을까? 근대의 뼈아픈 실수들을 연구함으로써 우리는 어떤 교훈을 얻을 수 있을까? 특히 부자는 더 부유하게, 빈자는 더 가난하게 만드는 지구적 경제 시스템들이 초래한 결과들과 천연자원의 과도한 사용과 과소비, 사회 전체의 유익보다는 개인의 이익을 더 위하는 사회 구조, 지구 생태계들을 파괴하는 에너지원에 대한 의존으로부터 우리는 과연 무엇을 배웠을까?

희망이라는 주제가 이 책을 관통하고 있다. 문명들의 흥망성쇠, 그 자연스러운 리듬을 살펴볼 때 새로운 형태의 희망이 드러난다. 멸망한 모든 문명의 자리에는 그 이전에는 알려지지 않았던 새로운 무언가가 등장했고 그 자리를 차지했다. 우리는 근대 문명과 그 문명이 선사해준 안락함을 상실했다고 탄식할 수도 있을 것이다. 하지만 우리는 그 뒤를 잇게 될 새로운 삶의 형식들에서 희망을 찾을 수도 있다. 이 책의 나머지 부분에서 우리는 생태문명이 미래에 대한 꿈이 아니라 정책적 차원과 개개인의 삶의 방식에서 구체적인 행동을 위한 지침이라는 점을 보여줄 것이다.

2장

생태재앙의
근본 원인은 무엇인가?

파국을 넘는 문명 전환의 지도 그리기

생태재앙의
근본 원인은 무엇인가?

      인간은 지구를 병들게 만들었다. 다른 질병과 마찬가지로 근본 원인을 파악하지 않고 단순히 증상만 치료하는 것은 치명적인 실수가 될 수 있다. 지구를 치유하기 원하고 기후변화의 위협에 맞서려면 우리는 근본 원인들을 해결해야만 한다. 그렇다면 현재 기후위기의 근본 원인들은 무엇일까?

      나사NASA에 따르면, "대부분의 기후 과학자들은 현재 지구 온난화 추세의 **주요 원인**이 인간이 증대해온 '온실효과' (대기가 지구에서 우주로 방출되는 열을 가둘 때 발생하는 온난화 현상)라는 점에 동의한다."[1] 온실효과가 기후변화를 설명할 수는 있지만, 이것만으로는 온실효과의 근본 원인에 대한 답은 찾을 수 없다. 물론, 대부분의 기후 과학자들은 이산화탄소, 메테인 등 특정 가스의 증가가 어떻게 열의 방출을 차단하는지에 관한 설명으로 눈을 돌릴 것이다. 그러나 이런 설명조차도 대기 중 이산화탄소와 메테인이 증가하는 이유에 대한 해답을 제시하는 것은 아니다. 이 지점에서는 인구 증가부터 산업화된 농업과 육류 생산, 연소 엔진 사용의 증가와 일반적인 화석연료 소비 증가까지, 또 이러한 것들 외에도 실로 다양한 원인에 관한 설명이 가능하다. 그러나 기후위기를 초래한 각 원인들의 배후에는 더 근본적인 또 다른 원인이 있다.

우리는 이 인과관계를 더 거슬러 올라가 우리의 문명적 구조의 근간, 즉 우리 문명이 구축된 기초적인 틀 또는 패러다임을 제공하는, 세계에 관한 일련의 빅 아이디어와 기본 전제들에 도달할 수 있다.

생태문명은 무엇보다도 문명의 한 형태라고 할 수 있다. 생태 문명은 모두를 위한 세상, 즉 지속가능성 원칙 그리고 공동선에 대한 헌신이라는 원칙을 토대로 구축된 사회에 관한 긍정적인 비전이다. 하지만 왜 기후의 변화가 문명의 변화를 필요로 하는 것일까? 과연 환경 위기는 경제, 정치, 교육과 어떤 관련이 있는 것일까?

생태문명 프레임워크, 즉 에코시브Eco-civ 패러다임은 우리가 사는 세계를 유기체적이고 동적이며 상호연결된 복잡한 시스템으로 이해하는 살아 있는 시스템 프레임워크다. 이러한 현실 묘사는 어쩌면 당연해 보일 수 있겠지만, 이것은 실제의 인류 역사에서 지배적인 세계관은 아니었다. 기후위기에 대응하기 위해서 문명의 변화가 필요한 이유를 이해하려면 기후위기를 초래한 빅 아이디어(패러다임)를 더 잘 이해할 필요가 있다.

모든 것을 변화시킨 빅 아이디어

빅토르 위고Victor Hugo는 이렇게 말했다. "세상의 모든 군대들보다 더 강력한 것이 하나 있는데, 그것은 바로 시대를 만난 아이디어." 역사를 살펴보면 때를 잘 만나서 모든 것을 바꿔버린 수많은 '빅 아이디어'들이 있었다.

- **농사**: 오늘날의 농업은 14,000년 전으로 거슬러 올라간다. 농업의 발달로 수렵 채집 사회는 문명의 토대가 되는 영구적인 거주지를 조성할 수 있게 되었다. 더 이상 식량이 유일한 생

존 동기가 아니게 되자, 정부와 무역과 개인의 전문화가 발전할 수 있는 길이 열렸다.

- **전기**: 전기를 활용하는 능력은 근대 문명의 핵심 중 하나다. 전기는 통신, 운송, 냉장부터 상업, 컴퓨터, 의료 장비에 이르기까지 근대 생활의 실용적인 도구가 되었다.

- **세균 이론**: 세균 이론은, 육안으로는 보이지 않지만 살아 있는 숙주에 침입할 수 있는 미생물에 의해 많은 질병이 발생한다는 이론이다. 1500년대에 처음 제안되어 200년 후에 널리 확산된 이 이론은 근대 의학의 토대가 되었으며, 지난 몇 세기 동안 수많은 생명을 구한 백신 개발과 멸균술의 발전으로 이어졌다.

- **0**: 수학적 개념인 0은 인도 문명 시대부터 존재했지만, 이탈리아 수학자 레오나르도 피보나치Leonardo Fibonacci 덕분에 12세기에 이르러서야 서양의 사고방식에 스며들었다. 숫자 0이라는 개념은 소수점 개념의 토대가 되어 간단한 대수학부터 양자 물리학, 로켓 과학, 모든 근대 컴퓨터의 기본 언어인 이진 코드binary code로 이어지는 발전을 가능하게 했다.

- **월드 와이드 웹**: 컴퓨터와 관련하여 말하자면, 네트워크를 통해 컴퓨터를 연결한다는 아이디어는 1960년대 후반으로 거슬러 올라가지만, 그로부터 약 30년 후 오늘날 '인터넷'으로 알려진 월드와이드웹이 탄생하면서 커뮤니케이션, 상거래, 지식의 보급에 혁명을 일으켰다. 웹은 비교적 최근에 개발된 기술이기 때문에 이 혁명이 인류사회에 미칠 전체적인 영향은 시간이 지나야 더 정확하게 알 수 있을 것이다.

이러한 아이디어의 대부분은 처음에 큰 회의론에 부딪혔고 심지어는 적대감을 불러일으키기도 했다. 알프레드 노스 화이트헤드는 "거의 모든 새로운 아이디어는 처음 만들어질 때 어느 정도 어리석은 측면이 있다"[2]고 했다. 그리고 알베르트 아인슈타인 은 "처음에 그 아이디어가 터무니없지 않다면 희망이 없다"[3]고 했다. 사실 이 다섯 가지 아이디어 중 어느 하나라도 널리 퍼지지 않았었다면 오늘날 우리는 매우 다른 세상에 살고 있을 것이다! 이 다섯 가지 아이디어는 패러다임 전환이라고 할 수 있을 정도로 엄청난 변화를 인류에게 야기했다.

패러다임이란 무엇이며 왜 변화하는가?

패러다임은 모델, 템플릿 또는 원형으로서, 이해를 위한 인식의 틀을 말한다. 아래 이미지를 보고 무엇인지 떠올려보기 바란다.[4] 무엇이 보이는가? 오리인가? 아니면 토끼인가? 만약 여러분이 오리는 많지만 토끼는 없는 곳에 살고 있다고 가정해보자. 여러분이 가지고 있는 '오리 패러다임'은 오리를 보도록 미리 설정되어 있을 것이다. 반면, 오리를 본 적은 없지만 토끼에 익숙하다면, 이미지를 이해하는 인식의 틀에 따라 토끼를 보게 될 것이다.

생태재앙의 근본 원인은 무엇인가?

패러다임 전환은 일반적인 사고방식이나 행동방식이 새롭고 다른 방식으로 대체될 때 발생하는 중요한 변화다. 예전에는 토끼만 보았지만, 이제는 오리도 볼 수 있게 되었다. 더 좋은 점은 이제 오리와 토끼 중 어느 쪽으로도 볼 수 있게 되어서 이 애매모호한 그림에 관한 진실을 알게 되었다는 것이다. 이상하고 중요하지 않은 예처럼 보일 수도 있겠지만, 우리의 패러다임, 세계관, 현실에 관한 근본적인 전제는 우리가 말하고, 생각하고, 행동하는 모든 것을 조형한다.

잘못된 패러다임─잘못된 방향

지도를 생각해보자. 로스앤젤레스에서 그랜드 캐년으로 여행을 떠나는데 베이징 지도만 가지고 있다고 가정해보자. 목적지가 표시되지 않은 지도를 가지고 어떻게 목적지에 도착할 수 있을까? 지도를 통해서만 세상을 알면 우리는 국경에 갇히게 된다. 우리 사회가 지속가능한 세상과 같은 바람직한 목적지로 가는 길을 찾고자 한다면 올바른 프레임워크와 패러다임과 지도가 필요하다.

안타깝게도, 우리의 근대 문명은 잘못된 패러다임에 기초해 있다. 우리가 가지고 있는 '근대'의 지도는 환경재앙으로 향하고 있다. 지구에서 보다 지속가능하고 정의로운 삶의 방식을 찾으려면 새로운 지도, 즉 새로운 패러다임이 필요하다.

하지만 패러다임을 바꾸기란 쉬운 일이 아니다. 우리가 지금까지와는 다르게 살아야 한다는 것을 '아는' 것만으로는 충분하지 않다. 영화 〈인셉션Inception〉에 나오는 대사처럼 "가장 회복력이 강한 기생충은 무엇일까? 박테리아? 바이러스? 장 벌레? 바로 **아이디어**idea다. 아이디어는 회복력이 강하고, 전염성이 매우 강하다. 일단 어떤 아이디어가 뇌에 자리 잡으면 그것을 없애기가 거의 불가능하다." 따라서 패러다임과 그에 수반되는 모든 것을 바꾸려면 "이제까지 배운 것을 버려야 한다"는 요다Yoda의 조언을 따라야 한다. 그러나 우리가 배운 것을 버리기 전에 우리가 배운 것을 검토하여 가장 기본적인 전제들을 확인해야 한다.

상황─우리의 근대 패러다임

환경철학자 존 캅은 다음과 같이 말했다.

우리는 정직해야 한다. 우리는 끔찍한 시대에 살고 있다. 우리는 우리의 행동이 우리를 지탱하는 지구의 능력을 파괴하고 있다는 것을 알고 있지만, 방향을 바꿀 수 없는 것처럼 보인다. 우리는 현실을 무시하거나 어떤 기술적 기적이 우리를 구해주기를 바라며 맹목적으로 앞만 보고 달려가고 있다. 그러나 그런 일은 일어나지 않을 것이다. **근대 세계**는 지구가 감당할 수 있는 한계를 이미 넘어섰고, 그 결과 우리 문명은 붕괴하고 말 것이다.[5]

어쩌다 우리는 여기까지 오게 되었을까? 우리를 붕괴 위기에 몰아넣은 근대적 패러다임, 가치관, 세계관은 과연 무엇일까? '계몽주의'로 특징지어지는 '근대성'은 흔히 '근대 철학의 아버지'로 불리는 르네 데카르트(1596-1650)로 거슬러 올라간다. 데카르트는 "나는 생각한다, 그러므로 나는 존재한다"라는 말로 가장 잘 알려져 있지만, 그 주장의 이면에는 데카르트가 근대의 발판을 마련한 데카르트적 이원론이 깔려 있다.

　데카르트적 이원론이란 무엇일까? 이원론은 현실을 구성하는 것은 (1) 움직이는 물질과 (2) 마음 또는 인간의 영혼, 이 둘뿐이라는 생각이다. 데카르트에게 모든 것은 이 두 가지 범주 중 하나에 속한다. 또한 이원론의 한 유형으로서 정신과 물질은 서로 독립적인 것으로 이해되었다. 한쪽은 다른 쪽과 아무런 관련이 없다.

　무엇보다도 이러한 이원론은 인간을 다른 모든 생명체보다 우위에 두는 결과를 초래했다. 그 결과 '인간중심적' 세계관이 형성되었다. 인간은 영혼 또는 정신을 소유하고 있기 때문에 고유하다. 데카르트에게 인간은 다른 동물보다 우월한 존재다. 이러한 결론은 극단적인 수준의 자연으로부터의 소외를 야기했지만, 인간에게는 존엄성을 부여했다. 이는 근대 민주주의의 발전으로 입증된 인권과 모든 인간의 근본적인 평등에 관한 생각을 뒷받침했다.

　이후에 찰스 다윈이 인간이 진화의 산물 (즉, 자연의 완전한 일부)임을 보여주었을 때, 데카르트가 인간의 영혼에만 귀속된다고 생각했던 일부 속성을 자연이 가지고 있다고 다시 생각할 수 있는 문이 열렸다. 그러나 그 당시만 해도 과학은 자연이 순수하게 객관적 존재라는 것과 관련된 방법론에 대한 집착이 매우 강했다. 대부분의 과학자들은 자연세계에 대한 접근법을 바꾸는 대신, 과거에 물리학과 화학의 대상들을 연구했던 방식으로 인간을 연구하기로 결정했다. 그 결과, 계몽주의적 이원론은 근대 후기에 이르러서는 현실이 오직 물리적인 것으로만 구성되어 있다는 환원적 물리주의로 대체되고 만다. 이런 시각에서는 마음도 영혼도 존재하지 않고, 오직 물질만 존재한다.

이는 가치나 목적이 없는 기계로서의 세계를 '객관적으로' 연구하는 길, 즉 기계론적 세계관Mechanistic Worldview을 위한 길을 열었다. 객관성을 통한 확실성에 대한 탐구는 교육 시스템의 핵심이 되어 '학문 분과들'을 탄생시켰고, 이원론은 지식의 파편화의 길을 열었다.

지식을 여러 분야로 세분화하면 '경제학' 같은 학문 분야가 자연세계와 무관하게 발전할 수 있게 된다. 그 결과 무한 성장 같은 추상적인 경제 이론이 구체적인 사실로 잘못 취급되는 '잘못 놓인 구체성의 오류Fallacy of Misplaced Concreteness'가 발생하게 되었다. 결과적으로 무한 성장이 현실적으로 가능하다는 견해가 생겨났다. 이러한 발전은 생태경제학자 허먼 데일리Herman Daly와 생태 신학자 존 캅의 저서《공동선을 위해: 공동체, 환경, 지속가능한 미래를 향한 경제의 방향 전환 For the Common Good: Redirecting the Economy Toward Community, the Environment, and a Sustainable Future》에 자세히 설명되어 있다.

환경 위기는 (부분적으로는) 제한된 지구에서 무한한 성장을 추구한 결과이고, (부분적으로는) 경제학의 추상적 원리를 구체적인 현실로 잘못 취급한 결과이며, 과학자들이 다윈 이후 채택한 환원적 물리주의의 (부분적) 결과인 파편화된 분과학문화의 (부분적) 결과다. 이러한 모든 실수들은 계몽주의와 근대 패러다임의 토대가 된 '빅 아이디어'인 데카르트의 심신 이원론에 대한 깊고도 무의식적인 맹신에서 기인한다.

근대의 패러다임의 중심 사상인 데카르트의 이원론이 현재의 환경 위기를 초래했다는 사실은 이제 분명해졌다. 신자유주의 경제학자들이 자신들의 관행이 데카르트의 철학에 빚을 지고 있다는 사실을 인정하는 것은 아니지만 말이다. 하지만 현재의 우리는 항상 과거에 의해 부분적으로 구성된다. 우리가 인정하든, 무시하든, 받아들이든 관계없이 유전적으로나, 사회적으로나, 아니면 또 다른 부분에서 우리는 우리의 선대로부터 일정의 유산을 물려받았다.

기후위기는 문명의 위기—새로운 패러다임의 필요성

데카르트 철학이 우리 사회를 지속 불가능하게 만들고 문명의 붕괴로 이끄는 패러다임이라면, 우리에게는 데카르트의 대안, 즉 지속가능하고 정의로운 세계로 우리를 이끌 새로운 패러다임, 즉 생태문명이 필요하다. 잘못된 틀, 잘못된 패러다임, 잘못된 지도를 가지고 있다면 아무리 열심히 노력해도 생태적인 문명에 도달할 수 없을 것이다.

무엇보다도 생태문명에는 다음과 같은 패러다임 전환이 수반되어야 한다.

- 이원론 (정신 대 육체)과 일원론 (오직 육체만 존재)에서 전체론 (마음과 몸이 서로 얽혀 있음)으로의 전환
- 기계론적 사고에서 유기체적 사고로의 전환
- 인간중심적 사고에서 생명애biophilia 중심의 사고로의 전환
- 무한 성장에서 지속가능성으로의 전환

그렇다면 생태문명은 무엇을 확언할까? 생태문명은 전 지구적 기후 파괴에 대응하기 위해 필요한 변화들이 너무도 광범위해서 그것들이 생태학적 원칙들에 기반한 또 다른 형태의 인간 문명과 연결되어야 한다는 것을 확언한다. 생태문명은 지속가능성을 이루기

위해 경제적, 교육적, 정치적, 농업적, 기타 사회적 개혁들의 융합을 필요로 할 것이다.

더 깊은 층위에서는, 환경적 조건들이 이러한 개혁들과 깊이 연관되어 있기 때문에 지속가능한 문명을 이룩하려면 인식과 가치의 전환이 수반되어야 할 것이다. 여기에는 과거보다 훨씬 더 체계적인 방식으로 현재의 구조와 관행을 전면적으로 재고함이 수반되어야 할 것이다.

2015년 6월, 학자, 활동가, 관심 있는 시민들로 구성된 그룹이 바로 이 목적을 위해 캘리포니아 클레어몬트에 모였다. 이 자리에서 모두는 생태문명을 향한 대안적 패러다임과 실천을 모색했다. 이 학제 간 컨퍼런스에는 약 1,500명이 참여했다. 이들은 약 82개의 워킹 그룹에서 다양한 주제에 관해 협업하고 논의했다. 이 컨퍼런스는 모든 배경과 신념을 가진 사람들에게 개방되었지만 주최 기관인 과정사상 연구소the Center for Process Studies는 '과정-관계 철학process-relational Philosophy'으로 널리 알려진 사상 계열이 이 파괴적인 근대 패러다임에 대한 최고의 대안이라고 확신했다.

이러한 다양한 과정 철학은 수학자이자 철학자인 알프레드 노스 화이트헤드의 연구에서 시작되었는데, 그는 자신의 철학 체계를 '유기체의 철학'이라고 불렀다. 선도적인 과정 철학자인 존 캅 주니어와 데이비드 레이 그리핀David Ray Griffin도 지난 수십 년간 중국에서 많은 관심을 받아온 과정-관계적 사고를 설명하는 대안적 방법으로 '구성적 포스트모더니즘'과 '생태문명'이라는 문구를 사용하기 시작했다.

과정-관계 철학은 세 가지 기본 원칙으로 요약할 수 있다.[6]

1. 누구도 같은 강을 두 번 건널 수 없다: 존재는 되어가는 과정 중에 있다. (과정)

2. 어떤 사람도 외딴 섬이 아니다: 모든 것은 서로 연결되어 있다. (관계적)

3. 야생화에서 천국을 보다: 모든 살아 있는 존재자는 가치 있다.[7]

화이트헤드는 항상 변화하는 것이 어떻게 완전히 실재할 수 있는지 설명할 방법이 필요했다. 이에 대한 해답으로 그는 '합생concrescence'이라는 개념을 제시했다. 합생은 단순하게 말하자면 '구체적'인 것이 되어가는 과정이라 할 수 있다. 존 캅은 "구체적인 것이란 온전히 현실적인 것을 의미하며 그것은 완성된 현실적 계기actual occasion or entity를 의미한다. '합생'이라는 용어의 사용은 현실성의 찰나적 순간조차 현실적 계기의 과정이라는 점을 화이트헤드가 강조하기 위함이다."[8]

온전히 현실화되는 ('실재' 또는 '구체화'가 되는) 과정에는 화이트헤드가 '파악prehension'이라고 부르는 개념도 포함된다. '파악'은 과거와의 관계를 강조하는데, 과거는 현재가 되는 과정에 기여하기 때문이다. 우리는 (적어도 부분적으로는, 언제나 과거에 의해 구성되는) 파악을 통해 우리라는 존재가 되어간다.* 이 두 가지 과정(파악과 구체화)은 현실이 상호 연관된, 되어가는 과정이라는 것이 무엇을 의미

---

* 화이트헤드의 유기체 철학에서 현실적 계기는 항상 되어가는 과정 중에 있다고 본다. 그 과정의 형식에는 과거로부터 이어져 오고 있는 사실들이 포함된다. 그렇기 때문에 우리는 하루 아침에 아주 다른 사람이 될 수는 없는 것이다. 현실적 계기는 과거로부터 이어지는 연속성 안에 있다. 후행하는 계기는 선행하는 계기를 파악하며 따라서 부분적으로 선행하는 계기에 의해 구성된다. 현재의 계기는 과거의 계기를 파악한다고 말할 수 있다.

하는지 설명한다.

위에서 언급한 세 번째 개념인, 모든 살아 있는 존재자는 가치가 있다는 것은 서로 연결된 존재의 과정을 이해함으로써 얻을 수 있는 결론이다. 과정 철학에 따르면, 가치는 "실재 자체에 내재되어 있다." 모든 존재의 과정은 다른 존재들의 가치를 이해하고, 그것을 자신의 내면에 통합하며, 창의적인 방식으로 가치를 발전시키는 방향으로 나아가는 것이다. 화이트헤드는 다음과 같이 말했다. "우리가 현실을 향유한다는 것은 좋든 나쁘든 가치의 실현이다. 그것은 가치를 경험하는 것이다."[9]

하지만 오해하지 않기를 바란다. 단순히 옳은 사고만을 한다고 해서 이 철학이 마술처럼 온실효과를 최소화할 수 있다고 제안하는 것은 아니다. 결국, 화이트헤드의 말처럼 "관념은 무언가를 지키지 않는다. 어떤 조치를 취해야 한다."[10] 그러나 우리가 말하고자 하는 것은 기후위기의 근본 원인을 증상과 혼동해서는 안 된다는 것이다. 기후위기는 문명의 위기다. 따라서 우리에게는 다른 종류의 문명을 위한 새로운 프레임워크, 즉 새로운 패러다임이 필요하다. 이것이 바로 생태문명이다.

근대 패러다임의 토대는 실재를 정신과 물질로 각각 독립된 것으로 묘사하는 이원론 철학이었는데, 이 이원론은 나중에 실재를 목적과 가치가 없는 물리적 물질, 즉 에너지로만 환원시켰다. 생태문명 패러다임에서 이원론과 일원론은 실재를 인식의 대상이 되는 객체들의 집합이 아니라 주체들의 공동체, 즉 상호 연결된 전체로 이해하는 전체론holism으로 대체되며, 그 안에서 우리는 우리의 관계들에 의해 구성된다.

근대 산업형 농업의 기준에 따르면, 농업의 성공은 생산물을 노동 시간으로 나눈 '생산성'으로 정의된다. 모든 것이 서로 연결되어 있는 생태문명 패러다임에서는 농업의 성공이란 지속가능한 농업을 위해 토양을 재생하는 것을 의미한다.

근대의 패러다임에서 경제적 성공은 성장의 관점에서 설명된다. 이는 지구에 해로운 것으로 입증되었다. 분기별 보고서의 단기적 이익이 우선시되는 한 '삼중바닥선triple bottom line*'을 수용하는 것 같은 작은 조치만으로는 충분하지 않다. 생태문명 패러다임에서는 인간과 지구의 전반적인 복리(공동 이익)의 관점에서 경제적 성공을 재정의한다. 여기에는 생태경제학 또는 행복의 경제학 같은 것이 포함될 수 있다.

근대의 패러다임에 따르면, 고등 교육의 목적은 전문 지식, 경력 개발, 고임금 직업 준비로 정의된다. 생태문명 패러다임에서 교육의 역할은 리더가 지구적 공동선을 위해 봉사할 수 있도록 그 역량을 강화하는 것이다. 이를 위해서는 '가치 중립'을 추구하지 않는 교육 시스템이 필요하다. '가치 중립'적 교육이 아니라 지혜를 발전시키고, 통합적 지식을 키우며, 공동선을 증진하는 교육을 추구해야 한다. 현실적으로 세계는 학문 분과들로 명확하게 구분할 수 없으며, 모든 학문은 서로 영향을 주고 받는다. 그래서 이러한 명쾌하지만 동시에 임의적인 구분법이 우리가 세상을 배우는 방식에 영향

★ 삼중바닥선 이론 (TBL)은 비즈니스나 조직의 성과를 평가하는 프레임워크로, 사회와 환경과 경제라는 세 가지 차원을 기반으로 한다. 이 이론은 오로지 경제적 이익만을 중시하는 전통적인 비지니스의 관행을 넘어, 사회적 책임과 환경적 영향을 고려하도록 조직에 도전하고 지속가능성과 윤리적 실천을 강조한다. ESG와 유사하다고 볼 수 있다.

을 미쳐서는 안 된다. 우리에게는 기업의 사업가들만큼이나 농촌의 농부들을 지원하고 소중히 여기는 교육 시스템이 필요하다.

이와 같이 여러 분야에서의 패러다임 변화는 근본적으로 새로운 형태의 문명을 가능하게 할 것이다. 이 새로운 형태의 문명, 즉 공동선과 지구의 복리를 위해 헌신하는 생태문명이야말로 기후위기의 근본 원인을 해결할 수 있는 유일한 방법이다. 우리가 진정으로 지구를 치유하기 원하고 기후변화의 이상 현상을 언급하는 것 이상의 것을 하기 원한다면, 우리에게는 생태문명이 반드시 필요하다.

3장

생태문명은 단지
유토피아적 이상에 불과한가?

파국을 넘는 문명 전환의 지도 그리기

생태문명은 단지
유토피아적 이상에 불과한가?

긍정적인 사고는 그 자체로는, 더 나은 미래에 대한 희망이 그런 것처럼, 좋은 것이다. 전 세계인 가운데에서도 유럽인과 북미인은 현재 세계가 어떤 상황에 처해 있든 세상을 더 나은 곳으로 만들 수 있다는 믿음이 유독 강하다. 세상의 많은 긍정적인 변화는 이러한 낙관주의에서 시작되는 법이다.

유토피아, 꿈, 그리고 현실

유토피아는 현재보다 훨씬 더 나은 미래에 대한 비전이다. 실제로 유토피아적 이상향은 종종 **완벽한** 사회를 묘사하곤 한다. 한편으로 이상적인 사회를 상상하는 것은 사람들의 마음을 움직일 수 있다. 존 레논의 유명한 노래 '이매진Imagine'을 생각해보자.

반면, 유토피아적 사고에는 재앙을 초래할 수 있는 위험한 측면도 있다. 유럽의 근대 초기는 모든 상황이 '점점 더 좋아지고 있다'는 믿음을 의미하는 '**사회개량적**melioristic'인 시대로 묘사된다. 고전적인 예로는, 우리가 "가능한 모든 세계 중에서 가장 좋은 세계"에 살고 있다는 생각에 자신의 철학의 기초를 둔 철학자 라이프니츠를 들 수 있다. 실제로 18세기의 많은 계몽주의 사상가들은 인간이 옳은 것을 안다면 그것을 행할 것이기 때문에, 이성이 더 나은 미래를 향한 길을 밝혀준다고 믿었다.

유토피아의 위험의 일부는 사람들이 미처 인식하지 못하는 어떤 것에 있다. 예를 들어, 근대에 많은 유럽인들의 삶은 **정말로** 점점 더 나아지고 있었다. 그러나 그것들은 아프리카, 인도, 남미 식민지 개척과 노예에 대한 막대한 의존과 군대의 방대한 규모, 점점 더 많은 사람을 더 효과적으로 죽일 수 있는 신기술 덕분이었다. 유럽인들이 북미를 식민지로 삼기 시작하면서 그들은 진보에 대한 믿음을 신대륙으로 가져왔고, 이는 **'명백한 운명**Manifest Destiny**'**이라는 신념으로 변모했다. 정착민들은 '바다에서 빛나는 바다로' 아메리카 대륙을 가로질러 이동해서 토착민을 죽이고 땅을 다스리며 우월한 유럽 문화와 종교를 정립하는 것이 유럽인들의 명백한 운명이라고 주장했다. 그들은 근원적으로 폭력적인 지배를 통해 그들이 진보라 믿는 바를 이루었다.

유명한 유토피아들

생태문명이 단지 유토피아적 이상에 불과한 것인지를 생각해 볼 때, 가장 유명한 유토피아를 떠올려보는 것도 도움이 될 것이다.

토머스 모어 경. 토머스 모어는 1516년 같은 제목의 책을 출판하면서 '유토피아'라는 단어를 발명했다. 남미 연안의 한 섬에 완벽한 사회가 형성되어 있다는 내용이었다. 생활 조건은 이상적이었고 인간의 고통은 최소화되었다. 철학과 예술의 최상의 활동들이 추구되고 있었다. 시민들은 자유로웠고 정의가 구현되었다. 실제로는 그 섬이 존재하지 않았기 때문에 그는 그곳을 '장소가 아니다'라는 뜻의 '유토피아u-topia'라고 불렀다. 유토피아u-topia와 유토피아eu-topia, 즉 '좋은 장소'의 영어 발음이 같기 때문에 유토피아는 미래에 우리 앞에 도래하게 될 좋은 장소나 좋은 상태를 의미하게 되었다.

도래할 메시아. 메시아가 도래할 것이라는 믿음은 유대인 사상의 중요한 한 가닥이지만, 그렇다고 해서 그것이 전부인 것은 아니다. 유대인들은 수천 년 동안 주변 민족들 (대개는 기독교인들)의 반유대주의와 그들의 군대로부터 스스로를 보호하지 못한 채 억압받고, 투옥되고, 살해당해왔다. 국가도 없이 불의에 둘러싸인 유대인들은 장차 오실 메시아에 대한 약속이 아직 지켜지지 않았음을 깨달았다. 언젠가는 신께서 약속하신 메시아를 보내셔서 정의와 평화를 세우고, 악을 행하는 자들을 벌하며, 이스라엘과 예루살렘 성전을 다시 세우고, 아브라함에게 주신 약속을 지키실 것이라는 것이 정통 유대교 전통의 믿음이다.

기독교 천년왕국 Millennium. 마찬가지로 기독교 신학의 한 전통인 **천년왕국설**millenarianism은 그리스도의 재림 이후 지상에서 천년간 그리스도의 통치가 있을 것이라고 믿는다. 이 황금 시대에는 전쟁이나 고통이 없고, 정의가 통치하며, 지구는 평화와 번영으로 가득차게 될 것이었다.

마르크스. 마르크스는《독일 이데올로기 *The German Ideology*》에서 (오늘날 우리가 말하는 의미의) 시장이 사람들에게 '생계 수단을 잃지 않으려면' 직장에서 특정 역할을 받아들이고 유지하라고 강요할 때 발생하는 해악을 설명했다. 그는 다음의 유명한 구절에서 자본가들(기업들)이 노동자들을 통제하는 방식과 자본주의 없이도 우리가 살 수 있는 방식을 대비한다.

어느 누구도 하나의 독점적 활동 영역을 소유하지 않고 각자가 원하는 모든 분야에서 성취를 이룰 수 있는 공산주의 사회에서는 사회가 일반적인 생산을 조절하므로 사냥꾼, 어부, 목동 또는 비평가가 되지 않고도 오늘 한가지 일을 하고 내일 또 다른 한가지 일을 하면 되는데, 아침에 사냥하고 오후에 낚시하고 저녁에 가축을 돌보고 저녁 식사 후에 비평하는 것이 가능하다.[1]

이 각각의 사례에서 유토피아는 평화와 번영을 극대화하는 동시에 고통과 불의를 최소화하는 삶의 방식을 추구하는 것을 의미한다.

유토피아적 사고의 위험한 측면

유토피아적 사고의 부정적인 측면은 여러 가지 방식으로 나타난다. 첫째, 사람들은 최종 결과를 완벽하다고 생각하기 때문에 목표를 달성하기 위해 가능한 모든 수단을 사용하려는 경향을 보이는데, 이는 '목적이 수단을 정당화'하는 전형적인 사례다. 둘째, 문화적 맹목성은 자신의 문화와 가치관으로만 유토피아를 생각하여 자신의 가치관을 모두에게 강요할 수 있는 위험을 수반한다. 셋째, 유토피아는 종종 비현실적이다. 즉, 유토피아는 만일 사람들이 완벽한 사회를 달성하는 데 몰두하고 있지 않았다면 더 나은 세상을 만들기 위해서 **하고 있을** 구체적인 일들을 하도록 사람들을 독려하지 않는다. 넷째, 유토피아적 사고는 패배주의적일 수 있다. 모든 것이 메시아나 재림의 세상을 실현시키기 위해 이미 결정된 것이라면 내가 왜 그것을 위해 일해야 할까? 가장 유명한 예는 개신교의 한 분파인 칼빈주의로, 신이 역사를 전적으로 책임지고 있으므로 인간이 하는 어떤 일도 그 결과를 바꿀 수 없다고 이들은 주장한다.

마지막으로, 어떤 유토피아는 오도될 수도 있다. 동독 같은 국가에서는 칼 마르크스의 사상을 모든 대기업을 국가가 소유해야 한다는 것으로 해석했다. 그러나 산업들이 국가의 통제 아래 놓이게 되자 비효율적이 되었고, 부정부패가 근면한 노동의 자리를 차지했다. 동독 경제의 붕괴는 결국 두 개의 독일이 하나의 자본주의 국가로 재결합하는 결과로 이어졌다. 사람들이 잘못된 목표를 향해 노력할 때 그 결과들은 종종 치명적일 수 있다.

이런 의미에서 생태문명이 유토피아인가라는 질문을 던지지 않을 수 없다.

유토피아 아니면 디스토피아?

오늘날 우리는 디스토피아에 대해 걱정하는 것보다 유토피아를 꿈꾸는 경향이 더 강하다. 디스토피아란 "모든 것이 불쾌하거나 나쁜 상상 속의 장소 또는 상태, 일반적으로 전체주의적이거나 환경적으로 황폐화된 상태"(Oxford Living Dictionaries)를 뜻한다. 오늘날 많은 사람들은 '상황이 점점 나아지고 있다'고 믿는 대신, 옛 속담처럼 '모든 것이 지옥처럼 변해가고 있다'는 입장을 견지한다.

디스토피아를 그린 소설과 영화는 우리 시대의 분위기를 표현하며 큰 인기를 구가하고 있다. 〈The 100〉 같은 TV 프로그램부터 〈매드 맥스Mad Max〉, 〈투모로우The Day After Tomorrow〉 같은 영화까지 디스토피아적 미래 세계관이 할리우드를 지배하고 있다.

좀비 영화의 엄청난 인기, 특히 〈워킹 데드The Walking Dead〉의 인기는 의심할 여지 없이 가장 확실하고 설득력 있는 사례라 할 수 있다. 코맥 매카시Cormac McCarthy의, 엄청난 인기를 끌었던 소설 〈더 로드The Road〉(2006)를 떠올려 보자. 한 아버지와 아들이 끝없는 길을 따라 이미 죽음으로 가득 찬 세상을 걷고 있다. 아마도 핵전쟁으로 인해 모든 농작물과 나무, 그리고 거의 모든 사람이 죽었을 것이다. 남은 사람들은 버려진 집에서 숨겨진 식량을 찾거나 서로를 죽이고 가진 것을 가져갈 수밖에 없는 상황이다. 아들과 아버지는 식료품 카트에 남은 식량을 모두 싣고 끝없이 펼쳐진 잿빛 산과 광활한 계곡을 가로질러 힘겹게 길을 떠난다. 어떤 것도 살아 있지 않고 희망도 보이지 않는다. 또는 지구 종말 소설인 카렌 톰슨 워커Karen Thompson Walker의 〈기적의 시대The Age of Miracles〉(2013)를 떠올려 보자. 지구의 속도가 느려지고 하루하루가 길어지고 있다. 새들이 죽고, 무리들이 서로 싸우고, 사람들이 정체불명의 질병으로 죽기 시작하는 등 우리가 알고 있던 삶이 조금씩 무너지고 있다. 이전의 정상적인 삶으로 돌아갈 수 있다는 희망은 없고, 인류는 다가오는 재앙에 무력할 수밖에 없다. 지구 기후변화와 너무도 분명한 유사점이 아닐 수 없다.

종교 역시 디스토피아를 만들어낼 수 있다. 구원 받을 이들이 아니라 지구에 해당되는 디스토피아 말이다. 예를 들어, 미국의 대통령이 되었을 때 로널드 레이건은 네오콘neo-conservative들을 고용해서는 미국 연방의 정책을 결정하는 데 도움이 될 입장문을 작성하도록 했다. 훗날 대중에게 유출된 한 문건에서 이들은 대통령이 숲을 보호하는 데 투자해서는 안 된다고 주장했다. 예수가 곧 재림할 것이기 때문에 장기적인 산림 보존을 우선순위로 삼을 필요가 없다는 이유였다.

디스토피아의 진정한 특징은 단순히 '시대가 힘들다'는 주장이 아니라 '우리 대 그들'이라는 사고방식에 있다고 할 수 있다. 디스토피아는 생존을 우선시하는 경향이 있으며, 이는 일반적으로 개인주의적 프레임으로 이루어져 있다. 식량과 생필품이 충분하지 않은 상황에서는, 공유는 하나의 선택지일 수 없다. 그렇다는 건 절도, 폭력, 타인에 대한 불신이 디스토피아적 전망의 중심 주제라는 것이다. 디스토피아적 사고와 달리, 생태문명적 사고는 시대가 어렵고 자원이 부족할 때도 생존을 위한 최선의 방법은 경쟁이 아닌 협력이라고 제안한다.

유토피아적 사고는 실제 데이터와 추세에 근거하지 않은 장밋빛 미래상을 제시할 수도 있다. 유토피아는 비현실적이기 때문에 이러한 미래에 대한 꿈들은 효과적인 실천으로 이어지지 못한다. 반면 다르게 생각해보면, 환경 위기에 대한 많은 대응책들은 매우 구체적이고 단기적이다. 이것들은 단기적인 의사 결정에는 도움이 되지만 장기적인 미래에 대한 희망이나 지침을 제공하지는 못한다.

다행히도, 너무 가까워서 관점을 상실하지도 않고, 너무 멀어서 지식을 상실하지도 않는 공간이 존재한다. 여기서 우리가 말하고 있는 생태문명은 관점과 지식이 모두 가능해지는 바로 그런 공간, 즉 중간지대로서 기능한다. 생태문명의 전제는 현재의 위기가 너무나 거대해서 문명적 변화가 필요하며, 소비 기반 사회의 뒤를 잇는 어떤 사회조직이 등장하든 그 조직은 반드시 생태학적 원칙에 기반해야 한다는 것이다. 생태문명은 손을 놓아도 되는 유토피아 세계를 수긍하는 것이 아니라, 작금의 위기에 대한 현행 대응 방식들 가운데 선택을 할 때 긴요한 현실적 프레임워크 역할을 할 수 있다. 그리고 가장 근본적으로는, 생태문명은 근대성의 근간을 이루고 있고 근대성을 정당화하는, 결함 투성의 원리들을 인류가 극복할 수 있다는 희망을 제시한다.

사회적 상상

사회적 상상social imaginaries은 "사람들이 (그것을 통해) 사회 전체를 상상하게 되는 특정 사회 집단과 사회에 공통된 가치, 제도, 법률, 상징의 총체"를 의미한다. (Wikipedia) 이 개념은 찰스 테일러가 자신의 중요한 저서인 《근대의 사회적 상상 *Modern Social Imaginaries*》을 출판한 이후 수년간 지대한 영향을 끼쳤다.[2] 테일러는 이 용어를 사용해 광범위한 문화 또는 문명의 구성원들이 집단적인 사회적 삶을 함께 해석하는 특정한 (종종 무의식적인) 방식에 주목했다.

> 사회적 상상은 어떤 일련의 관념들이 아니라 한 사회의 관행을, 상식화를 통해, 가능하게 만들어주는 것이다…서구 근대성의 핵심에는 사회의 도덕적 질서에 대한 새로운 개념이 있다. 처음에는 이 도덕적 질서가 영향력 있는 몇몇 사상가들의 머릿속에 있는 관념에 불과했지만, 나중에는 거대한 계층의, 그리고 결국에는 사회 전체의 사회적 상상을 조형하게 되었다. 이제 이 도덕적 질서는 우리에게 너무도 자명한 것이 되어서, 우리는 이것을 수많은 개념 중 가능한 하나로 볼 수는 없다.[3]

근대의 위대한 지성사학자 중 한 명인 테일러는 근대의 핵심 가치들을 수면 위로 끌어올렸다. 이러한 가치들이 초래한 전 지구적 재앙을 인식하면서, 우리는 지구에서 인류의 삶을 근본적으로 다른 방향으로 이끌 수 있는 다양한 선택지, 즉 지속가능한 선택지를 상상하기 시작한다. 이러한 새 목표들은 '실행 가능하다.' 즉, 이것들은 정책 수립과 정치적 행동을 위한 다른 종류의 안내를 제공한다.

인간의 사회적 상상은 매우 강력한 도구다. 때로는 미래에 대한 막연한 유토피아적 꿈들을 만들어내기도 하고, 때로는 디스토피아적 세계관의 절망감을 드러내기도 한다. 그러나 최상의 경우 사회적 상상은 우리가 노력할 가치가 있는 미래의 비전들을 열어줄 열쇠가 될 수 있다.

유토피아는 구체적이고 건설적인 방식으로도 사용될 수 있는데, 예를 들어 지구 생태계와 함께 지속가능한 방식으로 살아가는 법을 배운 미래 사회의 청사진으로 사용될 수 있다. 생태문명이 바로 이 범주에 속한다. 생태문명은 현재와 같은 지구적 문명으로는 장기적인 지속가능성이라는 목표를 달성할 수 없다는 냉혹한 현실 인식에서 출발한다. 세계 각국은 최악의 기후변화 임팩트를 피할 수 있는 시간이 얼마 남지 않았음에도 충분한 조치를 취하지 않았고, 기업과 교육 기관은 단지 소소한 변화만을 이루어냈으며, 소비자들은 그들의 소비 패턴을 축소하기보다는 오히려 증대하고 있다. 따라서 생태문명을 추구하기 위해서는 두 번째의, 그러나 첫번째와 동일한 정도의 엄중한 현실주의가 필요하다. 생태문명 추구에는 장기적으로 실제로 지속가능한 주거와 교통, 생산과 소비, 정부와 기업, 나아가 종교와 예술의 형태들과 같은 특정한 경제·사회 시스템에 관한 구체적인 성찰이 요구된다.

　　정리하자면, 대부분의 유토피아적 사고와 달리 생태문명은 인류가 취해야 할 급진적 조치로서의 구체적인 실행 방안들에 초점을 맞추는 것만큼이나 모든 것을 포괄하는 거대한 목표에도 초점을 맞춘다. 모든 인류와 생명체, 그리고 지구 전체를 위해 작동하는 세계라는 목표는 적절한 것이지만, 그렇다고 해서 생태문명을 '전부 아니면 제로'라는 식으로 단정적으로 생각해서는 안 된다. 프랑스 철학자 볼테르가 말했듯, "최상의 것을 바라는 것이 좋은 것을 얻지 못하게 한다." 생태문명은 완벽한 세계는 아닐지라도 더 나은 세계를 위한 비전이다. 이러한 차이 덕분에 생태문명은 유토피아적 사고의 핵심 동인들 중 하나인 희망을 유지하면서도 유토피아적 이상의 함정에 저항할 수 있다.

4장

생태문명 운동의
근본적인 통찰은 무엇인가?

파국을 넘는 문명 전환의 지도 그리기

생태문명 운동의
근본적인 통찰은 무엇인가?

 '대안 모색하기seizing an alternative'라는 문구는 많은 사람들이 생태문명 만들기라는 장기적인 목표에 집중하게 되는 이유를 잘 표현하고 있다. 지난 200년간 인류가 살아온 방식대로 사는 것이 더는 가능하지 않다는 점이 분명해졌다. 3년마다 SUV 대신 프리우스Prius*를 구입하거나 동네 슈퍼마켓에서 '녹색(친환경)' 제품을 구매하는 등 변화를 향한 작은 발걸음을 내딛기에는 너무 늦어버렸다. 이러한 전 지구적인 위기는 시스템을 완전히 바꿔야만 해결할 수 있다. 그렇다면 우리에게는 어떤 대안이 있을까?

 먼저 학자와 활동가들이 모인 뜻깊은 컨퍼런스의 결과를 살펴보자. 2015년 6월, 캘리포니아 클레어몬트에 있는 포모나 대학에 약 1,500명의 대표단이 모여 생태문명의 이론과 실천을 탐구하는 시간을 가졌다. 기조 연설에는 세계 3대 국가의 주요 환경운동가들이 참여했다―대안 노벨상이라고도 불리는 '바른생활상Right Livelihood Award'을 수상한 인도의 반다나 시바Vandana Shiva, 베이징 지구촌Global Village of Beijing의 설립자인 중국의 리아오 셰리Liao Sheri, 350.org의

★ 일본의 자동차 회사 토요타의 프리우스는 휘발유와 전기를 결합한 하이브리드 자동차로, 연료 효율성과 친환경 운전을 강조하는 모델이다.

설립자인 미국 환경운동가 빌 맥키벤Bill McKibben이 바로 그들이다. 컨퍼런스는 약 82개의 워킹 그룹이 12개의 주요 섹션에 참가하며 진행되었다. 각 그룹은 3일에 걸쳐 총 12시간 동안 회의를 진행했는데, 일부는 행사 이후에도 몇 달 또는 몇 년간 작업을 계속 이어갔다.[1] 서양뿐만 아니라 중국과 여러 개발도상국에서도 이 분야의 주요 학자와 활동가들이 대부분 참석했다.

기후변화의 원인을 자세히 살펴보는 일은 중요하다. 왜냐하면 전체적 맥락을 드러내기 때문이다. 개인과 공동체가 실천해야 할 구체적인 라이프스타일 변화를 개괄적으로 설명하는 것도 도움이 될 것이다. 그러나 이것만으로는 충분하지 않다. '대안 모색하기' 운동은 생태문명의 역사적 배경, 역사적 유사점, 철학적 토대, 정치·경제 시스템, 국제 협력, 목표 달성을 위해 취해야 할 구체적인 조치 등 생태문명의 모든 측면을 연구한다는 훨씬 더 큰 목표를 추구한다.[2] 인류가 생태 위기를 극복하고 미래로 나아가기 위해서는 어떤 모습이어야 할까? 인류의 문화가 살아 남으려면 지구와 함께, 그리고 우리가 함께 어떤 방식으로 살아가야 할까? 장기적인 목표를 이해하지 못한다면 그 목표를 달성하기 위한 구체적인 노력을 기울일 수도 없다. 후기 근대의 지구적 시장에 대한 대안이 과연 존재하기는 하는 것일까? 존재한다면 그 특징은 무엇일까?

5년간 준비된 이 컨퍼런스는 이 책의 서문에서 생태문명을 개괄적으로 다루었던 존 캅 교수의 아이디어로 기획되었다. 존 캅 교수는 화이트헤드의 유기체 철학과 세계관을 기본 틀로 사용했다. 존 캅 교수는 컨퍼런스 결과를 분석한 미공개 글에서 "여러 분야에서 활동하고 있고 다양한 사상적 배경을 지닌 사람들에게 화이트헤드 철학이 생태문명이라는 하나의 목표를 위해 함께 노력하는 동반 자라는 점을 알리고 싶었다"고 적었다.

대안 모색하기 운동은 생태문명을 향한 공동의 과제가 주요 초점이 될 때 어떤 일이 일어나야 하는지를 보여준다. 이 운동은 벅차고 어려운 과제 앞에서 희망적인 비전을 중심으로 연결된 다양한 학자들과 활동가들 사이에서 공동 연구 프로젝트에 대한 공감과 서로를 향한 강한 유대감을 불러일으켰다. 컨퍼런스를 분석한 미공개 글에서 캅 교수는 이 비전이 매우 원대한 것이라 다음과 같이 쓰고 있다.

공동의 목표를 위해 다양한 방식으로 공동의 행동을 실천하는 이들의 공동체 의식이 지적, 영적으로 충분한 근거가 있으며, 그 결과 이들의 협력과 상호 지원이 전 지구적 위기에 대응하고자 하는 사람들의 파편화를 대체할 수 있다는 확신을, 많은 이들이 갖게 될 것이라고 믿는다.

생태문명의 이론과 실천을 체계적이고 치밀하게 다룬 컨퍼런스로는 '대안 모색하기' 컨퍼런스가 처음이었는데, 그 이후에도 이와 비슷한 규모로 개최된 다른 행사는 없었다. 《철학을 실천에 옮기다: 생태문명을 향하여 *Putting Philosophy to Work: Toward an Ecological Civilization*》(2018)라는 책은 이 컨퍼런스의 주요 기조 연설들을 엮어 전 지구적 패러다임으로서의 생태문명을 개괄적으로 소개하고 있다.[3] 이 챕터에서는 미공개 컨퍼런스 자료를 활용하여 생태문명의 연구 분야를 소개하고, 이를 통해 생태문명 운동의 근간이 되는 통찰들을 살펴보고자 한다. 여기에서는 기조 연설들이 공통적으로 강조하고 있는 핵심 메시지를 더 잘 전달하기 위해서 광범위한 패러다임에 초점을 맞추었는데, 보다 구체적인 내용은 다음 챕터들에서 다루게 될 것이다.[4]

핵심 아이디어

대안 모색하기 프로젝트의 본질은 세 가지 핵심 아이디어로 요약할 수 있다. 첫째, 대안적 미래를 형성하는 체계적인 과정이 있어야 한다. 이 과정의 출발점은 현재의 환경 위기이며, 이를 위해서는 적어도 지속가능한 사회 조성 노력에 대한 전폭적인 헌신이 뒷받침돼야만 한다. 지속가능성은 생태문명을 향한 필수 단계이지만, 그것만으로는 충분하지 않다. 지속가능성이라는 개념은 개인, 단체, 정부에서 일상적인 사업을 포장하는 용도로도 자주 활용되지만, 홍보를 위해 멋지게 변형되기도 한다. 이는 근본적인 변혁 없이 겉모습만 변화하는 것처럼 보이기 위해 종종 사용된다.

사실, 현행 시스템으로부터 이익을 얻고 있는 사람들이 지속가능성을 지지한다는 사실은 사람들의 사고방식과 행동방식에 관한 훨씬 더 근본적인 문제를 드러낸다고 할 수 있다. 녹색 반창고만으로는 충분하지 않다. 이 점은 다음과 같은 두 번째 핵심 아이디어로 이어진다. 새로운 문명 구조의 탄생은 지구상에서 우리의 역할에 관한, 기존과는 다른 인식을 표현하는 새로운 서사 또는 패러다임의 출현과 관련이 있다. 세계관과 인생관의 최소한의 변화만으로 충분하다. 세상을 바꾸려면 먼저 생각이 바뀌어야 한다. 사회의 급진적인 변화는 우리가 생각하는 방식에도 급진적인 변화를 요구하며, 이

는 세계관과 철학의 변화를 의미한다. (2장 내용 참조)

오늘날 인류가 삶과 사회를 어떤 식으로 구성해갈 것인지에 관한 결정은 다른 어떤 요소보다도 향후 지구의 미래에 지대한 영향을 미칠 것이다. 이것이 바로 과학자들이 지구 역사상 현재를 **인류세**Anthropocene라고 부르는 이유다.[5] 지구 역사에 대한 인간의 통제 수준을 고려할 때, 우리는 단순히 인간이 지구 생물권에 미치는 수많은 영향 중 하나에 불과하다는 생물중심주의biocentrism로 돌아갈 수 없다. 이 파괴적인 인간 문명에 대한 유일한 장기적 대안은 진정으로 생태적인 (가장 강력한 의미에서 지속가능한) 문명뿐이다.

따라서 그 출발점은 인간과 자연을 포함한 모든 것이 서로 연결되어 있다는 인식, 즉 **'생태학적 패러다임'**에 기반한 라이프스타일, 사회, 경제를 구축하는 것이다. **만물은** (정태적인 기계적 관계가 아니라) **공동체 안에서만, 서로 연결된 채로만 존재한다**는 점을 깨달은 이후에야 비로소 새로운 형태의 사회가 싹트고 자라날 수 있다. 이런 식으로 우리는 정확히 어떻게 생태적 과학이 생태적 세계관의 토대를 마련하는 데 도움을 주는지를 구체적으로 알아가게 된다.

이 챕터의 후반부에서 우리는 세 번째 기본 아이디어를 살펴볼 예정이다—세계관과 인생관의 변화는 삶과 실천의 변화로 반드시 이어져야 한다. 사고의 패러다임 전환 이후에는 구체적인 세부 사항들이 등장한다. 과학자, 학자, 활동가들은 진정한 생태적 실천이 단순히 지속가능한 (또는 명백히 지속 불가능한) 수준을 넘어 진정한 변혁으로 나아갈 때 인류사회가 실제로 어떤 모습일지 구체적으로 정립하기 시작했다. 여기서 '생태문명'은 추상화를 넘어 행동 언어로 이동한다. 제안된 개혁사항들은 이제 경제, 문화, 종교, 교육,

에너지·교통 정책, 농촌 되살림, 도심의 생태적 전환 등 사회의 전 부문들을 재고하고 재정립하는 데 그것들이 어떤 함의가 있는가라는 관점에서 평가 대상이 된다.

따라서 다음의 세 주제에 우리의 주의를 기울일 필요가 있다—(1) 우리의 현재 상황 (2) 세계관에서의 필요한 변화 (3) 생태문명을 구축하기 위한 우리의 초안이 바로 그것들이다.

상황—생태문명 연구의 돌파구

생태문명을 사고하는 틀에는 전 지구적 기후 교란, 그로 인한 사회적·경제적 붕괴 위협, 그리고 이러한 사건들의 여파로 발생할 변화들이 포함된다. 어떤 사람들은 생태문명이 지속가능성의 다른 말일 뿐이라고 생각하기도 한다. 그러나 지속가능한 사회는 사람들이 임박한 위협의 시급성을 온전히 이해할 때만 진지한 가능성이 될 수 있다.

달리 말하면, 이처럼 상황을 넓게 보면 세 겹의 이해가 동시에 요구된다. 환경, 지속가능성 원칙, 현행 위기의 모든 차원들에 관한 이해가 그것이다. 마틴 루터 킹 주니어 박사는 종종 "도덕적 우주의 호arc는 길지만 정의를 향해 휘어져 있다"는 문구로 강연을 마무리하곤 했다. 반면, 빌 맥키벤은 지구 생물권의 호는 짧고 열heat을 향해 휘어져 있다고 지적했다. 시간은 우리 편이 아니다. "우리가 이 일을 빨리 끝내지 않으면, 우리는 이 일을 영영 끝낼 수 없게 될 것이다."

중국의 생태문명 논쟁

중국만큼 생태문명을 달성하겠다는 목표가 명시적으로 표현된 나라는 아직 어디에도 없다. 2012년 중국 공산당 제17차 당대회에서 중국 정부는 '생태문명' 만들기라는 목표를 명시적으로 채택했다. 이들에 따르면, 그 목표는 "에너지·자원 효율적이고 환경 친화적인 산업 구조, 성장 패턴, 소비 양식을 형성하는 것"이다.[6] 베이징 대학교의 철학 교수인 탕 이지에Yijie Tang는 "과정 철학 또는 '구성적 포스트모더니즘'은 이분법적 사고를 비판하고, 자연과 인간을 상호 연관된 생명 공동체로 본다. 이 사상은 오늘날 우리가 직면한 생태 위기를 해결하는 데 중요한 시사점을 준다"고 했다.[7]

많은 중국 학자들이 지난 6년간 중국이 직면했던 성공들과 어려움들을 소개해왔다. 어떤 이는 중국의 성공담을 말하지만, 점점 더 많은 이들이 서구 근대성의 패턴을 좇아가려는 유혹을 언급하고 있다. 중국의 대표적 마르크스주의 학자이자 화중과학기술대학교Huazhong University of Science and Technology 부총장인 강 오우양Kang Ouyang은 근대화의 긍정적 측면과 부정적 측면을 연구해왔다. 그는 근대 후기 자본주의의 부정적인 요소들로 경제성장을 궁극적인 목표로 삼는 것, 과학적 지식을 보완하는 생태학과 전통의 가치와 심미적인 지혜를 무시하는 것, 종교가 인간의 삶에서 할 수 있는 긍정적인 역할을 거부하는 것, 공동체를 희생하면서까지 개인성을 지나치게 강조하는 것 등을 지적했다.

인간과 자연과의 관계에 관해서라면 착취와 이윤을 추구하는 지구화된 근대 문명이 어느 정도나 위기의 원인이 되었는지를 인식해야만 한다. 기업들과 강대국들은 이윤에 기반한 (자본주의) 시스템의 부작용으로서 민중들과 생태계들을 파괴하면서도 자신들을 주도적인 행위자라고 스스로 주장하고 있다.

작가로 활동 중인 왕진Wang Jin은 환경 문제를 주로 법적 문제로서 다루고 있지만, 환경 문제는 본질적으로 정치적, 사회적, 철학적 문제이기도 하다.[8] 자본의 역할, 이익집단, 단기 계획, 세계무역기구(WTO)와 국제통화기금(IMF)이 지지하는 '개발' 모델 등 법 이외의 요소들도 중요하다. 현재의 환경 위기는 전 세계적인 경각심을 불러일으키는 명백한 제1의 경고가 되었다. 산림 훼손, 경작지 손실, 물 부족, 오염된 공기, 생태계 전체의 파괴 등 자연 시스템들의 현 상황은 환경과 지속가능한 정책·시행 간의 연관성을 보여준다. 요약하자면, 환경은 지속가능성에 기반하고 지속가능성은 생태문명 도달이라는 궁극적인 목표에 기반한다.

생태문명은 지속가능성과 어떻게 다른가?

'생태적'이라는 말은 단순히 '지속가능한' 상태를 의미하는 것이 아니다. 현 인류 문명을 지속가능하게 하는 것만으로는 현재 지구가 직면한 위기를 해결할 수 없다. 현재의 시스템을 유지하는 것은 근본적인 변화 없이도 달성할 수 있기 때문이다. 현재 안락한 삶을 누리고 있는 대부분의 사람들, 즉 부유층과 정치·비즈니스 분야에서 권력을 소유한 이들은 현 상태를 그대로 유지하는 데만 관심을 쏟는다. 이들은 자신의 기본적인 사고방식과 행동방식을 바꾸라고 요구받지 않는 선에서 지속가능한 실천에 대한 지지를 기꺼이 표명하고 있다.

다행히도, 현상 유지가 더 이상 가능하지 않다는 것을 인정 사람들의 수가 증가하고 있다. 급격하게 진행되고 있는 기후위기를 고려할 때, 장기적으로 번영할 수 있는 문명은 현재 존재하거나 가까운 과거에 존재했던 기존 문명들과는 근본적으로 다를 것이다. 그 문명은, 향후 인간의 활동이 지구 전체의 번영을 가능하게 하는 방식으로 비인간 세계의 패턴과 관련 맺게 될 것이라는 의미에서 '생태적'일 것이다.

어떤 사람들은 모든 **문명**은 **생태적**일 수 없다고 말한다. 그러나 이 두 용어의 양립 불가능성에 대한 판단은 실제로는 사회가 어떻게 구조화될 수 있는지에 대한 것이 아니라, 현재 사회가 어떻게 구조화되어 있는지에 대한 서술일 뿐이다. 근대적 의미의 '문명'은 현재 또는 근미래에 우리가 어떤 식으로 행위하는지에 관한 한 가지 표현법이다. 근대 문명은 현재 경제 세계화를 통해 이익을 얻고 있는 사람들의 이익을 위해 봉사하기 때문에, 근대의 세계화와 지구적 차원의 생존을 위한 요구사항 간의 내재적 모순을 표현할 수 없었다. 우리가 마주하고 있는 증거는 우리에게 훨씬 더 급진적인 변화가 필요하다는 점을 보여준다. 인류는 자연을 지배하기보다는 자연으로부터 배우려고 노력하면서 사고방식과 행동방식을 근본적으로 바꿔야만 한다. 시간이 얼마 남지 않았다.

그렇다면 생태문명은 모순적인 개념일까? 우리를 지탱하는 시스템들의 파괴가 가속화되는 것은 더 심각한 문제들을 표상하며, 이러한 문제들의 심각성은 다양한 분야에서 긴급한 대응이 필요하다는 점을 보여준다. 인류의 실수들은 이제 지구 표면과 해양과 대기에까지 그 흔적을 남기고 있다. 전 세계적인 영향의 범위를 고려할 때 **문명적 위기**라는 개념은 현재의 문제와 필요한 대응을 가장 잘 표현하고 있다 하겠다.

구체적으로 환경 위기는 성장 논리, 인간중심적 사고, 공동체보다 원자화된 개인을 우선시하는 사회가 만들어낸 산물이다. 상황의 시급성에도 대부분의 정부들에서 환경은 최우선 순위가 아니며, 많은 정부들이 오히려 환경에 악영향을 미치는 역행적인 조치들을 취하고 있다. 악화되는 환경 위기에서 드러나는 문제들은 슬프게도 근대 문명 전반이 실질적으로 무엇을 우선시하는지를 보여준다.

이러한 상황에 대한 일부 사람들의 반응은, 생태적으로 살아가는 유일한 방법은 문명을 완전히 되돌리고 장 자크 루소가 말한 순수한 자연 상태로 돌아가는 것이라고 가정하는 것이다. 모든 인류 문명이 자멸하고 소수의 생존자가 고대에 우리의 조상들이 살았던 방식과 유사한 수렵 채집 중심의 부족 체제로 재편될 가능성이 실제로 존재한다. 그러나 이러한 절망적인 시나리오는 정당화될 수 없는 패배주의적 발상이다. 진정한 변혁을 향한 실효적인 조치는 인류 문화에 대한 가능성을 포기하지 않은 사람들로부터 비롯되고 있다. 이제까지 진정한 생태문명이 존재하지 않았다고 해서, 그것이 곧 미래에도 존재할 수 없음을 뜻하는 것은 아니다. 따라서 그 목표 자체가 모순이라고 생각할 이유는 없다. 생태문명이란 무엇이어야 하며 어떻게 생태문명을 만들어가야 하는지, 자연사와 인류사에서 우리는 배울 수 있을 것이다.

생태문명을 위해서는 철학과 세계관의
근본적 변화가 요구된다.

'생태'와 '문명'을 한 구절에 포함하는 것에 반대하는 이들과는 달리, 우리는 이 둘을 함께 사용하는 것을 선호한다. 이 두 단어는 함께 붙어서, 지속가능한 방식으로 인류 문명을 조직해내는 길을 찾는 것이 얼마나 중요한지에 우리를 주목시킨다. 반면, 지속가능성은 주로 기존 시스템들의 붕괴를 피하는 것을 의미하는 부정적인 용어가 되고 말았다. 그러나 우리의 희망은, 다른 생물들을 포함해 우리 서로가 건강하고 공생하는 관계를 의미하는 멋진 목표들과 개념들을 보유하는 데 달려 있다.

대안 모색하기 운동의 리더들은 교육, 과학, 기술, 경제 등 모든 분야에서 작금의 세계를 형성하고 있는 지배적 관행·사상과 새로운 생태학적 세계관 사이의 구체적인 차이점을 규명하기 위해 노력해오고 있다. 유기체적 세계관 대 기계론적 세계관, 공동체적·생태학적 세계관 대 개인주의적 세계관, 관계론적 세계관 대 실체론적 세계관, 부분적 자기 결정론적 세계관 대 결정론적 세계관 간의 병치를 통해 그 차이점을 드러내고 있다. 토마스 베리가 아름답게 묘사한 것처럼, 목표는 객체들의 집합이 아니라 주체들의 공동체 안에서 살아가는 것이다.

요약하자면, 생태문명은 생산양식의 근본적 변화와 전혀 다른 방식의 발전 모델만이 아니라 세계관, 가치관, 라이프스타일의 근본적 변혁도 함께 필요로 한다. 이러한 변혁을 구현하기 위해서는 적절한 실천과 구조가 동반되는 **탈근대적**post-modern 세계관이 필요하다.

새로운 패러다임으로 나아가기: 세계관의 변화
과제

우리가 지상에 발을 디디고 있다는 현실 감각을 되찾는 일은 근대 문명의 구성원들에게는 특히 어려운 일이다. 매우 많은 사람들이 철학과 종교와 과학이 우리를 끊임없이 앞으로, 더 위로 나아가게 할 것이라고 믿기 때문이다. 근대적 사고는 인간을 육체를 초월한 정신, 또는 사물의 세계를 통제하는 주체, 또는 전적으로 물리적인 세계에 반응하는 전적으로 물리적인 유기체로 상상해왔다. 이러한 종류의 추상화는 매우 구체적이고도 해로운 영향을 끼치고 있다.

때때로 종교적 전통들이 이러한 신화화에 기여해왔다. 우리가 지구를 초월할 수 있다는 망상 속에서 근대의 종교들은 사람들의 주의를 저 위쪽 또는 다른 곳으로 돌림으로써 파국적인 몰락을 초래하는 데 일조해왔다. 어쩌면 이 역설적 상황이 반대되는 역설적 상황을 불러올지도 모른다. 즉, 생명체들이 완전히 멸종되지는 않지만 그 과정에서 인류가 스스로 깨닫고 변혁해가는 방식으로 현실 감각을 되찾게 되는, 되찾게 되는 다른 의미에서의 파국적 상황 말이다.

우리에게 필요한 것은 소수의 철학자들이 아니라 철학을 철학으로부터 자유롭게 하는 방법이다. 우선, 학문이라는 한정된 분야에서 이해되는 철학의 경계를 넘어서야 한다. 즉, 철학을 학문적인 철학자들의 통제에서 자유롭게 하여 대중에게 돌려주어야 한다. 결국 철학은 철학자들만을 위한 것이 아니다. 철학이 철학에서 해방되면, 철학은 일반 시민들이 현 사회의 근간을 이루는 핵심적인 철학적 전제들에 대해 (그것을 통해) 질문을 던질 수 있는 일상생활의 도구가 된다. 이러한 철학은 근대 철학의 전제들의 범위에서 완전히 벗어난 대안적인 유형의 세계관들과 문명들을 자유롭게 탐구할 수 있을 것이다.

요약하자면, 생태문명으로 나아가기 위해서는 우리 자신과 세상에 대한 핵심적인 철학의 변화가 수반되어야 한다. 근대성은 과학과 기술 분야에서 눈부신 발전을 이루어 냈지만 지혜를 소중하게 여기지는 않았다. 오늘날 이런 방식의 발전은 우리를 파멸로 몰아넣을 위협이 되고 있다. 인류의 새로운 기술적 역량을 고려할 때, 지혜는 그 어느 때보다 더욱 중요해졌다. 우리는 스스로를 철학자라고 부르는 근대인들이 지혜를 그동안 너무 소홀히 여겼다는 점을 인식하고 철학을 지혜에 대한 사랑(philos+sophia)으로 새롭게 정의해야 한다. 이제 우리는 다른 곳에서 우리 삶의 방향을 찾아야 한다.

역사

'science[과학]'라는 단어는 '지식'을 뜻하는 라틴어 *scientia*에서 파생되었으며, 이는 '안다'는 뜻의 라틴어 scire와 연결된다. 전통적으로 지식을 습득한다는 것은 연구 분야를 보다 기본적인 법칙들로 환원하는 것을 의미하지 않았다. 실제로 좋은 지식은 체계적이고 포괄적이었다.

기계론적 세계관에 기초한 초기의 경험과학의 성공은 환원주의와 기계론적 세계관이라는 새로운 지식 패러다임을 탄생시켰다. 프랜시스 베이컨의 사후 저서인 《남성적 시간의 탄생 *The Masculine Birth of Time(Masculus Partus Temporum)*》(1603)을 떠올려보자. 이 책은 과학과 종교에 관한 책으로, 부제는 '우주에 대한 남성(또는 인간)의 지배에서 가장 큰 영역'이다. 이 부제가 암시하듯, 시간은 파트너십을 기반으로 했기 때문에 남성의 지배 이전에는 여성적인 것이었다. 베이컨은 "지식의 목적은 자연과 자연으로부터 비롯된 모든 것들을 당신의 지시에 복종시키고 당신의 통제 아래에 두는 것"이라고 기술했다. 유럽 문명이 전 세계에 제국을 건설하던 시기에 지식을 정의하는 새로운 방식이 등장한 것은 우연이 아니었다. 유럽인들이 행사하는 권력과 지배를 정당화하기 위해서는 새로운 지식 모델이 필요했다. 예컨대, 지식을 협력 관계로 보는 개념과는 대조적으로, 식민주의자들은 자기들이 강탈한 땅이 비어 있었다는 (이는 명백히 잘못된 것) 가정과 더불어 정당화 작업을 시작했다. 백인이 아닌 자들은 인간보다 열등한 ('미개한') 존재였고, 새로운 과학자들은 자연계를 기계론적인 관점에서 이해했다.

한때 뉴잉글랜드 주지사를 지낸 17세기의 유명한 화학자 로버트 보일은 생명체를 기계적인 부품들로 환원하는 동일한 이데올로기를 보여준다. 그에게 자연에 대해 경외심을 가져야 한다는 생각은 "신의 열등한 피조물 위에 인간의 제국"을 건설하는 데 방해가 되는 장애물이었다.[9] 안타깝게도 이러한 기계론적 생명관은, 박테리아부터 고등 영장류까지 우리의 삶이 의존하고 있는 생태계들의 핵심이 바로 이러한 '하등' 생물들이라는 점을 간과한다. 오늘날 생태학자들은 토양에 존재하지만 우리 눈에 보이지 않는 미생물부터 식물이 번식하는 데 필요한 수분 매개자인 개미, 파리, 벌, 딱정벌레, 새, 나비까지 모든 층위에서 생물종들의 상호 의존적 다양성이 얼마나 많은 생명체들에게 필수 불가결한지 인식하고 있다. 이와 마찬가지로, 사회 질서의 성공 여부는 "자연세계가 모두 자신의 뜻대로 움직이도록 강요"하는 남성에 의해 좌우되지 않는다. 사회 질서는 소위 하층 노동자, 토착민, 여성, 기타 잘 보이지 않는 많은 사회 구성원들의 역할들이 모두 동등하게 중요하게 작용하는 그물망과도 같다.

근대 초기의 과학적 사고에서 비롯된 환원주의적 지식 개념을 극복하기 위해서는 역사적 관점을 확립하는 것이 중요하다. 결국 '주의ism'의 문제다. 한 문명이 구조화되는 방식은 그 구성원들이 세계를 개념화하는 방식과 밀접한 관련이 있다고 알려져 있다. 과학 혁명, 계몽주의, 근대주의의 전제들, 지구적 자본주의, 소비주의 등 근대 지성사의 각 전제들은 현재 우리가 직면한 환경적 재앙을 불러오는 데 각자의 역할을 수행해왔다.

인간의 경험 전체를 포괄할 수 없는 기계론적 세계관이 정치적, 경제적으로 강요되었다. 정부는 과학의 힘과 그 기술적 산물들의 편에 섰고, 지구적 경제는 사람들을 단순한 소비자로 환원하려 했다. 20세기의 역사는 기계론적 모델에서의 균열들이 점점 더 커져감을 보여주는가 하면, 이 균열들이 확대됨에 따라 대규모 군대와 그들의 '경찰 행동'이 극도로 거대화된 경제를 지탱하기 위해 필요해졌음을 보여준다. 이런 의미에서 우리는 폭력에 기반한 지식의 체제인 '권력/지식'(미셸 푸코)에 기초한 지구 질서 속에서 살고 있다.

이에 대한 유일하고 효과적인 해결책은 모든 것을 근본적인 물리적 법칙으로 환원해야만 알 수 있다는, 단순화된 '움직이는 물체'의 세계라는 근대 패러다임에 도전하는 것이다. 그런 후에야 지혜에 대한 사랑으로서의 철학으로 돌아갈 수 있다. 지혜는 학문의 영역 외부에도 학문의 영역 내부만큼 존재한다. 아니 어쩌면 지혜는 학문의 영역 외부에 훨씬 더 많이 존재할지도 모른다. 지혜를 우리 세계관의 중심부로 되돌려놓는 것이야말로 철학의 해방, 즉 사고를 사람들에게 되돌려주는 것이다.

패러다임 전환—생태문명 철학자로서의 화이트헤드의 사례

화이트헤드는 자신의 '유기체 철학'을 통해 모든 것들의 '생성/되어감becoming', 상호 연관성, 내재적 가치를 강조하는 풍요로운 생태철학을 발전시켰다. 화이트헤드의 철학을 생태 운동의 지침으로 삼는다면 그의 공헌들은 생태문명으로의 전환을 가로막는 주요 장애물들을 극복하는 데 도움이 될 수 있다. 또한 그의 공헌들은 사고를 주조하는 하나의 틀로서 비전, 세계관, 행동 간의 개념적 연결고리들을 제공한다.

화이트헤드는 만물의 일체성과 연결성에 대한 심오한 이해를 제공한 초기 철학자들 중 한 명으로, 자기 사상을 '유기체 철학'이라고 명명했다. 오늘날의 '생태적'이라는 이름의 담론은 이와 유사한 세계 이해를 표현하고 있다. 오늘날의 문화가 어떤 식으로 자연을 외면화하고 인간의 이익을 위해 자연을 착취하는지를 사람들이 깨닫게 되면서, 우리 자신과 세계를 인식하는 방법을 근본적으로 변화시키지 않는 한, 인류는 계속해서 자기 파괴적 정책들을 추구할 것이라는 사실이 점점 더 분명해지고 있다.

생태문명에 관한 화이트헤드 철학이 바로 이에 대한 대안을 제시한다. 생태문명은 인간이 자연세계의 일부로서의 자신을 온전히 인식하고, 그 세계를 구성하는 다른 생명체들과 밀접한 친족 관계에 있음을 인식하는 문명이다. 이러한 지식을 되찾으려면 정신 대 물질, 인간 대 자연, 가치 대 가치 중립적이라는 근대적 사고의 이원론을 완전히 극복하는 개념적 틀이 필요하다.

만약 누군가가 여전히 신을 **절대자**이자 **영혼의 창조자**로 여기며 그 외에는 기계적인 세계로 생각한다면, 이러한 전환은 불가능하다. 그래서 화이트헤드는 신과 세계를 이원론적으로 보는 시각에 도전했다. 그가 생각한 대로, 만물 안에 있는 신의 목표는 피조물 각각을 위한, 그리고 신성한 생명에의 지속적인 기여라는 가치의 실현이다. 이러한 화이트헤드의 비전은 절대 변하지 않는 신에 대한 믿음이 할 수 없는 방식으로 생태학적 사고를 장려한다.*

비인간 생명까지 포함한 모든 생명의 내재적 가치를 증진함이야말로 생태문명의 핵심이다. 이러한 개념은 근대 서양의 사상과 경제와 정치를 특징짓는, 자연세계의 가치 배제 자체를 전복한다. 인간과 비인간 생명을 자연에는 가치가 부재하다는 관점에서 정의하면, 비인간 생명을 목적이 아니라 목적을 위한 수단으로 취급할 가능성이 발생한다.

화이트헤드의 철학은 가치에 대해 중립적인 태도를 갖는 이러한 접근법에 도전한다. 교육 분야를 한번 생각해보자. 연구중심 대학들은 인류가 사용할 수 있는 정보의 양을 비약적으로 증대해왔다. 반면, 이 정보를 어떻게 활용해야 하는지에 관한 지침은 불충분했다. 이 정보는 현재 지구를 위협하는 과잉을 초래한 근대 세계의 전제들에 대한 비판을 너무도 적게 제공한다. 전문 학문 분야의 폐쇄성에 기반한 가치 중립성을 표방하는 대학들과 이를 지탱하는 재

---

* 화이트헤드의 철학적 체계 안에서 모든 되어가는 현실적 계기들에는 신의 설득적인 목표가 주어진다. 그 목표는 각각의 현실적 계기들이 도달할 수 있는 최상의 가치를 실현하도록 하며, 그 경험들은 신의 경험을 고양하는 데 기여한다. 화이트헤드는 이와 같이 현실적 계기들의 경험을 신이 받아들인다는 점에서 그리스 철학에서 상정하고 있으며 근대적 사고에서도 여전히 유지되고 있는, 변하지 않는 완전한 신의 이미지와는 다른 이해를 추구한다. 그런 점에서 세계의 경험과 신의 경험이 분리되지 않는 화이트헤드의 우주관은 생태학적인 사고와 잘 어울린다고 할 수 있다.

정 모델들은, 교수진과 학생들이 진정한 장기적인 지속가능성을 달성하는 데 필요한 사회와 경제의 변혁들에 관한 연구에 참여하도록 동기를 부여하지 않는다. 반대로, 화이트헤드의 비전은 지혜를 추구하는 교육을 요구한다.

예술에서 심미적 가치의 다원성을 인정한다는 것이 꼭 사회 질서를 위협하는 것은 아니겠지만, 가치의 상대성 (또는 부재!)은 언제나 사회를 위협하는 법이다. 만일 우리가 유기체적 철학의 방향으로 전환한다면, 많은 문화권의 사람들이 특정한 행동 목록에 집중하지 않고도 생태문명으로 우리를 이끌어줄 가치들을 내면화할 수 있을 것이다.

화이트헤드에게 "생명의 활기를 자유롭게 향유하려는 단순한 갈망"[10]은 심미적 지향이면서도 심미적 과정을 수반한다. 예술 작품 제작은 이러한 욕구의 한 표현이라 할 수 있다. 더 깊은 차원에서 화이트헤드는 생명 자체의 발생에 관심을 가졌다. 아름다움을 희망한다는 것은 폭발해서는 상상할 수 없을 정도로 풍부한 형태들을 생산하는 세계를, 생물학적으로 다양하고 문화적으로도 다양한 세계를, 끝없는 창조성의 세계를 희망한다는 것이다. 이 유기체적 세계관은 생명체들의 근원적인 가치를 인식하고 생명체들의 창발적인 복잡성과 다양성과 풍요로움을 긍정하는 회복의 길을 제시한다. 이 세계관은 인류가 전문화와 사실 수집보다 지혜를 우선시하도록 이끈다. 이러한 목표를 긍정하게 되면 인류가 다시 생명체들 간의 조화를 지지하고 지탱할 수 있다는 희망이 싹트게 된다. 개별 생명체의 얽히고설킨 본연의 성질, 그것의 창조성, 향유에서 출발하여 우리는 이러한 가치들을 더 넓은 차원의 관계 구조물에 확장할 수 있을 것이다.

메커니즘 vs 과정과 상호연결성. 인류가 직면한 문제들은 단순한 기술적 문제들이 아니다. 예를 들어, 경제 세계화를 향한 추진력은 기계론적이고 지배적이며 생태적으로 지속 불가능한 세계관에 뿌리를 두고 있다. 지구의 생존은 이러한 세계관을 버려야만 가능하다.

반대의 경우를 생각해보자. 고정된 실체들에 대한 전통적인 개념은, 어느 한 개인이나 기관의 힘이 커지면 다른 개인이나 기관은 그만큼 힘을 상실해야만 한다는 양자택일적 사고를 초래한다. 반면, 과정적 사고는 협력을 통하지 않고는 어떤 개체도 장기적인 영향력을 가질 수 없다고 생각한다. 서로 협력하는 행위자들의 힘이 커지면 이들을 지탱하는 시스템의 힘도 결과적으로 커진다. 따라서 과정적 사고에서 가장 중요한 힘의 형태는 다른 주체들에게 힘을 실어주는 것이다. 이러한 관계적 역동성을 추구할 때에만 시스템들은 진정으로 지속가능하다. 만약 우리의 증손자들이 우호적인 세상에서 살 수 있는 합리적인 기회를 가지려면, 그들과 그들의 사회는 다른 생명체들과의 유기체적인 상호연결성을 긍정하고 기계론적 세계관을 버려야만 할 것이다.

스트라스부르의 유명한 시계는 과거와 미래를 계산해낼 수 있다고 믿는 기계론적 세계관의 대표적 모델 역할을 했었다. 오늘날 하나의 뿌리에서 수천 그루의 나무가 자라는 미국 유타 주의 '판도 포플러스Pando Populus' 숲은 대안적인 유기체 세계관의 모델이 되었다.[11] 사람들이 이 판도 모델을 사용하여 자신과 세계를 이해하는 법을 배울 수 있다면, 자연스럽게 서로와 지구와의 관계에 대한 기존과는 다른 목표를 마련하기 시작하여 무엇이 가치 있고 중요한지에 대한 매우 다른 우선 순위를 확립하게 될 것이다. 문명은 고립된 물체들이 아니라 상호작용하는 시스템들에서 시작될 때 '생태적'인 것이 된다. 이러한 상호작용들이 건강해질 때 생명 공동체 전체도 번성하게 된다.

　'대안 모색하기'는 기존의 세계관을 새로운 생태학적 의무들로 대체함을 의미한다. 예를 들어, 인간은 자연 생태계를 존중하고 생태계의 조건에 맞게 자신의 행동을 조정해야 하며, 인간관계는 서로를 지원하는 연결성에 뿌리를 두고 성장해야만 한다. 근대적 사고는 전체를 부분들로 축소하려고 했지만, 하나의 문명은 생태적 관계들이 중심으로 되돌아갈 때만 지속가능하다.

요약—자연과 생태학

　도시를 기반으로 한 문화들이 등장하기 전에는 훨씬 적은 수의 인구가 다른 동물들, 자연세계와 더불어 비교적 지속가능한 방식으로 살았었다. 우리는 인류 역사의 바로 이 단계에서 많은 것을 배울 수 있을 것이다. 오늘날 인류가 자연환경을 대하는 재앙적 방식은 지적이고 영적인 차원 모두에서 자연으로부터의 깊은 소외를 나타낸다.

　새로운 시스템 과학은, 인간의 행동들이 우리가 의존하고 있는 생태계들에 미치는 결과가 무엇인지, 매우 설득력 있는 데이터를 제공한다. 이러한 과학은 시스템들의 시스템들의 시스템들로 존재하는 자연계의 실제적 관계들을 밝혀낸다. 유기체들은 지속적으로 진화하고, 복잡한 자연 시스템들은 스스로 조직하며, 새로운 종류의 행위자가 등장하고, 행위자들과 생태계들은 근본적으로 상호 의존적이다.

수십 년에 걸친 실증 연구에 따르면, 생태계들은 모든 실들이 서로 얽혀 있는 태피스트리tapestry와 같다. 실로 우리의 운명은 실타래처럼 얽혀 있다. 생명의 시스템들로부터 우리 자신을 분리하고 그 시스템들을 파괴하는 것은 우리 자신도 함께 파괴하는 것이다. '대안 모색하기'는 인간중심주의와 이항대립주의binarism와 이원론 같은 오늘날의 과학을 해석하는 지배적 패러다임에 의문을 제기하는 것이다. 이러한 낡은 패러다임들에 도전하는 것은 이상주의적 사고가 아니라 과학 그 자체라 할 수 있다.

생태문명이 자연을 부분적으로 변형하는 모든 행동들을 포기할 필요는 없지만, 시간이 지남에 따라 복잡성과 풍부함을 증대하는 생태계들을 창조하는 자연과 자연의 그러한 능력으로부터 배워야만 한다. 자연과학이 강력하게 동맹을 맺어온 근대적 세계관의 모든 한계들 중에서 우리의 생존과 가장 직접적으로 관련 있는 것은, 생명의 독특한 특성들을 과학적 설명에서 배제하는 것이다. 생명체들의 동학dynamics을 이해하지 않고 어떻게 생명체들을 보호할 수 있다는 말인가?

대안 모색하기 운동으로 대표되는 생태문명학은 빅 아이디어들(철학들과 세계관)을 구체적인 실천들과 정책들을 통해 세계에 실현하는, 진정으로 새로운 학문 분야다. 이 운동은 문명의 변화에 관한 것이기 때문에 사회의 모든 측면에 영향을 미친다. 이론과 실천, 글로벌과 로컬, 환경과 사회, 학술성과 실천주의가 서로 교차되는 것이 이 운동의 한가지 핵심 특징이다.

생태문명은 지속가능성 그 이상이지만, 반드시 지속가능해야만 한다. 생태문명은 환경주의 그 이상이지만 반드시 자연과 조화를 이루는 삶을 포괄해야만 한다. 생태문명은 철학 그 이상이지만 반드시 세계관의 변화를 수반해야만 한다. 우리가 서로만이 아니라 지구와도 조화롭게 살아가기 위한 패러다임으로서 생태문명은 인류 문명의 철저한 포괄적인 변혁의 필연성을 강조한다. 그렇다고 근대 문명의 모든 것을 없애기 위한 대량 바겐세일 운동이 필요하다는 것은 아니다. 작금의 사회에는 우리가 유지할 수 있을 뿐만 아니라 유지해야만 하는 면모들이 있다. 그럼에도 생태문명 운동의 주제는 새로운 현실, 즉 대안을 향해 이동하기, 즉 대안 모색하기다. 생태문명 운동은 더 나은 미래를 향한 희망의 비전이다.

중국은 생태문명을 선도하고 있는 국가들 중 하나이지만, 이제 이 운동은 전 세계로 확대되고 있다. 지난 몇 년간 다양한 다른 운동들이 등장했다. 이 운동들은 각기 다른 특징들을 잘 표현할 뿐만 아니라 호환 가능한 언어와 가치들을 사용하면서 생태문명과 매우 유사한 비전을 추진하고 있다. 이제 이러한 병행 운동들에 대해 더 알아보도록 하자.

5장

생태문명과 연계된
다른 운동에는
어떤 것들이 있을까?

파국을 넘는 문명 전환의 지도 그리기

생태문명과 연계된
다른 운동에는
어떤 것들이 있을까?

지금까지 우리는 새롭게 출현하고 있는 생태문명의 새로운 비전을 탐구해왔다. 이 문명은 모든 인류와 지구의 복리를 위해 작동할 수 있고 장기적으로 그렇게 할 수 있는 지속가능한 형태의 문명이다. 우리는 지구 역사상 가장 두려운 동시에 흥분되는 시대의 한가운데 있다. 다가올 미래의 30세대 (혹은 그 이상)가 살아갈 세상은 인류가 이 갈림길에서 어느 방향으로 향하느냐에 의해 좌우될 것이다. 향후 수십 년 안에 어떤 식으로든 이 결정이 내려질 것이다. 프로테스탄트 종교개혁을 시작한 마틴 루터의 95개조 반박문처럼 생태적 사회에 관한 비전은 혁명적인 변화를 향한 전 세계적인 운동의 시작이 될 수 있다.

다양한 이름, 하나의 비전

이러한 주장은 의심할 여지없이 대담한 주장이지만 몇몇 회의론자들은 이에 반대할지도 모르겠다. 우리가 이미 전 지구적 개혁의 한가운데에 있다는 것이 분명한데 왜 굳이 '생태문명이란 무엇인가?'라는 제목의 책이 필요하냐고 반문할지도 모르겠다. 그러나 실제로는 생태문명의 비전이 다양한 이름으로 다양한 공동체들에 이미 뿌리를 내리고 있다는 사실을 깨닫고 나서야 비로서 이 '거대한 전환'의 규모가 점차 선명해지기 시작할 것이다.

시간이 지날수록 더 많은 지도자들이, 생태계와 동물과 인간 사회의 가장 가난한 사람들에 대한 착취를 포함하는 지구의 착취 문제를 해결하기 위해서는 근본적인 변화가 필요하다는 사실을 깨닫고 있다. 농부들, 교육자들과 경제학자들과 정치인들과 사업가들, 비영리 단체의 지도자들로부터 공동선을 증진하는 근본적으로 변화된 사회 구조에 대한 희망을 제시하는 행동의 요구가 점점 강해지고 있다. 로마의 프란치스코 교황부터 중국의 시진핑 주석, UN부터 세계종교의회까지 다른 종류의 미래를 위한 실천 방안, 기술, 라이프스타일 변화에 관한 제안들이 제시되고 있다.

그렇다면 **어떤** 종류의 미래가 펼쳐질 것인가? 때로 매우 다른 용어로 표현되는 이것이 정말로 같은 목표를 가리키는 것일까? 아니면 미래 사회에 대한 완전히 다른 비전을 제시하고 있는 것일까? 서로 다른 표현들이 공유하고 있는 공통적인 기반은 과연 무엇일까? 이번 챕터에서는 현재 통용되고 있는 주요 개념들을 몇 가지 살펴보고자 한다―'통합 생태학', '새로운 서사', '다양성 속의 통합', '구성적 포스트모더니즘', '생태대ecozoic era', '일본의 요코Yoko 문명 개념', '유기체적 마르크스주의', '과정 철학', '개방적이고 관계적인 세계관', '유기체 철학' 등이 바로 그것들이다.

이 개념들 간의 차이점은 분명히 존재한다. 이 개념들 중 일부는 인간이 세계를 총체적으로 해석하는 데 사용하는 패러다임의 변화를 강조한다. 예를 들어, 어떤 이는 유물론에서 유기체적 패러다임으로 전환할 수도 있을 것이다. 이 경우, 우주는 하나의 살아 있

생태문명과 연계된 다른 운동에는 어떤 것들이 있을까?

는 관계적인 유기체로 인식될 것이다. 어떤 사람들이 보기엔 핵심 가치들이 재고되어야 한다. 이 경우, 형이상학적 신념이나 종교적 동기 또는 영적인 실천에 방점이 찍힐 수도 있다. 또한 어떤 사람들에게는 여성들과 토착민들과 가난한 사람들 혹은 남반구 개혁가들의 새로운 목소리가 인류를 위한 지침이 되어야 할 것이다. 또 다른 사람들에게는 모든 시민들의 핵심적인 요구들을 충족시키는 사회주의적 형태의 조직을 지원하는 구체적인 구조적 변화, 즉 체계적인 정치적 또는 경제적 변화가 필요할 것이다.

그럼에도, 이러한 모든 선택지들의 아래에서 우리는 공통된 비전의 대강을 알아챈다. 오늘날 경제 세계화를 주도하고 있는 이미 고장 난 이 문명을 넘어선다는 비전, 즉 지구상에서 인간이 삶을 살아가는 근본적으로 새로운 방식에 관한 비전이다.

생태문명으로서의 통합 생태학

근본적인 사회 변화를 주장하는 가장 저명한 인물은 아마도 카리스마 넘치는 프란치스코 교황일 것이다. 호르헤 마리오 베르고글리오Jorge Mario Bergoglio가 동물과 환경의 수호 성인인 아시시의 성 프란치스코와의 친밀감을 나타내기 위해 프란치스코라는 이름을 선택한 것은 결코 우연이 아니다. 로마 가톨릭 교회의 지도자인 프란치스코 교황은 전 세계 약 12억 명의 가톨릭 신자를 이끌고 있으며, 세속주의자들과 다른 종교 전통들에서도 폭넓게 매우 존경받고 있다. 프란치스코 교황은 2015년에 발표한 교황 회칙 〈찬미 받으소서 Laudato Si〉에서 자기 이름에 담긴 정신을 본받고자 하는 열망을 밝히면서 프란치스코라는 교황 이름 선택이 갖는 중요성을 다시 한번 강조했다.

    프란치스코 교황은 혁신적인 회칙을 통해 진리에 대한 확고한 헌신과 최고 수준의 엄격한 과학적 연구와 전 세계의 다양한 종교 전통에서 찾을 수 있는 핵심적인 영적 가치에 대한 확고한 신념으로 전 세계에 영감을 불어넣었다. (《찬미 받으소서》가 가톨릭 신자만이 아니라 전 인류를 대상으로 한 것은 우연이 아니다.) 이 회칙은, 전 인류가 전 지구적인 공동선을 위해 봉사하도록 인류를 바꾸고 인류에게 힘을 실어주는 삶을 살라고 독자들에게 요청한다. 이 회칙의 중심 주제인 '공동의 집을 돌보기Care for Our Common Home'는 환경 정의만이 아니라 사회적 · 경제적 정의와도 본질적으로 연결돼 있다. 예를 들어, 프란치스코 교황은 "성 프란치스코의 청빈과 금욕은 단순한 금욕주의의 겉모습이 아니라, 현실적 존재들을 단지 이용하고 통제하기 위한 대상으로 삼는 행위를 거부하는 훨씬 더 근본적인 것"이었다고 말한다.[1]

    교황의 이러한 접근법이 고무적인 이유는 인간 행동에 대한 포괄적인 통합 패러다임을 공식화했기 때문이다. 프란치스코 교황은 집단적 복리에 대한 이 총체적 접근법을 설명하기 위해 **통합 생태학**integral ecology이라는 용어를 사용한다. 통합 생태학은 물질인 분자부터 생태계와 사회적 역학 관계와 전 지구적 문화까지 우주를 구성하는 복잡한 상호 관계들에 대한 심오한 인식에 기초해 있다.[2] 예를 들어, 환경 문제를 이해하려고 노력할 때 프란치스코 교황은 어떤 한 사안을 따로 분리해서 바라보는 것을 지양한다. 프란치스코 교황은 그 문제들을 특정 맥락과 원인으로 환원하는 대신 시스템적인 문제를 더 깊이 파고든다. 그는 이렇게 말한다.

생태문명과 연계된 다른 운동에는 어떤 것들이 있을까?

특정 지역이 오염된 이유를 파악하기 위해서는 한 사회의 운영 방식과 경제적 상황과 행동방식과 현실 파악 방식들에 관한 연구가 필요하다. 변화의 규모를 고려할 때, 문제의 각 부분에 대한 구체적이고 개별적인 해답을 찾는 것은 더 이상 불가능하다.[3]

이 발췌문은 통합 생태학의 정신만이 아니라 생태문명의 정신도 담고 있다. 두 용어 모두 포괄적인 차원에서 생태 위기의 근본 원인을 규명하기 위한 시스템적인 접근법을 의미한다. 프란치스코 교황의 통합 생태학은 생태문명과 마찬가지로 사회적, 정치적, 문화적, 심리적, 인식론적, 윤리적, 영적 요소 등 상호 연결된 요소들의 그물망을 하나의 그림으로 그려낸다.

'문명'이라는 용어가 오늘날의 글로벌 사회를 구성하는 모든 다양한 요소들을 포괄하는 것처럼, '통합'이라는 용어는 개인과 사회, 인간과 비인간, 환경과 사회 사이의 임의적인 경계들을 초월하는 심층적인 상호연결성을 의미한다. 프란치스코 교황은 "우리는 환경적 위기와 사회적 위기라는 두 가지 분리된 개별적 위기가 아니라 사회적 위기와 환경적 위기가 결합된 하나의 복합적인 위기에 직면해 있다"고 주장한다.[4]

프란치스코 교황은 위기의 복잡성과 상호 연관성으로 인해서 단순하거나 피상적인 개혁만으로는 현 사회의 고장 난 시스템을 복구할 수 없으며, 우리에게 진정으로 필요한 것은 습관적 인식과 사고 패턴의 근본적인 변혁이라는 결론을 내린다. 여기서 우리는 그의 가장 급진적인 제안을 마주하게 된다. 즉 개인과 사회로서 우리의 가치체계를 내면적으로 변화시켜야 한다는 요청이다. 프란치스코 교황은 "인간과 삶과 사회 그리고 우리가 자연과 맺게 되는 관계에 대한 새로운 사고방식을 증진시키기 위해 노력하지 않는다면, 교육에 대한 우리의 노력은 부적절하고 비효율적일 것"이라고 말했다.[5] 다른 곳에서 프란치스코 교황은 이것을 **생태 영성**ecological spirituality이라고도 불렀다.

이러한 비교를 통해 우리는 통합 생태학을 수용하려는 프란치스코 교황의 요청과 이 책에서 제시하는 생태문명의 비전 사이에 깊은 유사성이 있음을 알 수 있다. 통합 생태학과 생태문명은 모두 우리가 살아가는 방식뿐만 아니라 생각하는 방식에서도 근본적인 변화를 수반하며, 보다 지속가능하고 정의로운 세계를 향한 패러다임 전환을 의미한다. 통합 생태학과 생태문명은 모두 이분법적이고 분과적인 사고의 폐쇄성을 넘어 보다 전체론적인 세계관으로 대체한다. 프란치스코 교황의 통합 생태학 비전은 근대 문명의 지속 불가능한 패턴을 버리고 지구상에서 인간의 삶을 새롭게 조직해내는 방법을 찾아야 한다는 요청과 깊은 공감대를 형성한다.

새로운 서사 또는 패러다임으로서의 생태문명의 비전
—데이비드 코튼

프란치스코 교황처럼 데이비드 코튼David Korten은 착취적인 자본주의 시스템에서 새로운 '생명 시스템living systems' 패러다임으로의 글로벌 패러다임 전환을 요구한 것으로 유명하다. 2015년 그의 중요한 책인 《이야기를 바꾸면 미래가 바뀐다: 살아 있는 지구를 위한 삶의 경제 Change the Story, Change the Future: A Living Economy for a Living Earth》[6]에서 코튼은 인류의 가장 시급한 문제들(즉, 환경적, 사회적, 경제적 불평등)이 시스템적인 문제들이라는 점을 보여준다. 그리고 시스템적인 문제들은 종종 잘못된 패러다임으로 인해 발생한다.

코튼은 현재 우리 사회를 지배하고 있는 이야기를 '신성한 돈과 시장Sacred Money and Markets'으로 보았는데, 그는 이 이야기가 우리 모두를 파괴적인 길로 이끌었다고 분석했다. 이야기이자 패러다임이기도 한 이 개념은 지구를 돈을 추구하기 위해 착취해야 할 자원으로 취급함으로써 우리를 자연으로부터 멀어지게 만들고 말았다. 코튼은 다음과 같이 말한다.

> 인간의 웰빙은 우리 아이들의 건강과 행복, 가족과 공동체의 힘, 공기와 물의 깨끗함, 토양의 안정됨과 비옥함, 그리고 숲과 어업의 활력 같은 지표들에 의해 가장 잘 평가될 수 있다. 이 명백해 보이는 현실을 부정하면서, 우리는 경제적 건전성을 금융 지표인 국내총생산의 성장으로 가장 잘 평가할 수 있다고 믿게 만드는 경제 이론과 제도의포로가 되고 말았다.[7]

초국적 기업의 지배가 가져온 불의에 맞서기 위해서 코튼은 우리의 미래를 바꿀 수 있도록 이야기를 바꾸자고 제안한다. 우리에게는 "인간의 지식과 이해의 충만함을 드러내면서도 우리 시대의 필요들을 충족하는 행동으로 우리를 안내해주는"[8] 대안적인 이야기가 필요하다는 것이다. 이 새로운 이야기는 '돈이 행복의 유일한 원천'이라는 기업 측의 이야기와는 반대된다. 이 이야기는 관계를 행복의 원천으로 여긴다. 이 이야기는 우리가 사는 이 세상을 일련의 재정적 자원이 아니라 살아 있는 유기체로 인식하며, 탐욕과 개인주의보다는 자비와 공동선을 강조한다. 대안적인 이야기인 '신성한 생명과 살아 있는 지구Sacred Life and Living Earth' 이야기는 우주와 관련하여 우리 자신을 이해하는 방법상의 근본적인 변화를 의미한다. 돈이 아닌 생명이 우리의 핵심 가치가 될 때, 우리는 완전히 새로운 관점에서 세계와 서로를 바라보기 시작한다.

코튼의 영향력 있는 '살아 있는 지구' 이야기는 지속가능한 문명의 비전을 정확히 반영하고 있다. 코튼은 이 새로운 패러다임을 다음의 두 과업을 실천하는 방도로서 제안한다.

1. 살아 있는 지구가 지속적으로 자신을 갱신하도록, 인간과 재생 시스템들 사이에 건강한 균형을 유지하는 것
2. 모든 사람에게 건강과 행복의 필수 요소들을 보장하는 것[9]

이러한 목표는 로마클럽Club of Rome의 사명에도 반영되어 있는데, 로마클럽은 스스로를 "인류의 미래에 대한 공통된 관심사를 공유하고 변화를 만들기 위해 노력하는 개인들의 조직"이라고 설명한다. 로마클럽은 "인류가 직면한 중대한 문제를 파악하고 분석하여 가장 중요한 공공·민간 부문의 의사 결정권자들과 대중에게 이러한 문제를 전달함으로써 변화를 위한 전 지구적인 촉매제 역할을 수행하는 것"을 자기의 사명이라고 밝히고 있다.[10] 코튼이 회원으로 활동하고 있는 로마클럽은 지난 수십 년 동안 소수의 이익을 위해 나머지 모두를 희생시키는 착취적 시스템으로부터의 근본적인 전환을 주장해왔다. 로마클럽은 전 지구적인 관점을 취하는가 하면, 모든 사물들이 상호 연결되어 있음을 수긍한다. 동시에 모두의 장기적인

생태문명과 연계된 다른 운동에는 어떤 것들이 있을까?

복리를 위하는 전체적인 해결책을 모색한다.[11] 이러한 통합적인 방법은 생태학에 대한 프란치스코 교황의 통합적인 접근법과 흥미로운 유사점을 제공한다.

　　인류가 자기 자신과 인류의 가치에 관한 이야기 자체를 바꾸는 일은 가장 심층에 있는 문제들을 해결하는 한 가지 길이다─우리가 살아가는 방식만이 아니라 생각하는 방식에서의 문제들 말이다. 보다 지속가능하고 정의로운 세계를 향한 패러다임 전환은 근본적으로 새로운 이야기와 목표 설정에서 시작되어야 한다. 과학과 정책 분석을 전문 분야의 폐쇄성 안에 있는 전문가들의 노력으로만 다루게 되면, 리더가 공동선을 가치 있게 여기는, 더 거시적이고 전체론적인 세계관의 안내를 받는 일은 불가능해진다.

　　최근에 코튼 자신도 자신의 '살아 있는 지구' 패러다임과 생태문명의 비전 사이에 깊은 연관성이 있음을 인식했다. 최근 앨버타 대학에서 했던 연설에서 그는 "우리의 과제는 과거 5,000년간의 제국주의 문명에서 우리의 미래가 좌우될 생태문명으로의 문명적 전환을 탐색하는 것"이라고 강조했다. 이어서 그는 이렇게 주장했다. "생태문명으로의 전환을 위한 청사진이나 쉬운 해법은 없다. 그러나 나는 두 가지 근본적인 생태문명 설계상의 우선순위를 시작점으로 몇 가지 기본 원칙과 지침을 제시할 수 있고, 그렇게 할 것이다. 그 우선순위는 다음과 같다. 돈보다 생명을 더 소중히 여겨야 한다. 그리고 고립된 개인보다 공동체의 관계를 중시해야 한다."[12]

　　통합 생태학, 생태문명과 마찬가지로, 로마클럽의 유산을 기반으로 한 코튼은 가장 근본적인 수준에서 변혁을 추구하는 접근법을 취한다. 즉, 그는 돈보다 생명을 우선시하고 공동선을 증진하는 가치관의 전환을 제안한다. 초기 작품《기업이 세상을 지배할 때 *When Corporations Rule the World*》로 거슬러 올라가는, 개혁에 대한 코튼의 요구는 현재의 세계 질서를 너무도 급진적으로 깨뜨리기에 문명적 전환을 촉구하는 요청으로서만 해석 가능하다.[13]

생태대—생태문명을 위한 우주론적 관점

1992년, 토마스 베리와 브라이언 스윔은《우주 이야기: 태초의 찬란한 불꽃으로부터 생태대까지-우주의 펼침에 대한 찬사 *The Universe Story: From the Primordial Flaring Forth to the Ecozoic Era-A Celebration of the Unfolding of the Cosmos*》라는 뛰어난 책을 출간했다. 이들은 이 책에서 "인류가 지구 그리고 지구 공동체와 서로를 향상시키는 관계 속에서 살아가는 시대"[14]를 설명하기 위해 '생태대Ecozoic era'라는 용어를 만들었다.

코튼이 우리에게 이야기의 변화를 촉구하는 것과 마찬가지로 베리와 스윔은 '우주 이야기'라고 불리는 우주의 역사 자체에 비추어 인류 문명을 재구성하자고 제안했다. 통합 생태학, 살아 있는 지구 이야기, 생태문명, 생태대는 지금까지 인류 문명이 조직되어 온 방식만이 아니라 우리의 시스템과 패러다임 모두가 근본적으로 변혁되어야 한다고 제안한다. 토마스 베리는 이러한 시대적 상황을 설명하면서 다음과 같이 주장한다.

지구 자원을 약탈하는 것에 기반한 현재의 시스템은 확실히 종말을 맞이하고 있다. 이 시스템은 지속가능하지 않다. 현재 작동하고 있는 지구적 규모의 산업 세계는 명백히 파산한 것

생태문명과 연계된 다른 운동에는 어떤 것들이 있을까?

으로 간주될 수 있다…지구는 이러한 산업 시스템이나 파괴적인 기술을 지탱할 수 없다. 현재 우리가 사용하는 기술들이 초래한 폐해는 지구가 견딜 수 있는 수준을 넘어섰다.

현재 인류와 지구에 일어나고 있는 변화는 과거에 일어났던 역사적 변화나 문화적 변화와는 비교할 수 없을 정도로 크다. 이것은 고전 시대에서 중세 시대로, 중세 시대에서 근대 시대로의 전환과는 다르다. 작금의 변화는 문명적 과정과 심지어는 인간의 과정을 넘어, 생물계와 지구 자체의 지질 구조 자체에까지 영향을 미친다.[15]

베리의 날카로운 관찰은 2015년 생태문명 컨퍼런스의 주제를 정한 존 캅의 논의 시작점과 퍽 유사하다. 캅은 다음과 같이 썼다.

우리는 한 시대의 끝자락에 살고 있다. 종말을 맞이하고 있는 시대는 단지 근대 시대일지 모른다…근대성의 놀라운 업적들은 이 시대의 종말이 곧 문명의 종말과 많은 생물종들의 멸절, 나아가 심지어는 인간 종의 종말이 되는 사태도 가능하게 하고 있다. 이와 동시에 우리는 생태문명을 약속하는 새로운 시작의 시대에 살고 있다. 문명을 지속할 방법을 찾기 위한 수많은 컨퍼런스들이 열렸고, 유망한 실용적인 대응책이 많이 제안되었다. 또한 근대 세계가 어떻게 우리 모두를 파국 직전까지 몰고 갔는지를 보여주고 우리의 근본적인 태도와 문명의 방향 변화를 촉구하는 컨퍼런스들도 있었다. 우리는 지금까지의 많은 성과들을 지지하며 축하한다.[16]

칸과 베리는 현재 지구가 직면한 위협에 관해 비슷한 견해를 견지하고 있는 것이 분명하다. 또한 두 사람 모두 현 위기의 원인을 '근대 철학의 아버지'인 르네 데카르트까지 거슬러 올라가 지적한다. 위에서 살펴본 바와 같이, 생태학적 사고의 근간이 되는 유기체적 세계관은 데카르트와 수많은 근대 철학자들이 주창한 기계론적 세계관과 뚜렷한 대조를 이룬다. 마찬가지로 토마스 베리는 생태대와 데카르트 모델을 명확하게 구분하고자 한다.

데카르트는 지구와 지구의 모든 생명체를 죽였다고 말할 수 있다. 그에게 자연세계는 하나의 기계 장치였다. 그의 세계관 속에서 인간과 자연이 상호 교감하는 관계에 들어갈 가능성은 없었다. 서구적 사고관 안에서 인간은 주변세계와 관계 측면에서 자폐적이 되고 말았다. 이런 사고방식에서 인간은 새나 동물 또는 식물과는 어떠한 교감도 나눌 수 없었는데, 그것들은 모두 기계적인 사물들에 불과했기 때문이다. 사물의 진정한 가치는 경제적 가치로 축소되고 말았다. 파괴적인 인간 중심주의가 태어났다. 이러한 상황은 바다와 육지의 동식물을 포함해 인간과 자연세계가 공존하는 새로운 방식으로만 해결될 수 있다.[17]

이 구절은 개인주의와 상업주의에서 벗어나 모든 생명의 번영으로 우리를 이끄는 가치들로 우리의 핵심 가치를 전환해야 한다는 코튼의 '살아 있는 지구' 이야기와 일맥상통한다. 전 지구적 수준

생태문명과 연계된 다른 운동에는 어떤 것들이 있을까?

에서의 지속가능한 삶의 방식을 위해서는 생각과 행동 양자의 근본적인 개혁이 필요하다. 사소한 행태의 변화만으로는 현재 종말을 맞고 있는 이 시대를 규정한 근본 서사인 파괴적 근대의 착취 패러다임을 극복하기에 충분하지 않다. 대신 스윔과 베리는 인류와 지구의 관계에 대한 근본적인 방향 전환이 필요하다고 주장한다. 베리는 다음과 같이 말했다. "생태대는 통합된 생명 공동체 자체에 의해서만 실현될 수 있다…이 시대가 도래하기 위해서는 인간에게 특별히 요구되는 사항들이 있다. 왜냐하면 생태대가 인간중심적인 시대가 되어서는 안되겠지만, 이 시대는 주로 인간의 이해, 선택, 행동과 관련된 특정 조건 하에서만 도래할 수 있기 때문이다."[18]

새로운 생태대를 열기 위해 필요한 조건으로 베리는 세 가지를 제시한다.

1. 우주는 객체들의 집합이 아니라 주체들의 교제라는 이해
2. 지구는 총체적으로 기능할 때만 존재하고 생존할 수 있으며, 어떠한 유기체도 파편화되어서는 생존할 수 없듯 지구도 파편화되어서는 생존할 수 없다는 깨달음
3. 지구는 일회적으로 우리에게 기부된 선물임을 인식하는 것. 즉, 우리는 지구가 그 기능의 주요 패턴에 돌이킬 수 없는 손상을 입는 상황 그리고 그것의 발전 가능성이 왜곡되는 상황에 취약하다고 합리적으로 생각해야만 한다.

이 모든 조건은 생태문명으로의 전환이라는 동일한 비전을 반영하고 있다. 그러나 놀라운 점은, 이러한 조건들이 재생 에너지,

재생 농업 지원 정책을 통과시키는 것과 같은 식의 행동 패턴 변화를 의미하는 것이 아니라는 점이다. 그 대신에 이 조건들은 새로운 패러다임의 토대가 될 새로운 인식과 깨달음을 촉진하는 데 초점을 맞추고 있다. 이를 통해서 인간과 자연세계가 상호 공존하는 새로운 방식이 출현 가능할 것이다.

동일하지는 않지만, 토마스 베리가 '생태대'라고 부르는 일반적인 비전은 데이비드 코튼이 '살아 있는 지구 이야기'라고 부르는 것과 프란치스코 교황이 '통합 생태학'이라 부르는 것 그리고 우리가 '생태문명'이라고 부르는 것과 상당한 유사성을 공유한다.

요코 문명―물질주의를 넘어서는 영적 비전

코다마 오카다Kōtama Okada는 1959년 일본에서 수쿄 마히카리Sukyo Mahikari를 설립했다. 이 세계적인 운동은 다양한 종교 (수쿄 sukyo)간의 공유된 이념들 그리고 빛과 치유의 영적인 경험 (마히카리 mahikari)을 강조한다. 오카다는 수행과 함께 새로운 형태의 사회 조직화를 옹호하기도 했다. 긍정적임이나 밝음을 의미하는 '요Yo'와 빛을 의미하는 '코Ko'가 합성된 요코 문명은 "자연을 착취하여 물질적 부를 추구하는 물질 중심적 방식"에서 "영적인 것에 집중하는 방식"으로 전환하는 문명이다.[19] 인간은 개인의 이익과 부에 대한 관심을 멈추고 "영성 중심적"인 방식으로 서로만이 아니라 자연과 함께 사는 것을 배울 때에만 번영할 수 있다는 것이다.

우리가 이미 살펴본, 변화를 위한 다른 제안들과 마찬가지로 요코 문명의 비전은 전체론적이고 통합적이며 시스템적이다. 공동선을 우선시하는 이 문명은 인류와 지구의 관계의 근본적인 방향 전환을 통해 갈등과 분열을 극복하고 평화를 실현하기 위해 노력한다. 영적인 방향 전환은 우리 존재의 가장 근본적인 면모의 가장 심층적인 전환을 포함한다. 그러나 오카다는 이러한 방향 전환이 단순히 내면적인 것에 그치는 것이 아니라 궁극적으로는 전 지구적인 규모의 문명적 변화에 관한 것이라고 강조한다. 각 개인들과 사회들이 국제적인 경제 · 정치 시스템의 근간을 이루고 있는 착취적인 물질주의와 결별해야만 우리는 인간과 환경 사이의 조화를 실현할 수 있게 된다.

지구 헌장

프란치스코 교황의 〈찬미 받으소서〉와 마찬가지로, 지구 헌장the Earth Charter은 문명적 변화를 향한 총체적인 프레임워크를 제공하겠다는 비전에 작성된 선언문이다. 1987년 세계 환경 개발 위원회World Commission on Environment and Development (별칭 브룬트란트 위원회the Brundtland Commission) 이후 지속가능한 발전을 향한 전 지구적인 전환의 방향을 제시하는 새 헌장의 초안을 작성해야 한다는 요구가 있었다. 2000년 3월, 지구헌장위원회는 전 세계인들의 의견을 반영한 초안과 수정안에 대한 수년간의 국제적 협력 끝에 지구 헌장으로 알려진 문서에 대한 합의에 도달했다.

헌장은 전 세계적인 계획의 실행에 필요한 만큼 국제적 지지를 받지는 못했지만, 지속가능성의 의미, 지속가능한 발전이 내포하는 난관과 비전, 지속가능한 발전을 달성하기 위한 원칙들에 대한 "전 세계적인 합의문"을 대표한다.[20]

지구 헌장은 "21세기의 정의롭고 지속가능하며 평화로운 글로벌 사회를 구축하기 위한 윤리적인 프레임워크"를 대표한다. 생태 문명의 비전과 마찬가지로 지구 헌장은 상호연결성 원칙 그리고 (인간과 비인간 모두의) 공동선에 대한 관심이라는 원칙을 강조한다. 또한 '지구 헌장 이니셔티브The Earth Charter Initiative'는 지구 헌장을 "희망의 비전이자 행동에 대한 요청"으로 설명하며, 지구 헌장이 "모든 사람들에게 전 지구적인 상호 의존성과 전체 인류의 복리만이 아니라 더 거대한 생명 공동체와 미래 세대에 대해 우리 모두가 지닌 책임에 관한 새로운 인식을 심어주기 위해 노력"한다고 말한다.[21]

　　이 지구 헌장에는 강력한 16개의 핵심 원칙들과 60개 이상의 하위 원칙들이 있는데, 이것들은 크게 네 가지 범주로 분류된다. 이러한 핵심적인 다짐들과 가치들은 다양한 사회적, 정치적, 영적, 환경적 이슈들을 아우른다. 지구 헌장은 생명 공동체에 대한 존중과 배려에 관한 다음 4가지의 포괄적인 다짐들로 시작된다.

1. 지구와 모든 다양성을 지닌 생명을 존중한다.
   a. 모든 존재자는 상호 의존적이며 모든 형태의 생명체는 인간에게 얼마나 가치 있는가라는 문제와는 상관없이 고유의 가치를 지니고 있음을 인식한다.
   b. 모든 인간은 본래 존엄하다는 믿음과 인류의 지적, 예술적, 윤리적, 영적 잠재력에 대한 믿음을 지지한다.
2. 이해와 자비와 사랑으로 생명 공동체를 돌본다.
   c. 천연자원을 소유하고, 관리하고, 사용할 권리와 함께 환경 피해를 방지하고 사람들의 권리를 보호할 의무가 있음을 인정한다.

생태문명과 연계된 다른 운동에는 어떤 것들이 있을까?

d. 자유와 지식과 권력이 커짐에 따라 공동선을 증진할 책임도 증가한다는 것을 수긍한다.

3. 정의롭고, 참여적이며, 지속가능하고, 평화로운 민주주의 사회를 구축한다.

e. 어떤 층위의 것이든 모든 공동체들이 인권과 기본적인 자유를 보장하고, 모든 사람이 자신의 잠재력을 최대한 실현할 기회를 제공하도록 한다.

f. 사회적·경제적 정의를 촉진하여 모든 사람들이 생태적으로 책임을 지며 안전하고 보람된 살림살이를 꾸려가도록 한다.

4. 현재와 미래 세대를 위해 지구의 풍요로움과 아름다움을 보존한다.

g. 각 세대들이 누리는 행위의 자유는 미래에 올 세대들의 필요에 의해 제한된다는 것을 인식한다.

h. 지구에 존재하는 인류와 생태적인 공동체들의 장기적인 번영을 뒷받침하는 가치와 전통과 제도를 미래 세대에게 전수한다.

이상에서 살펴보았듯 '지구 헌장 글로벌 운동the Earth Charter Global Movement'[22]의 극히 일부일 뿐인 이 원칙들은 생태문명 운동의 약속과 매우 유사하다. 상호 의존성의 원칙 그리고 모든 생명의 가치와 사회와 환경을 결합하는 프레임워크와 더불어 '지구 헌장' 운동과 '대안 모색하기' 운동은, 생태문명으로 전환하기 위해서는 생명의 번영이 경제성장보다 우선시 될 때까지 생각과 마음의 변화가 필요하다는 확신을 공유하고 있다.

생태 보호부터 빈곤 퇴치까지, 경제적 평등부터 평화와 정
의까지 지구 헌장은 장기적인 지속가능성과 공동선을 지향하는 포
괄적인 윤리적 프레임워크에 기반한 새로운 종류의 사회, 즉 새로운
형태의 문명을 위한 일련의 지침들을 제시하고 있다.

구성적 포스트모더니즘과 생태문명

전 세계에서 중국만큼 생태문명이라는 개념이 주목받고 있는
곳은 없다. 2012년 중국 공산당은 생태문명 달성이라는 목표를 헌법
에 포함시켰고, 그 목표를 5개년 계획에도 명시했다.[23] 시진핑 주석
은 2017년 차기 5개년 계획을 발표하면서 다시 한번 생태문명 개념
을 강조했다. 이 과제가 얼마나 힘든 일인가에 대해서는 그 누구도
환상을 품고 있지는 않다. 그러나 문명적 변화의 중요성을 인식하고
있다는 것만으로도 중국은 미국보다 훨씬 앞서 있다고 할 수 있다.

생태문명이 무엇을 의미할 수 있는지 연구하면서 중국 학자
들은 여러 가지 관련 개념들을 확인했다. 이어지는 내용을 통해 알
수 있듯, 과정 사상 관련 범주들은 이들이 생태문명 개념을 연구하
는 데 중요한 역할을 했다. 중국 헌법에 명시된 마르크스주의에 대
한 보다 환경 친화적인 접근법도 '유기체적 마르크스주의'라는 명칭
아래 발전되었다. 적어도 초창기에 중국은 생태문명의 의미를 구체
화하려는 시도를 **구성적 포스트모더니즘**이라는 개념을 중심으로 추
진했었다.

'포스트모던'이라는 용어는 종종 모더니즘에 대한 대안을 표
현하는 데 자주 사용되어 왔으며, 장 프랑수아 리오타르, 자크 데리

생태문명과 연계된 다른 운동에는 어떤 것들이 있을까?

다, 미셸 푸코 같은 프랑스 철학자들에 의해 대중화되었다. 프랑스의 포스트모더니즘은 근대적인 전제들과 가치들과 사상들을 해체하고자 하기 때문에 종종 '해체적'이라 표현된다. '구성적 포스트모더니즘'이라는 문구는 1989년 미국의 과정 철학자 데이비드 레이 그리핀이 해체적 포스트모더니즘에 대한 긍정적인 대안을 제시하기 위해 만든 용어다. 존 캅은 이에 대해 다음과 같이 설명했다. "'구성적'이라는 용어는 구성적 포스트모더니즘이 근대 세계에 대한 긍정적인 대안을 제시하고 있음을 강조하기 위해 '해체적'이라는 용어와 대비되는 의미로 사용된다. 그렇다고 해서 근대성의 여러가지 특징들을 해체하는 작업에 반대한다는 뜻은 아니다. 비판과 거부에는 재구성reconstruction을 위한 제안들이 수반되어야 한다는 것이 핵심이다."[24]

그리핀은 뉴욕주립대 출판부와 함께 구성적 포스트모더니즘에 관한 중요한 시리즈를 편집했다. 이 시리즈의 모든 책들 가운데 국제적으로 가장 큰 영향을 미친 것은 그의 저서《과학의 재매혹 The Reenchantment of Science》이었다. 이 책이 중국에서 번역되어 출판되었을 때 대학 교수들만이 아니라 정부 주요 인사들의 관심을 끌면서 빠르게 영향력 있는 운동을 일으켰다.

중국에서 구성적 포스트모더니즘이 영향력을 발휘하게 된 배경에는 중요한 이유가 있다. 문화대혁명과 더불어 중국은 새로운 길을 모색하고 있었다. 식민지화와 환경 파괴를 포함하여 서구 국가들이 지금까지 저지른 오류들에 빠지지 않고 농업 중심의 개발도상국 경제를 근대화할 수 있을까라는 질문이 그 핵심이었다. 구성적 포스트모더니즘은 이러한 중국의 목표를 부각시키는 방법으로 주목받기 시작했다. 반면, 프랑스 철학자들의 해체주의는 명확한 대안을 제시하지 못한 채 서구적 근대주의를 비판하는 데 그쳤다. 중국 지도자들에게는 그리핀의 구성적 포스트모더니즘이 그 해법을 제시하는 것처럼 보였다. 저명한 학자인 탕 이지에 교수는 다음과 같이 그 역사를 설명한다.

> 1990년대, 중국의 사상계와 문화계에는 '모더니즘' 개념을 반대하는 두 가지 사상적 흐름이 등장했다. 한가지 경향은 서구에서 시작된 '포스트모더니즘'으로, '근대성' 해체를 목표로 하는 사상이다. 1980년대 초, 이미 중국에는 '포스트모더니즘'이 소개가 되었지만 그 당시에는 거의 영향을 미치지 못했다. 그러나 1990년대에 이르러, 중국 학자들은 급격히 포스트모더니즘에 큰 관심을 보이기 시작했다…21세기 초에 접어들면서, 과정 철학에 기초한 개념인 '구성적 포스트모더니즘'은 첫번째 계몽주의의 긍정적 요소들을 포스트모더니즘에 통합할 것을 제안하며 '제2의 계몽'을 촉구했다.[25]

탕의 설명에 따르면, 구성적 포스트모더니즘은 인류가 서로 조화를 이룰 뿐만 아니라 지구와도 조화를 이룬다는 긍정적인 비전을 수립하기 위해서 근대성의 장점과 중국 전통 문화의 장점을 결합하는 능력을 인정받음으로써, 결국 중국의 주요 사상 학파 중 하나가 되었다.[26]

그리핀은 구성적 포스트모더니즘을 "지구 전체의 이익을 위해 조직된 사회"의 비전으로 규정한다.[27] 앞서 설명한 생태대의 비전과 마찬가지로 구성적 포스트모더니즘은 세계에 관한 가장 근본적

생태문명과 연계된 다른 운동에는 어떤 것들이 있을까?

인 이해의 급진적 변혁을, 즉 과학과 철학에서의 기계론적이고 이원론인 사고에 도전하는 대안적 우주론을 제안한다. 구성적 포스트모더니즘은 근대적 이원론과 환원주의를 포스트모던적이며 생태학적이고 유기체적인 패러다임으로 대체할 것을 제안한다.

이원론에서 전체론으로, 기계론적인 세계관에서 유기체적 세계관으로, 개인주의에서 공동선으로의 전환을 촉구하는 구성적 포스트모더니즘은 분명 생태문명의 비전과 상당 부분 겹친다. 많은 중국 지도자들과 학자들의 시각에서 구성적 포스트모더니즘은 그 방향으로 나아가는 데 필수 불가결한 단계일 것이다.

유기체적 마르크스주의
―중국과 생태문명을 위한 정치적 비전, 그리고 그 너머

보다 최근에 제안된 더 '유기체적'이고 환경친화적인 형태의 마르크스주의는 구성적 포스트모더니즘, 생태문명의 비전과 밀접한 관련이 있다. 지난 몇 년간 진정한 유기체적 마르크스주의의 비전은 생태문명과 구성적 포스트모더니즘에 대한 중국의 논의와 밀접한 관련을 맺어왔다.

왕 쩌허 박사는 마르크스주의와 관련 있는 구성적 포스트모더니즘의 긍정적인 수용에 대해 다음과 같이 말한다.

구성적 포스트모더니즘은 과정을 중시하고, 유기체적인 입장을 취하며, 사회적 책임 의식이 강하고, 가난한 사람을 배려하고, 정의를 수호하며, 공동선을 추구한다는 등의 측면에서 중국 마르크스주의와 깊은 접점이 있다. 나는 이 두 사상의 심층적인 융합점들이야말로 일부 개방적인 중국의 마르크스주의자들이 구성적 포스트모더니즘에 열광하는 이유라고 생각한다.[28]

중국 마르크스주의와 구성적 포스트모더니즘 사이의 이 명백한 유사성은 필립 클레이튼과 저스틴 하인제커Justin Heinzekehr의 책《유기체적 마르크스주의: 자본주의와 생태적 파국에 대한 대안 *Organic Marxism: An Alternative to Capitalism and Ecological Catastrophe*》에서 더욱 선명하게 설명된다. 클레이튼과 하인제커는 경제·정치 시스템과 기후위기의 연관성을 도출한다. 지속가능한 사회를 위한 이들의 '선언'은 다음과 같은 몇 가지 핵심 전제들과 관찰 결과들을 기초로 한다.

1. 전 세계인이 인류가 현재 직면하고 있는 상황을 인식하고 해결책을 실행하기 위해 조치를 취하는 것이 시급하다.
2. 사회·경제 시스템으로서의 자본주의는 막대한 불의를 초래하였을 뿐만 아니라 지구환경을 황폐화시켰다.
3. 이 무절제한 자본주의 시스템에 대한 실질적인 대안이 있다.
4. 한가지 대안은 시장의 힘을 제한하고 공동선을 위해 구성된 사회 공동체들을 지원하는 하이브리드 시스템이다.
5. 기업들과 부유한 개인들(점거 운동Occupy movement진영이 1%라고 지칭하는 이들)의 힘은 세계 인구의 대다수인 99%의 희생을 토대로 형성된다. 자본주의 정책은 1%의 편을드는 반면 사회주의 정책은 99%의 이익을 우선시한다. 이는 19세기에 칼 마르크스가 연구한 역학 관계이며, 최근 토마 피케티가 20

생태문명과 연계된 다른 운동에는 어떤 것들이 있을까?

세기 경제 동향을 분석한 결과도 명백하게 확인하는 사실이
다.[29]

6. 이제 지구 기후변화로 인해 전 세계 곳곳에서 사회적, 경제적
붕괴가 발생할 것이라는 예측은 사실상 피할 수 없는 현실이
되었다.

7. 그러한 문명적 붕괴의 잔해로부터 새로운 생태문명이 탄생할
수 있다.

8. 재앙이 닥칠 때까지 기다리는 것보다 우리가 지금 행동하는
것이 인류와 지구를 위해 훨씬 더 나은 선택이다.

유기체적 마르크스주의의 이러한 우선사항들은 이 챕터에서
다루고 있는 다른 학파들에서도 다양한 방식으로 표현하고 있다. 자
본주의와 착취적인 경제 시스템에 대한 구체적인 비판들을 고려할
때, 유기체적 마르크스주의는 데이비드 코튼과 로마 클럽의 비전과
가장 긴밀한 연관성을 보여준다.

당연하게도, 가치란 우리가 증대하고자 하는 것이다. 유기체
적 마르크스주의는 개인주의에서 공동체 중심주의로, 인간중심주의
에서 지구 번영 중심주의로 가치들의 방향을 전환할 것을 촉구한다.
또한 우리가 성공을 어떻게 정의하는지도 중요하다. 성공을 권력과
돈, 명예와 재산, 큰 집과 근사한 자동차라는 관점에서 생각하는 한,
각 사회들은 계속해서 환경적 파탄을 향해 나아갈 것이며 사회경제
적 불평등은 계속 증가할 것이다. 이윤과 소비자 중심주의에 기초한
'성공' 개념은 이기주의와 자연으로부터의 소외를 초래하는 경향이
있다. 유기체적 마르크스주의의 핵심은 공동선을 우선시하는 패러

다임으로의 전환을 촉구하는 것이다.

유기체적 마르크스주의는 여러 가지 의미에서 생태적이다. 기계론적 세계관의 반대편에 서서, 인간과 자연의 유기체적 관계에 기반한 세계관을 추구한다. 건강한 생태계는 여러 행위 주체들 사이의 균형을 바탕으로 유지된다. 모든 부분들은 서로 연결되어 있으며, 모든 부분들의 총체로부터 각 부분을 지탱하는 시스템들이 발생한다. 건강한 사회들과 경제 시스템들도 같은 방식으로 기능한다. 생태적 모델은 착취적이고 위계화된 시스템들 대신에 유기체적인 인간-자연 시스템들을 우선시하는 대안적인 방식을 추구한다. 이러한 전환 없이는 어떤 문명도 장기적으로 지속가능하지 않다.

유기체 철학—공동선을 위한 관계적 세계관

수학자이자 철학자인 알프레드 노스 화이트헤드는 자신의 대표적 저서인《과정과 실재 *Process and Reality*》에서 '유기체 철학'을 개괄적으로 설명하며 훗날 '과정 철학'이라고 불리게 되는 사상을 탄생시켰다. 데이비드 레이 그리핀, 존 캅 주니어, 그리고 생태문명을 지지하는 여러 학자들이 화이트헤드의 사상에 깊은 영향을 받았다는 점을 고려하면, 과정 철학이 생태문명으로 가는 로드맵의 일부라는 것은 그리 놀라운 사실이 아니다. 과정 사상가들은 "공동선을 위한 개방적이고 관계적인 세계관"을 지지한다.[30]

화이트헤드의 유기체 철학의 핵심은 현실의 본질을 이해하는 대안적 방법을 제시한다. 유기체 철학은 실체 기반의 존재론에서 사건 기반의 존재론으로, 기계적론 프레임워크에서 유기체적 프레임워크로, 이원론적 세계관에서 전체론적 세계관으로, '존재함being'에

생태문명과 연계된 다른 운동에는 어떤 것들이 있을까?

서 '되어감becoming'으로의 전환을 제시한다. 이러한 새로운 용어들로써 세계를 이해하는 것은 가치관의 근본적인 전환을 촉진하는 것이다.

토마스 베리가 새로운 생태대를 여는 조건으로 제시한 것과 마찬가지로, 화이트헤드의 유기체 철학은 객체들의 집합에서 주체들의 교제로 전환하여 파편화된 부분보다는 통합된 전체에 우선순위를 둔다. 베리와 화이트헤드 모두, 현실은 결국 물리적인 공식을 통해서만 이해되고 계산될 수 있는 살아 있지 않은 물질에 불과한 것이라기보다는, 살아 있는 어떤 시스템 내의 또 다른 시스템, 또 그 안에 존재하는 또 다른 시스템으로 볼 때 더 잘 이해된다는 점을 인식하고 있다.

데카르트의 기계론적 이원론과 대조적으로 발전한 화이트헤드의 유기체 철학은, **모든 행위자들**agents이 내재적으로 가치를 지닌 채 활동하는, 창조적인 살아 있는 시스템으로서 우주를 이해하는 프레임워크를 제공한다. 생태문명으로의 전환을 지지하는 모든 사람이 화이트헤드의 유기체 철학을 지지하는 것은 아니지만, 화이트헤드의 철학을 지지하는 거의 모든 사람들은 유기체적인 생태문명의 비전을 지지하고 있다.

UN과 지속가능 발전 목표

빙하가 녹고 해수면이 상승하며 생물종이 멸종하는 가운데, 또한 부분적으로는 심화되고 있는 기후위기라는 원인으로 인해 작금의 세계는 극심한 경제적 불평등과 구조적인 사회적 불의로 가득하다. 우리가 직면한 문제는 환경적이며 사회적이고 또한 심층적인 구조적 문제들이다. 세계화의 특징적 면모들이 너무도 많이 정의롭지 못할 때, 변화를 향해 나아가는 구체적인 단계를 상상하기란 매우 어렵다. 바로 이러한 이유로 UN의 지속가능 발전 목표SDGs는 무척 중요하다.

UN의 지속가능 발전 목표인 '아젠더Agenda 2030'의 초안을 작성하는 과정에는 193개 회원국과 시민사회 지도자들의 전 세계적인 협력이 있었다. 아젠더 2030은 사회와 지구에 대한 위협에 대해 다음과 같이 설명한다.

> 세계적인 보건 위협, 더욱 빈번하고 강력해지는 자연 재해, 격화되는 갈등, 폭력적인 극단주의와 테러리즘, 이와 관련된 인도주의적 위기들, 그리고 강제 이주 등은 최근 수십 년간 이룩된 발전 성과의 상당 부분을 거꾸로 후퇴시킬 위협이 되고 있다. 천연자원 고갈과 사막화, 가뭄, 토지 황폐화, 물 부족과 생물다양성 손실 같은 환경 파괴로 인한 악영향은 인류가 직면한 도전과제 목록에 새로운 것들을 추가하고 있을 뿐만 아니라 상황을 점차 악화시키고 있다. 기후변화는 우리 시대의 가장 큰 도전과제 중 하나이며, 기후변화의 부정적 영향은 모든 국가들의 지속가능한 발전 성취 능력을 약화시킨다.[31]

UN의 지속가능 발전 목표는 오늘날 글로벌 문명의 여러 분야들에서 이러한 문제들을 해결하기 위한 구체적인 경로들을 제시하는데, 특히 사회·환경 문제에 초점을 맞추고 있다. 지속가능 발전 목표가 다루고 있는 이슈들의 범위를 고려하면, 이 목표가 얼마나

생태문명과 연계된 다른 운동에는 어떤 것들이 있을까?

포괄적인지를 바로 알 수 있다.

1. **빈곤 퇴치**: 모든 형태의 빈곤을 모든 곳에서 종식한다.

2. **기아 종식**: 기아를 종식하고 식량 안보와 영양 개선을 달성하며 지속가능한 농업을 장려한다.

3. **건강과 웰빙**: 모든 연령대의 건강한 삶을 보장하고 웰빙을 증진한다.

4. **우수한 교육**: 포용적이고 공평한 양질의 교육을 보장하고 모든 사람들이 평생 교육의 기회들을 가지도록 장려한다.

5. **성 평등**: 양성 평등을 달성하고 모든 여성과 소녀들의 역량을 강화한다.

6. **깨끗한 물과 위생**: 모든 사람을 위한 위생과 물의 가용성과 지속가능한 관리를 보장한다.

7. **저렴하고 청정한 에너지**: 모든 사람들이 저렴하고 안정적이며 지속가능하고 최신의 에너지를 사용할 수 있도록 보장한다.

8. **양질의 일자리와 경제성장**: 안정적으로 지속되며 포용적이고 지속가능한 경제성장을 이루고, 완전하고 생산적인 고용을 유지하며, 모두를 위한 양질의 일자리를 조성한다.

9. **산업, 혁신, 인프라**: 회복력 있는 인프라를 구축하고 포괄적이고 지속가능한 산업화를 촉진하며 혁신을 추구한다.

10. **불평등의 저감**: 국가 내의 혹은 국가 간의 불평등을 저감한다.

11. **지속가능한 도시와 공동체**: 도시와 사람들의 거주지역을

포용적이고 안전하며 회복력이 있고 지속가능한 곳으로 만든다.

12. **책임 있는 소비와 생산**: 지속가능한 소비와 생산 패턴이 이루어지도록 한다.

13. **기후행동**: 기후변화와 그 영향에 대응하기 위한 긴급한 조치들을 취한다.

14. **해양 생명**: 지속가능한 발전을 위해 대양과 해수와 해양 자원들을 보존하고 지속가능한 방식으로 사용한다.

15. **육지 생명**: 육지 생태계의 지속가능한 활용을 지키고, 되살리고, 촉진한다. 산림을 지속가능하게 관리하며 사막화에 대처하고 토지 황폐화와 생물다양성 손실을 중단하고 되돌린다.

16. **평화, 정의, 강력한 제도**: 지속가능한 발전을 위한 평화롭고 포용적인 사회를 촉진하고, 모든 사람들에게 법률 접근성을 보장한다. 모든 수준에서 효과적이며 믿을 수 있고 포용적인 제도들을 구축한다.

17. **목표를 위한 파트너쉽**: 실행 수단들을 강화하고 지속가능한 발전을 위한 글로벌 파트너쉽을 활성화한다.

이러한 17개의 중요한 목표들을 뒷받침하는 것은 169개의 구체적인 세부 목표들과 230개의 개별 지표들로, 이것들은 실천 로드맵과 성공 여부 판단 기준으로서 기능한다. 지속가능 발전 목표는 193개 국가가 함께 구축하고자 하는 세계에 대한 비전을 만들어내고 있다. UN은 다음과 같이 밝히고 있다.

우리는 모든 국가가 안정적으로 지속되며 포용적이고 지속

생태문명과 연계된 다른 운동에는 어떤 것들이 있을까?

가능한 경제성장을 이루고, 완전하고 생산적인 고용을 유지하며, 모두를 위한 양질의 일자리를 조성하여 삶을 향유할 수 있는 세상을 만들어가기를 꿈꾼다. 공기부터 육지까지, 강과 호수와 대수층부터 해양까지 모든 천연자원의 사용과 생산과 소비의 패턴들이 지속가능한 세상이기를 바란다. 지속적이고 포용적인 경제성장, 사회 발전, 환경 보호, 빈곤과 기아 퇴치 등을 포함하는 지속가능한 발전을 위해서는 민주주의, 홀륭한 거버넌스, 법치, 국내적·국가적으로 편안한 자연환경이 필수적인 세상 말이다.[32]

안타깝게도, 지속가능 발전 목표의 접근법에는 심각한 문제점들도 있다. 지속가능한 발전과 관련한 현 사고방식의 가장 큰 문제점은 급진적인 시스템의 변화 없이도 이러한 목표들을 성취할 수 있다는 식으로 제시되는 경우가 많다는 점이다. 지속가능 발전 목표의 성취 여부를 평가하는 데 사용되는 많은 목표들과 지표들은 개별 국가의 재정 투자 규모와 국내총생산에 의존한다. 그러나 누군가의 임금이 하루 1.25달러에서 2달러로 인상된다는 지표는 빈곤 문제와 한 사람의 웰빙이 얼마나 개선되었는지를 측정하는 데는 적절한 것이 아니다. 단 8명의 개인들이 전 세계 인구의 절반이 소유하고 있는 부와 동일한 부를 소유하고 있는 상황에서 국내총생산의 증가는 소득 불평등 문제를 해결하는 데 충분한 도움이 되지 않는다.[33]

마찬가지로, 우리가 현재보다 소비를 줄이지 않는다면 효율적인 재활용만으로는 지속가능한 도시를 만들지 못할 것이다. 지속가능 발전 목표들의 근간이 되는 세부 목표들과 지표들은 여전히 이윤과 권력을 위해 사람과 자연을 착취하는 시스템을 전제 삼는 현재의 경제적 기본 가정들에 계속해서 의존하고 있음을 보여준다.

그럼에도 지속가능 발전 목표를 위해 일하는 많은 사람들은 기존 비지니스 방식으로부터 벗어나 전환을 이뤄내야 한다고 공개적으로 요구하고 있다. 지속가능 발전 목표는 '지속가능성'이라는 용어에 대한 두 가지 다른 이해 사이에서 씨름하고 있다. 즉, 현재의 경제 시스템을 유지하면서 가능한 한 '녹색화greenifying'하는 것이 한가지이고, 다른 한가지는 상향식 (또는 하향식)으로 시스템 전체를 재고하는 것이다. 가장 광범위한 의미에서 지속가능 발전 목표는 총체적이고 통합적인 프레임에 대한 요청이라고 표현할 수 있다. 우리는 빈곤과 식량 불안정 문제를 해결하지 않고서는 기아 문제를 적절히 해결할 수 없으며, 기후변화와 경제적인 문제들을 해결하지 않고서는 식량 불안정 문제와 빈곤 문제를 개선할 수 없다. 또한 우리는 자본주의 체제를, 무한 성장을, 그리고 인간과 지구의 장기적 복리보다 단기적 편의를 우선시하는 가치관을 해결하지 않고서는 기후변화를 늦출 수 없다.

그 두 입장 중 어느 쪽도 전 세계 기후위기의 심각성과 기후위기가 지역과 사회에 미치는 영향에 대해 의심하지 않는다. 변혁은 구조적 변화라는 맥락에서 발전을 생각하게 한다. 물론, 전 지구적인 문제에 직면했을 때 그것을 더 관리하기 쉽도록 하기 위해서 개별적인 목표들로 '분리해서' 접근하는 편이 도움이 되는 경우도 많다. 그러나 지속가능 발전 목표에 관한 논의는 이를 단절된 영역으로 나누는 경향이 있고, 이는 더 고립되고 파편화된 조치들로 이어져서 (역설적이게도) 근본 원인을 해결하는 데 덜 효과적인 결과를 낳

생태문명과 연계된 다른 운동에는 어떤 것들이 있을까?

았다. 이는 생태문명 운동과 유사한 방식으로 체계적인 결론들을 지지하는 터크슨Turkson 추기경이 이끄는 교황청 산하 '온전한 인간 발전 촉진을 위한 부서Vatican's Dicastery for Promoting Human Development' 같이 전 지구적 지속가능성에 대한 보다 통합적이고 전체론적인 접근법들과 대비된다.

무엇이 이러한 움직임을 통합하는가?

통합 생태학, 요코 문명, 지속가능한 발전, 유기체적 마르크스주의, 구성적 포스트모더니즘, 생태대, 살아 있는 지구 이야기, 생태문명 등 우리가 어떤 이름으로 부르든 전 세계적으로 공통된 하나의 비전이 발생하고 있는 듯하다. 이것은 경제학, 정치학, 생산 시스템과 소비와 농업 등을 망라한 사회의 시스템이 지구가 보유한 자연적인 한계에 비추어 재설계되는, 근본적으로 전혀 다른 미래에 대한 비전이다. 이 비전은 **확장하고 정복하며 소비한다**는 근대적 사고방식의 죽음에서 출현하며, 살아 있는 지구와 조화, 즉 **계약과 협력과 돌봄**을 추구하는 새로운 이야기를 들려준다.

이 모든 운동들은 핵심 가치와 철학과 심지어는 미래에 대한 희망까지도 공유하고 있지만, 이 모두를 아우르는 가장 도드라지는 특징 하나를 꼽자면 사회 전 영역에 걸친 근본적인 시스템 변화를 촉구한다는 점이다. 국가주의, 전쟁, 정치적 부패, 경제적 불균형, 인구 과잉, 흉작, 가뭄, 기근 등은 모두 얽히고설킨 실타래의 가닥들이다. 세계 각국의 정부들이 이 실타래를 풀고 문제들을 수습할 의지가 있거나 그렇게 할 수 있는 충분한 시간이 남아 있지는 않은 것 같다. 분명한 것은 정부들이 의도했든 의도하지 않았든 광범위한 시스템적인 변화들이 진행되고 있다는 것이다. 그 안에는 두려움도 있지만 희망도 있다.

배를 타고 있는 한 어부를 상상해보자. 배에 물이 가득 차오르고 있다. 어부는 이 문제를 해결하지 못하면 배가 가라앉게 될 매우 심각한 문제에 직면해 있다. 그래서 어부는 양동이를 들고 배 밖으로 물을 퍼내기 시작했고, 팔이 아파서 더 이상 할 수 없을 때까지 몇 번이고 반복했다. 수백 번 양동이의 가득 찬 물을 배 밖으로 퍼내더라도, 배는 여전히 가라앉을 것이다. 그러나 다른 방법도 존재한다. 배에 난 구멍을 고치는 것이다. 이 시대의 가장 심각한 문제의 근본 원인을 해결해야 한다는 이 요청은 이 챕터에서 살펴본 평행적인 여러 운동들을 하나로 묶어주는 역할을 한다. 우리가 직면한 이 문제들은 사회, 경제, 정치, 환경과 같은 개별적인 분야로 명확하게 구분되어질 수 없다. 프란치스코 교황이 지적했듯, 우리는 "사회적이면서 환경적인 단 하나의 복합적인 위기"에 직면하고 있다. 사회적 문제를 고려하지 않고 환경 문제에만 집중하거나 그 반대로 환경 문제를 고려하지 않은 채 사회적 문제에만 집중하면, 우리는 위기에 대한 근본 원인을 해결하지 못하게 될 것이다.

조금 더 분명하게 말하자면, 증상을 완화하기 위한 조치를 취하는 것도 여전히 중요하다. 구멍 난 배에서 물을 퍼내는 어부처럼 탄소 배출량을 줄이고 재생가능한 에너지원으로 전환하고 교육을 개혁하고 경제 시스템의 불공정한 행위들을 제한하는 것들이 필요하다. 그러나 증상에만 관심을 기울이고 근본 원인에 주목하지 않는다면 장기적인 성공은 요원할 것이다. 사회의 모든 계층과 모든 부문에서의 근본적인 변혁을 향한 이러한 총체적 요구가 생태문명 운

생태문명과 연계된 다른 운동에는 어떤 것들이 있을까?

동의 가장 큰 특징이다.

　이 지점에서, 보다 생태적인 시대로 문명적인 전환을 위해 노력하는 것이 얼마나 야심찬 일인지 우려하는 독자도 있을 수 있다. 사회의 모든 부문과 계층을 아우르는 근본적인 변혁은 결코 쉬운 일이 아니다. 이것이 과연 가능하기나 할까? 만약 가능하다면, 어디서에서부터 시작해야 할까? 이제 이런 질문들로 넘어가보자.

6장

생태문명으로 가는 길,
어떻게 시작할 수 있을까?

파국을 넘는 문명 전환의 지도 그리기

생태문명으로 가는 길,
어떻게 시작할 수 있을까?

　　지금까지 설명한 생태문명 비전이 설득력 있게 느껴졌기를 바란다. 우리는 이 책을 읽고 있는 여러분이, 인간은 지구상의 다른 개체들 가운데 하나에 불과한 종이며 모두가 상호 의존적이라는 깨달음을 바탕으로 사회를 구성해가야 한다는 필요성에, 아울러 생태학적 세계관에 공감하고 우리의 일에 동참하기를 바란다. 장기적으로 인류와 지구의 전반적인 복리를 증진하기 위해 설계된 지속가능하고 평등한 새로운 형태의 인류 공동체들을 구축하기 위해 소매를 걷어붙이고 작업에 착수할 준비가 되었기를 바란다. 그렇다면 이 '방법론' 챕터는 바로 여러분을 위한 것이다.

　　생태문명의 구축, 어떻게 시작해야 할까? 어떻게 '시작'하느냐는 질문은 종종 한 단계가 다른 모든 단계에 선행한다는 것을 의미한다. 어떤 경우에는 우리의 행동을 조형하게 될 생태문명에 대한 비전, 즉 아이디어와 신념에서부터 시작할 필요가 있다. 다른 경우에는 일련의 구체적인 생태적 실천들부터 시작할 필요가 있다. 길을 아는 것과 그 길을 걷는 것에는 분명한 차이가 있다. 우리가 보기에 생태문명 건설을 '시작하는' 방법은 아이디어 대 실천의 문제가 아니라, 아이디어가 행동을 알려주고 행동이 아이디어를 알려주며, 이 두 알려줌이 이 세계에서 항시 작동하는 식의 상호 영향 사이클의 문제다. 이 시점에서 분명하게 집고 넘어갈 부분이 있는데, 앞으로 소개할 내용은 '세상을 구하기 위한' 단계별 매뉴얼을 제시하려는 시도가 아니다. 글로벌 위기의 매우 복잡한 특성으로 인해 다양한 상황에 맞는 복수의 접근법이 필요하다. 세상 어디에도 이 모든 상황들을 해결할 수 있는 만능 해결책은 없다. 중국에서 생태문명을 구축하는 방식은 한국의 방식과 다를 것이고, 독일의 방식과도 다를 것이고, 미국의 방식과도 역시 다를 것이다. 따라서 반드시 이러한 방식으로 시작해야 한다고 '단 하나의 경로'를 처방하는 대신, 문명 변화의 경향성 (아마도 이미 시작되고 있는)에 근거해 몇 가지 가능한, 미래로 난 경로들을 처방하고자 한다.

심층적 질문 제기하기

문명의 변화가 일어나는 중요한 경로 가운데 하나는 근본적인 패러다임의 전환이다. 이전 챕터들에서 이미 논의했듯 패러다임 전환은 일반적으로 사람들이 세계를 이해하고 해석하는 데 사용하는 핵심 아이디어인 세계관의 변화를 포괄한다. (2장 참조) 세계관의 변화는 여러 가지 방식으로 일어난다. 아마도 가장 일반적인 계기는 사람들이 자신 주변의 자연세계들과 사회들의 변화에 대응하여 새로운 질문을 제기하기 시작하는 사건일 것이다. 새로운 질문의 제기는 사람들이 새로운 방식으로 사고하는 데 도움이 되며, 오늘날의 경우 인류가 지구의 가장 시급한 문제의 근본 원인들을 이해하는 데 더 가까이 다가갈 수 있게 해준다.

이 책에서 우리가 탐구하고 있는 것은 문명 차원의 변화다. 생태문명은 착취적이고 제국주의적 근대 산업 문명과는 근본적으로 다르기 때문에 생태문명의 구축에는 패러다임 전환이 필수적이다. 이러한 변화에는 사회 시스템과 구조의 근본적인 변화만이 아니라 사고방식의 근본적인 변화 역시 포함된다. 새로운 사고방식은 우리가 새로운 질문을 던지도록 유도한다. 그리고 더 나은 질문을 제기함이란 생태문명을 만들어가는 데 긴요한 행동일 것이다.

인간은 살아 있는 지구에서 태어나고 지구에 의해 양육된다는 개념에 대해 생각해보자.[1] 어떻게 보면 이러한 생각은 매우 당연한 것이다. 인간은 지구에서 살고 있다. 우리는 여기에서 태어났을 뿐 아니라 여기에서 살고 있다. 또한 여기에서 죽는다. 지구는 우리의 집이며, 우리는 생존을 위해 지구에 의존한다. 많은 근대 서양 철학자들이 분명하게 통찰하고 있는 못했던 것은 지구가 살아 있는 시스템이라는 것이다. 너무 자주 우리는 세계를 우리가 알아가야 할 주체들의 집합이 아니라 소유해야 할 대상들의 집합으로 본다. 우리가 **살아 있는** 지구에서 태어나고 지구에 의해 양육된다는 사실을 인식한다는 것―어떤 중대한 의미가 있는 것일까? 우선, 지구도 다른 모든 생명체들과 마찬가지로 죽을 수 있음을 의미한다. 그렇다면 우리가 생존을 위해 의존하고 있는 지구의 생물권이 죽으면 어떤 일이 벌어지게 될까? 이 질문은 지구를 살아 있다고 보는 세계관으로부터 자연스럽게 이어진다. 이제 추가 질문이 이어질 수 있을 것이다. 지구는 죽음의 위기에 처해 있는가? 만약 그렇다면 그 이유는 무엇인가? 환경적 위기와 재앙들의 원인들은 무엇인가? 인류 문명을 구조화하는 방식을 바꿈으로써 우리가 이러한 근본 원인들을 해소할 수 있을까? 현 상황을 대강 짐작했을 것이라 믿는다.

이러한 인식에서 얻을 수 있는 또 다른 근본적 통찰은 인간은 자연세계와 분리된 존재가 아니라 그 일부라는 것이다. 책의 서두와 1장에서 존 캅 교수가 소개한 것처럼 '문명'은 주로 인간의 이익과 편의를 위해 환경을 조작하는 인간의 능력으로 특징지어져왔다. 문명들이 우리가 의존하고 있는 지구의 전반적인 복리와는 괴리된 채로 인간의 이익을 중심으로 구조화될 때, 우리는 지속가능하지 않으며 공정하지 않은 방식으로 소비하고 파괴하고 착취하게 된다. 반면, 인간이 살아 있는 지구의 일부이며 지구에 의존하고 있다는 인식을 바탕으로 문명을 구축한다면 어떤 모습일까? 이러한 변화는 도시를 설계하는 방식을 어떻게 바꾸게 될까? 또한 식량을 생산하고 소비하는 방식은 어떻게 달라지게 될까? 이러한 변화는 과연 우리 자녀들의 교육 방식을 어떻게 변화시키게 될까? 사고하는 방식에서의 미세하지만 심오한 변화로부터, 우리를 (생태문명 만들기를 향한) 새로운 여정에 옮겨 놓을 잠재력 있는 질문들이 솟아나게 된다.

우리가 제기할 수 있는 가장 강력한 질문 가운데 하나는 '왜?'이다. 왜 8명의 개인들이 전 세계 인구의 절반이 소유한 것과 같은 정도의 부를 소유하고 있을까? 표토가 침식되는 이유는 무엇인가? 지구 기온이 상승하는 이유는 무엇인가? 왜 생물종들이 멸종되고 있는가? 이런 질문들에 대한 답변들에 또 '왜?'라는 추가 질문이 이어질 수도 있다. '왜'라는 질문을 더욱 심층적으로 묻는 연습을 통해 우리는 가장 심각한 문제들의 근본 원인들을 이해하는 데 더 가까워질 수 있다. 이 과정을 통해 두 가지 사실이 분명해진다.

첫 번째는 세계의 주요한 문제들이 모두 서로 연결되어 있다는 인식이다. 전 지구적 위기는 사회 문제와 환경 문제로 선명하게 구분되지 않는다. 프란치스코 교황이 지적했듯, 우리에게는 "사회적 위기와 환경적 위기가 결합된 하나의 복합적인 위기"가 있다."[2] 사회적인 사안을 고려하지 않고 환경적인 문제에만 집중하거나 환경적인 부분을 고려하지 않고 사회적인 문제에만 집중하는 것은 위기의 본질을 제대로 파악하지 못하는 것이다. 이전 챕터에서 논의한 UN의 지속가능 발전 목표인 '아젠더 2030'을 생각해보자. 17개의 지속가능 발전 목표들(빈곤 퇴치, 기아 퇴치, 양호한 건강, 양질의 교육 등)은 각각 별도의 목표로 제시되어 있으며 성공을 위한 별도의 전략들이 수립되어 있다. 그러나 빈곤 문제와 식량 불안 문제를 해결하지 않고서는 기아 문제를 효과적으로 해결할 수 없다. 또한 기후변화와 경제 문제를 해결하지 않고서는 식량 불안과 빈곤 문제를 해결할 수 없으며, 기후변화와 경제 문제는 자본주의 시스템, 무한 성장, 모든 사람과 지구를 위한 장기적 복리보다 단기적 편리함만을 우선시하는 사회적 가치를 바꾸지 않고서는 적절하게 해결될 수 없다. 사실, 거대한 문제를 직면했을 때 이에 더 잘 대처하도록 작은 부분들로 나누는 것이 도움이 되는 경우가 종종 있다. 그러나 우리가 맞닥뜨린 가장 심각한 문제들이 본질적으로 서로 연결되어 있다는 점을 인식하지 못한다면 우리가 제안하는 해결책들은 단편적이고 부적합한 것들로 남게 될 것이다.

더 심층적으로 캐물어보는 실천은 지구 기후위기의 본질이 구조적이고 체계적이라는 인식으로도 이어진다. 생태 위기에 적절하게 대처하려면 현 사회의 기반을 형성하고 있는 경제, 정치, 교육, 농업 등의 시스템들을 변화시켜야만 한다. 지속가능한 발전에 대한 현재의 사고와 관련하여 가장 큰 문제들 중 하나는 급진적 시스템 변화 없이 가능한 틀을 짜는 경우가 많다는 것이다. 다시 한번 '아젠

더 2030'을 생각해보자. 지속가능 발전 계획의 성공을 측정하는 데 사용되는 대부분의 목표와 지표는 돈과 국내총생산(GDP)과 관련이 있다. 예를 들어, 빈곤 퇴치는 이러한 목표들 중 하나다. (실제로는 목표 1이다.) 하지만 빈곤이란 무엇일까? 빈곤은 돈과 어떤 관련이 있는 것일까? 누군가의 임금을 인상하는 것이 (예: 하루 2달러에서 4달러로) 불평등을 확산시키는 착취적인 경제 시스템에서 비롯된 빈곤의 근본 원인들을 과연 해소할 수 있을까? 지속가능 발전 목표들에 우리가 직면한 위기의 구조적이며 시스템적인 근본 원인들을 해소한다는 목표가 포함되지 않는다면, 우리는 무의식적으로나마 이윤과 권력을 위해 인간과 자연을 착취하는 현 문명 시스템에 계속 기여하고 있는 것이다. '왜'라는 질문들을 제기하는 행동은 생태문명을 구축하는 데 필수적인 새로운 종류의 시스템들을 모색하는 데 긴요하다.

'왜'라는 질문이 중요한 질문이긴 하지만, 이것만이 가치 있는 질문인 것은 아니다. 도시 생활이라는 특정 주제와 관련해서 '더 나은 질문하기'를 위한 연습을 생각해보자. 가장 기본적인 질문인 '도시란 무엇인가?'에서 시작하여 다음과 같은 답변을 상상해보자—'도시는 하나의 살아 있는 시스템이다.' 실제로 도시는 주택, 교통, 위생, 유틸리티, 거버넌스, 통신, 경제 등 여러 복합적인 시스템들이 복잡하게 상호작용하는 곳으로, 이 모든 것이 서로 연관되어 있고 항상 변화하는 곳이라고 설명할 수 있다. 이러한 사고방식에서 우리는 다음 두 가지 함의를 추출해볼 수 있을 것이다. 첫째, 생태문명을 만든다는 목표로 도시 생활을 재고하는 경우, 반드시 여러 부분들(교통, 경제, 거버넌스의 시스템들 등)이 전체 맥락에서 어떻게 서로 연관되어 있는지 고려해야만 한다는 점이다. 도시 생활의 주요 문제들을 취급하는 경우, 이러한 '관계적' 또는 '시스템적' 사고방식이 구조적 차원에서 작동할 해결책들을 촉진하게 될 것이다. 둘째, 역동적인 시스템 안의 또 다른 시스템들로서 모든 공동체는 서로 다른 사람들과 기후와 자원들과 역사들로 이루어진다는 점이다. 즉, 모든 사람, 모든 장소, 모든 시간에 합당하게 도시 생활을 구성하는 단 하나의 바른 방법은 존재하지 않는다. '도시란 무엇인가?' 같은 간단한 질문에서 시작하여 지금 우리는 도시 재생과 도시와 농촌의 관계와 그 밖의 다양한 주제들에 관한 새로운 사고방식으로 나아가고 있다.

아마도 도시 생활에 대한 다음 질문은 '도시 거주자들은 앞으로 어떻게 식량을 조달할 것인가?'일 것이다. 누구나 먹을 것이 필요하지만 농촌과 도시 생활의 관계를 진지하게 고려하는 사람은 거의 없다. 오늘날의 대도시의 중심지들은 농업과 운송, 도매업체들과 소매업체들로 구성된 글로벌 시스템에 의존하고 있다. 부유한 국가들에 사는 소비자들에게 보여지는 것은 아마도 남아프리카 웨스턴 케이프 지역 부근에서 재배된 제철의 첫 포도가 전부일 것이다. 눈에 보이지 않는 것은 환경 비용일 것이다―지구 반대편에서 출발해 미국인들의 식탁에 오르는 포도는 탄소 발자국이 현저하게 높다. 아울러, 인권 침해 문제도 가려져 있다. 예를 들어, 포도 수확 노동자의 하루 임금은 시애틀의 홀푸드(Whole Foods, 고급식료품) 매장에서 포도 한 봉지를 사기에 충분치 않을지도 모른다.

생태학적 원칙들을 중심으로 구성된 사회에서 (전 지구적 기후 붕괴를 피하려면 이러한 원칙들을 기반으로 사회를 **구축해야만 한다.**) 도시 거주자들은 도시들과 도시 주변의 생물지역들bioregions에서 재배된 식량을 공급받아야 한다. 그렇다면 식량 수요가 지역적으로 충족되도록 도시 생활을 재구축한다면, 그 모습은 어떨까? 아마도 우리는 잔디와 들판의 풀을 식용 작물로 대체하거나 옥상 텃밭, 공동체 텃밭을 선호하게 될 것이다. 이 질문은 '도시'와 '농촌'의 개념 자체를 재고하게 한다. 조금 더 깊게 들어가 생각해보면, 육류와 유제품 중심의 식단에 대한 사회적 합의를 재고해야 할 수도 있다. 가축을 사육하는 데 필요한 토지와 자원의 양이 너무 많기 때문에 인구 밀도가 높은 도시 공동체에서는 육류 중심의 식단을 지속하기가 힘들다.

우리는 모두 음식을 먹어야만 한다. 마찬가지로 우리는 모두 숨을 쉬어야만 한다. 그러나 대부분의 도시에서 대기질은 중차대한 이슈이고, 이는 도시 거주자들의 주요 건강 관련 문제의 원인이 된다. 그렇다면 이런 질문을 던질 수 있을 것이다―'왜 도시 공동체들에는 대기 오염 문제가 발생할까?' 첫 번째 답은 쉽다. 나무는 너무 적은데, 자동차는 너무 많기 때문이다. 왜 그럴까? 교외 거주자들이 출퇴근할 수 있도록 도로를 포장하느라, 음식과 여가 활동을 위해 나무를 벌목했기 때문이다. 도시 인구와 부동산 가격의 증가는 전세계적으로 광범위한 인구 저밀도 지역을 초래했고, 그 결과 자동차는 더 늘어났지만 나무는 더 줄어들었다. 이 지점에서 우리에게는 시스템을 묻는 질문이 필요하다. 한편으로 우리는 높게 솟은 숲들을 조성하거나 전기자동차를 도입하거나 자전거로 출퇴근할 수도 있을 것이다. 하지만 기저에 자리잡은 도시의 근본 문제는 전 세계 도처에서 도시들이 설계된 방식과 도시들의 성장이 관리되고 있는 방식과 관련 있는 것이 분명하다. 어쩌면 우리는 '어떻게 하면 탄소 배출과 오염을 줄이면서 지역사회의 소속감을 증진하는 식으로 도시를 설계할 수 있을까?라는 질문을 제기해야 할 것이다. 수십 년 전 파올로 솔레리는 건강한 도시 생활과 건강한 생태계를 조성하기 위해 도시 계획을 재구상하는 데 유용한 모델로서 '아콜로지arcologies'를 제안했다. 최근에는 건축가들과 도시 계획가들이 지속가능한 도시를 재설계하는 데 큰 기여를 하고 있다.

먹기, 숨쉬기와 같은 수준의 또 다른 인간 모두의 기본적인 필요는 비바람을 피할 수 있는 공간이다. 우리 모두는 주거공간이 필요하다. 이와 관련해 '모든 사람에게 적절한 주거공간을 제공하기 위해서는 도시를 어떻게 구성해야 할까?라는 질문을 할 수 있을 것이다. 수요 증가로 인해 많은 도시 거주자들이 현재의 주택 비용을 감당할 수 없게 되었고, 주택 시장은 부유층을 위한 신축 건설을 선호함으로써 빈곤·게토화 문제를 한층 더 악화시키고 있는가 하면, 가용 자금이 부족한 도시 당국들은 중산층·저소득층을 위한 주택에 예산을 투입할 여력이 없어져 노숙자 문제와 도시 확대urban sprawl 현상이 초래되고 있다. 생태적인 문명에서는 도시 거주자들에게 적절한 주택을 제공하고 부정적 환경 영향을 최소화하는 식으로 도시 생활이 재구성되어야 할 것이다. 그렇다면 더 포괄적인 질문도 던져볼 수 있다—'모든 사람들에게 적절한 주거공간을 제공하는 데 근본적인 장애물들은 무엇일까?' 더 나아가 도시 부동산 시장을 어떻게 규제해야 하는가라는 근본적인 구조와 시스템 관련 문제를 더 깊이 생각해볼 수도 있을 것이다. 고밀도 주거와 1인당 탄소 발자국 감소 사이에서 환경적으로 가장 최적화된 균형을 이루는 도시 설계 모델은 무엇일까? 도시 확대 현상을 줄이고 특정 지역의 도시 인구를 위한 식량 생산 능력을 극대화하려면 도시 주변 지역들을 어떻게 구획하여 규제해야 할까? 인간의 욕구와 환경적 필요는 어떻게 균형을 이루어야 할까? 현재 우리가 '도시'와 '농촌'이라고 부르는 것 사이의 관계를 얼마나 근본적으로 재고해야 할까?

이런 식으로 도시 생활에 대한 질문들의 폭과 깊이는 10배, 100배로 늘어난다. '도시들은 왜 극도로 혼잡한 동시에 점점 고립되는 경향이 있는가?'라는 질문은 '공동체 안에서의 건강한 관계와 시민 참여를 장려하기 위해 도시 생활을 어떻게 재구성할 수 있을까?'라는 또 다른 질문을 낳는다. '왜 도시들은 범죄율이 높은가?'라는 질문은 '모든 사람들이 안심하고 안전할 수 있도록 도시 생활을 어떻게 재구성할 수 있는가?' 라는 질문을 낳는다. '지역공동체들은 다른 공동체들과 어떤 관계를 맺어야 할까?'라는 질문은 '사람들이 서로 번영하기 위해 다른 공동체들과 협력할 수 있는 강력한 자치 구조들을 갖춘 건강한 지역화를 촉진하기 위해 도시 생활을 어떻게 재구성할 수 있을까?'라는 질문을 낳는다. 이러한 질문들의 목록은 쉽게 늘어날 수 있다. 한층 더 심도 있는 질문을 제기함으로써 우리는 필요한 데이터를 찾고, 현행 가정들을 재고하고, 새로운 해결책을 모색하게 된다. 그 결과, 생태문명 개념은 더욱 분명하고 더욱 현실적이고 더욱 유용한 개념이 된다.

하향식─새로운 시스템을 위한 정책의 중요성

생태문명을 구현하기 위해 필요한 것이 무엇인지에 대해 더 나은 질문들을 하는 것도 중요하지만, 질문하기에서 멈춰서는 안 된다. 우리는 답들을 찾을 뿐 아니라 해결책들을 시행해야 한다. 패러다임의 변화는 삶과 실천의 변화를 의미해야만 한다. 아무리 좋은 아이디어라도 사회 변혁으로 이어지지 않는다면 그것은 좋은 아이디어가 **아니다**. 그렇다면 사회 변혁은 어떤 식으로 일어나게 될까?

한가지 중요한 경로는 대규모 단위에서 소규모 단위로 진행되는 변화일 것이다. 하향식 변화는 지방, 지역 또는 연방 정부 같은 일부 기관의 최상위 단계에서 실행이 이루어지는 것으로, 해당 기관의 관할 영역에 있는 구성원들에게 영향을 미치게 된다. 하향식 변화에 정부 기관들이 관여하는 경우, 해당 법률에 따라 시민이 실행 가능한 행동들이 확대되거나 제한된다. 대기 중 초미세먼지 농도가 일정 수준을 초과할 경우 주민들이 장작불을 피우는 것을 금지하는 캘리포니아의 '소각 금지령burn ban'을 예로 들어보자. 이 법이 하향식 법안인 이유는 장작불을 피우지 않기로 한 결정이 시민 개개인이 아니라 특정 지역사회를 관할하는 당국 (예: 로스앤젤레스 카운티 또는 새크라멘토 주 정부)에 의해 내려졌기 때문이다.

국가마다 시민들이 최고 의사 결정에 얼마만큼의 영향력을 미칠 수 있어야 하는지에 대한 생각은 다르다. 물론, 사람들이 자신들이 가져야 한다고 생각하는 영향력과 자신들이 가지고 있다고 생각하는 영향력과 실제 그들이 가지고 있는 영향력 사이에는 큰 차이가 있다. 전통적으로 미국인들은 다른 국가의 시민에 비해서, 정부가 하향식 권력을 덜 가져야 한다고 믿어왔다. 이러한 미국의 개인주의와 2,500년간 중앙집권적 정부 전통을 지닌 중국을 대조하는 것은 흥미로운 일이다. 개인의 이익보다 공동체의 이익을 우선시하는 유교적 가치들과 수천 년에 걸친 왕조들이 결합하여 공공 이익에 부합하는 정책들을 효과적으로 실행할 수 있는 하향식 권력의 문화 전통을 만들어냈다. 이러한 중앙집권적 거버넌스 전통과 이를 기꺼이 받아들이는 시민들의 의지가 지난 수십 년간의 폭발적 산업 성장, 급속한 기술 발전, 도시 인프라 확장, 산간 오지 마을까지의 전화·인터넷의 보급 등 전례 없는 근대화를 이룰 수 있게 했다.

　　최상의 경우를 상정해보자면, 이는 환경운동가의 꿈이 이루어진 것이라 생각할 수도 있다. 캘리포니아 주가 로스앤젤레스와 샌프란시스코를 잇는 단일 고속철도 건설에 실패하는 동안 중국은 약 37,990km에 달하는 고속철도 네트워크를 구축했다. 생태 인프라의 확장과 태양광 패널 생산 같은 여러 녹색산업 분야에서 중국은 글로벌 리더가 되었다. 생태문명으로 나아간다는 목표를 집권당의 플랫폼으로 구축한 나라는 아직까지 중국 외에는 없다. 반면, 하향식 변화가 항상 순조로운 것은 아니다. 중앙 정부가 농촌 마을이 있는 곳에 기차 노선을 건설하려고 하는 경우, 그 마을 주민들은 완전히 이주당하고 만다. 미국인들이 당연하게 생각하는 긴 항소 과정과 넉넉한 재정적 보상은 존재하지 않는다.

　　아마도 이 글을 읽는 독자들은 개인의 자유를 옹호하는 쪽과 중앙집권적 계획과 사회 정책을 옹호하는 쪽의 격렬한 논쟁에 익숙할 것이라 생각한다. 여기서는 서로 다른 두 가지 **종류**의 재화가 존재한다는 사실만을 강조하고자 한다. 언론의 자유, 종교의 자유 같은 민주적 자유들은 중요한 사회적 재화다. 동시에 위기에 신속하고 효과적으로 대응하는 것 역시 사회적 재화이며, 개인과 기업이 자신의 몫을 초과하여 부당하게 행동하거나 생태계 파괴를 통해 이익을 얻는 것을 제한하는 것도 사회적 재화다. 인류는 **양쪽** 재화의 체계가 모두 명백히 반영된 정치체제를 신속하게 구축해야 한다. 안타깝

게도 우리는 이 주제를 논의할 수 있는 대화의 장조차 마련하는 데
어려움을 겪고 있는 것 같다.

공산주의 국가인 중국은 개인들이 원하는 것들보다 공동체의
필요를 우선시하는 방식으로 구조화되어 있다. 다시 말해, '중국식
사회주의'에서는 개인들의 소망들이 국가와 공동체라는 우선순위의
맥락에서 평가된다. 미국인들이 '거친 개인주의rugged individualism'에
자부심을 가지고 있다면, 공자 시대(기원전 551~479년경)로 그 뿌리
가 거슬러 올라가는 중국 문명은 '공동체-내-개인individuals-in-commu-
nity'에 초점을 맞춰왔다. 수 세기에 걸쳐 국가적 위기가 닥쳤을 때 중
국의 중앙 정부는 신속하고 때로는 대대적인 사회 개혁을 단행할 수
있었다.

물론 서구 민주주의 국가에서도 하향식 변화는 일어난다. 미
국에서도 과도한 경우들이 존재한다. 예를 들면, 대기업들이 미국
의회에 영향력을 행사하여 자신들의 재정적 이익에 유리한 법안을
통과시켜 중산층과 저소득층 시민들의 이익에 해를 끼치는 경우도
존재한다. 그러나 시민들이 적어도 도시와 주 차원에서는 긍정적인
방식으로 정부 기관들에 영향을 미칠 수 있는 기회도 있다. 예를 들
어, 최근 캘리포니아 클레어몬트에서 열린 생태문명 컨퍼런스에서
로스앤젤레스의 한 정치 지도자는 "400명이 시청에 나타나면 우리
는 귀를 기울인다" 며 하향식 변화를 가져오는 시민의 힘에 대해 이
야기했다. 인구 400만 명의 도시에서 이는 매우 인상적인 수치라 할
수 있다.

누군가는 미국인들이 민주주의를 실천하거나 실천하지 않는
방식들을 냉소적으로 바라볼 수 있지만, 공동체-내-개인이라는 개념

은 미국 민주주의의 이념에도 내재되어 있다. 미국의 모토는 '많은 것 중에서 하나out of many, one' 라는 뜻의 'e pluribus unum'이다. 서구 민주주의는 정치인들이 시민 전체의 행복만을 생각하는 이타적인 사람이든, 자신의 이익만을 우선시하는 자기중심적인 사람이든 상관없이 작동하도록 되어 있다. 수백 명 또는 수천 명 또는 수십만 명의 시민들의 목소리가 모여 '다수의 목소리'로 통합된 하나의 목소리가 나오면 하향식 변화를 이끌어내는 데 큰 영향력을 발휘할 수 있다. 1960년대의 민권 운동과 2015년 동성 커플의 결혼을 합법화한 대법원 판결이 그 대표적인 사례라고 할 수 있다.

그렇다면 하향식 변화를 촉진하는 데 어떻게 참여할 수 있을까? 투표와 발언권을 사용하는 방법이 있다. 생태문명의 비전과 생태문명이 주목하고 있는 우려 사항들을 대중의 주류 담론에 반영하기 위해 노력하기를 바란다. 정치 지도자들에게 여러분들의 관심사를 알리고, 관심사를 공유하는 친구들을 동원하라. 대의제 민주주의에서 수동적인 시민들은 현상 유지에 동조한 공범이 된다. 투표 외에도 한 도시나 주의 시민은 편지를 쓰거나, 청문회에서 연설하거나, 정치활동 단체를 조직하거나 거기에 가입하거나, 시위에 참여할 수 있다. 이러한 하향식 의사 결정에 시민들의 영향력이 적게 반영되는 국가가 있는가 하면, 훨씬 더 큰 영향력을 행사할 수 있는 국가도 있다. 지방 또는 지역 단위로 갈수록 이런 활동들의 효과는 더 커진다.

생태문명을 만들기 위한 하향식 전략에는 장기적 지속가능성과 종합적인 복리를 증진하는 식으로 활동하도록 시민과 기업을 독려하는 정책, 법률, 규정의 마련이 포함된다. 가장 넓은 의미에서

UN을 통해 제공되는 것과 같은 국제적인 정책들과 공약들이 여기에 포함된다. 기후변화에 대응하기 위한 최초의 국제 협약인 파리협정을 도출한 2015년 COP21 회의에서 드러난 것처럼 ('당사국 총회 Conference of the Parties, COP' 형식으로 계속 미팅을 이어가고 있는) 1992년 UN기후변화협약(UNFCCC)이, 또한 UN 지속가능 발전 목표가 수행하고 있는 중대한 역할을 생각해보면 될 것이다.

하향식 변화를 위한 국가 단위의 노력은 국제 결의안과 같은 상징적인 힘이 부족하다. 그러나 국가들은 법률을 만들고 시행할 수 있는 반면, UN은 주권 국가들에 대한 정책을 강제할 권한이 사실상 없다. 2019년 5월 앙겔라 메르켈 독일 총리가 2050년까지 독일을 탄소 중립국으로 만들겠다고 선언하자, 독일 정부는 즉시 여러 부문에 걸쳐 이 목표 달성에 도움이 될 법안 초안 작성에 착수했다. 미국에서는 '그린 뉴딜'의 비전에 기반한 법안이 의회에서 통과된다면 미국의 생태문명 구축에 엄청난 하향식 영향을 미칠 것이라 예상되었다.

그러나 문제가 있다. 많은 국가들, 특히 미국의 경우 국가 차원의 적극적인 실천에 대한 전망은 암울하다. 다른 곳들에서는 국가의 자원 부족이나 무력한 정부로 인해 점점 더 빈번해지고 극심해진 기후 재난에 대한 국가 차원의 적절한 대응이 이미 불가능해지고 있다. 국가가 행동하지 않거나 행동할 수 없을 때, 도시들은 상황의 필요에 부응하고 미래를 위한 지속가능한 구조를 구축하기 위한 주요 단위가 되어야만 한다. 도시들조차 대응할 수 없거나 대응할 의지가 없는 곳에서는 지역공동체들이 저항이나 지원을 위한 최후의 단위가 된다.

상향식―강력한 지역공동체들은 생태문명의 초석이다.

특히 뉴욕, 로스앤젤레스, 베이징, 서울 등 대도시에서는 하향식 접근법을 취하는 도시 리더십도 있지만, 도시 차원의 또 다른 종류의 행동은 변화를 위한 상향식 모델과 더 유사하다. 생태문명을 구축하기 위한 상향식 전략에는 개별 시민들과 지역 단체들이 장기적 지속가능성과 종합적 복리라는 비전에 입각해 실천할 책임을 떠맡도록 하는 것이 포함된다.

상향식 접근법은 시민 개개인의 선택에서 시작된다―휘발유 자동차 대신 자전거로 출근하기, 일주일에 하루 또는 이틀 말고는 아예 육식을 하지 않기, 에어컨 끄고 창문 열기, 2천 마일을 운송해온 슈퍼마켓의 토마토나 지구 반대편에서 배송된 포도 대신 농부 시장(Farmer's Market, 지역 농산물 직판 시장)에서 현지에서 난 채소를 구입하기 등이 그 사례일 것이다. 이 목록은 계속 늘어날 수 있다. 물론 한 사람의 선택이 새로운 문명으로의 전 지구적인 패러다임의 전환을 야기하기는 힘들 것이다. 그렇다면 이처럼 다양할 수 있는 상향식 개인의 선택들은 생태문명 구축을 시작하는 데 어떻게 도움이 될 수 있을까? 이것은 많은 경우 숫자가 가진 힘의 문제라고 할 수 있다. 한 사람이 비건 채식을 선택하는 것은 전세계 농업 시스템에 거의 영향을 미치지 않는다. 하지만 뉴욕시에서 백만 명의 사람들이 육류와 유제품 구매를 중단한다고 상상해보자. 뉴욕의 페퍼로니 피자 산업은 어떻게 될까? 사업을 계속 유지하고자 하는 업체들은 제공하는 제품을 바꿔야만 할 것이다. 만약 인구의 1/8이 치즈를 먹지 않기로 결정한다면 이것은 이 지역의 유제품 생산과 유통에 중대한 영향을 미치게 될 것이다. 곧 이 지역에서 사육되는 젖소의 수는 줄어들고 지역 축산업의 패러다임이 바뀌게 될 것이다.

상향식 접근법은 지역권역들(도시들과 생물지역들) 또는 초지역적 공동체(이웃, 대가족, 마을들)에서 변화가 혼합된 방식으로 작동하고 있는 상태를 의미한다. 보다 포괄적인 하향식 정책들이 시행될 수 있겠지만, 일반적으로는 개인들과 지역 단체들의 상향식 영향력이 주된 정책적 역할을 하는 지역사회 단위에서는 그 정책적 효과의 정도가 미미하다고 할 수 있다. 개인들과 소규모 지역공동체들이 변화를 일으키는 주체가 되는 자리라면 사회를 재상상하고 재구성하는 데 필요한 새로운 아이디어를 발견할 수 있을 것이다. (건강과 지속가능성을 증진하는 식으로) 시골의 삶과 농업적 실천을 도시에 도입해보는 실험이 그 사례가 될 것이다. 전환마을운동Transition Town Movement,(www.TransitionUS.org)을 통해 소개된 혁신은 하나의 확실하고 강력한 사례다. 이 단위에서 발견되는 변화의 혼합적 특성은, 준자치적이지만 고립되지는 않은 강력한 지역공동체들의 결과물인 동시에 그러한 강력한 공동체들에 기여한다. 이런 공동체들에서 개인은 자신의 삶과 미래에 실질적인 통제권을 보유하지만 동시에 각자의 선택은 자신의 공동체 내 타인들의 이익을 배려하는 방식으로 이루어진다.

아래로부터의 지지가 없는 하향식 접근법은 저항에 부딪혀 결국 무너지고 말 것이다. 마찬가지로 상위구조의 정책들이 뒷받침되지 않는 상향식 접근법은 한계가 분명하고 효과적이지 않다. 생태문명을 구축하기 위한 성공적인 체제에는 하향식 변화와 상향식 변화가 모두 필요하며, 이는 정확히 말하자면 대중과 조직의 리더십을 연결한다. 중국 같은 일부 지역에서는 하향식 접근법이 더 큰 영향을 미치는 경향이 있지만, 아이다호 시골 지역 같은 곳에서는 상향식 모델이 더 효과적일 수 있다. 궁극적으로 구조적 변화를 달성하려면 정책 입안자들과 지역의 활동가들 양쪽이 동반자로서 함께 협력하여 우리 모두의 지구에서 보다 지속가능하고 정의로운 삶의 방식을 실현하기 위해 노력해야 한다.

결론

이 챕터와 다음 챕터에서는 문명적 변화를 향한 로드맵을 제시하고, 사람들이 이제 막 실천하기 시작한 몇 가지 행동들을 살펴본다. 우리의 목표는 전체 로드맵을 만들어내는 것이 아니라 (8장 참조) 지속적인 연구와 구체적인 실천 프로그램의 필요성에 대한 관심을 환기시키는 것이다. 새롭게 등장하는 학문 분야와 실천주의가 이 프로그램을 확장하고 사고와 행동의 토대를 넓히고 있다. 문명의 전환이 무엇을 의미하는지, 이 전환이 무엇을 포함하고 무엇을 배제하는지, 인류가 (그리고 현 세대가 그 미래를 거머쥐고 있는 지구가) 이 전환에 성공하려면 지금 우리가 어떤 행동을 취할 수 있을지 명쾌하게 이해하는 것이 점점 더 중요해지고 있다. 이 과제가 시급한 이유는 인류가 이미 이러한 전환의 한가운데에 있기 때문이다. 그리고 약간 이상한 소리처럼 들리겠지만, 인류는 아직 우리가 지향해야 할 목표가 무엇인지, 그 방향으로 나아가려면 어떤 로드맵들을 사용해야 하는지 분명히 알지 못한다.

이 짧은 요약문만으로도 생태문명을 향해 나아가는 인류의 움직임이 얼마나 포괄적인 함의를 지니는지 알아챌 수 있을 것이다. 1장에서 살펴본 것처럼, 문명의 변화는 인류 역사의 주기적인 흐름의 일부였으며, 문명의 변화가 일어날 때마다 인류가 세계를 이해하는 방식과 살아가는 방식에 근본적인 변화가 일어났었다. 2장의 핵심 주제였던 세계관의 전환은 인간 활동의 전 분야를 새로운 관점에서 바라보게 한다. 이번 챕터와 다음 챕터에서는 세계관 차원에서, 인간의 삶과 행동에 대해 세계관 전환이 지니는 함의들로 관심을 옮김으로써 이러한 (문명적) 변화들을 더 깊이 탐구해보고자 한다.

이 새로운 운동이 장기적인 효과를 발휘하려면, 또한 현 세계 질서를 옹호하는 이들과 비판하는 이들의 반대 의견들에 적절하게 대응하려면, 정교한 분석들과 구체적인 제안들이 필요할 것이다. 남아프리카, 아시아, 유럽, 북미의 다양한 집단들이 이미 이러한 활동에 참여하고 있다. 이 프로젝트가 성공을 거두려면, 학자가 아닌 일반인들이 문명의 변화가 자신들에게 영향을 미치지 않는다고 결론 내리지 않도록, 라이프스타일 변화에 관한 구체적인 사항이 반드시 이 프로젝트에 포함되어야 할 것이다. 공동체들과 단체들이 생태문명을 가장 중요한 목표이자 조직화 원칙으로 삼으려면, 이 목표를 향해 노력하는 것이 실제로 변화를 야기할 것이라는 확신을 가질 수 있어야 한다. 또한 생태문명 운동의 목표는 처해 있는 문화와 상황이 매우 다른 사람들에게도 효과적으로 전달될 수 있을 만큼 분명하고 설득력 있어야 한다.

생태 위기의 심각성을 알리는 일 자체는, 지역공동체와 사

162 | 163

회와 국가로 하여금 우리가 함께 살아가는 방식 그리고 지구와 함께 살아가는 방식을 급격히 변화시켜야 하는 시급한 당위를 확연히 깨닫게 해주기에 여전히 중요하다. 사회의 각 분야가 어떻게 영향을 받을지 보여주기 위해서는 사회 각 분야에 관한 전문지식도 필수적이다. 그러나 단지 생태 위기와 그로 인해 초래될 파괴적인 결과를 이야기하는 것만으로는 더 이상 충분하지 않다. 사람들에게는 희망이 필요하며, 희망이 없으면 변화를 위한 노력을 멈추고 '평범한 삶'으로 되돌아가고 말 것이다. 우리가 현 체제의 붕괴 가능성을 극복하고 인류의 장기적인 미래를 위해 노력할 때, 깊은 희망은 솟아날 것이다. 희망은 사회 변혁에 기여하는 **현재의** 변화들을 이끌어내는 데 도움을 줄 때 자라난다. 생태문명 운동은 건전한 학문에 기반을 두어야 하지만, 이 두 가지 차원에서 희망을 주는 운동으로의 전환이어야 한다.

여기에 명시된 장기 목표는 7 세대 원칙Seventh Generation Principle의 한 버전을 표현한 것이다. 이 원칙은 '모든 심의에서 우리는 우리의 결정이 다음 7세대에 미칠 영향을 고려해야 한다'는 고대 이로쿼이 부족Iroquois의 철학에 기반한다. 이로쿼이 부족의 헌법 (위대한 구속력이 있는 법, The Great Binding Law)은 '7세대 원칙'의 철학을 다음과 같이 설명한다―"너의 피부 두께는 일곱 손바닥 간격이 되어야 한다. 즉, 분노와 공격적인 행동과 비난에 영향을 받지 않아야 한다."[3] 우리는 "오늘 우리가 내리는 결정들이 미래에 올 7세대가 지난 후에도 여전히 지속가능한 세상을 만들어야 한다"는 이 고대 원칙의 진리를 확언한다.[4]

지금까지 생태문명의 이론과 실천에 관해 살펴보았다. 이런 새로운 형태의 사회가 어떤 모습일지 더욱 구체적으로 알고 싶을지도 모르겠다. 이제 공동체, 경제, 교육 등의 분야에서 이미 생태문명 이론을 실천하고 있는 단체들의 사례를 살펴보기로 하자.

7장

생태문명은
실제로 어떤 모습일까?

파국을 넘는 문명 전환의 지도 그리기

생태문명은
실제로 어떤 모습일까?

진정성 있는 생태적 실천이 지속 불가능한 사회를 지속가능한 사회로 변혁하게 될 때 인류사회는 어떤 모습일까, 알아보고자 한다. 이 챕터는 이 질문을 다루고 있다. 여기에서 우리는 사회의 다양한 부문 곳곳의 새로운 실천을 보여주는 몇몇 중요한 사례를 살펴보고, 우리의 삶에 구현될 생태문명의 구체적 사례들을 제시하려 한다.[1] 각각의 경우에서 우리는 새로운 사고방식들을, 그것이 개인과 집단에 의해 구체적으로 실천되는 방식과 연결하려고 한다. 여기에서는 규모가 큰 단체들의 도움 없이도 개인들과 소규모 집단들이 채택할 수 있는 실천 방안들에 초점을 맞추려 한다.

아이디어를 실행에 옮기기

이 작업이 중요한 이유는 분명하다. 앞선 여섯 개의 챕터에서 각 질문에 답하면서 우리는 이론과 실천의 관련을 반복해서 고찰했다. 아마도 이 시점에서 많은 이들은 논의가 가능한 한 구체화되기를 원할 것이다. 즉, 많은 이들이 이렇게 질문할 것이다—생태문명은 새로운 실천을 어떤 식으로 불지피고 있나? 우리의 주요 논의에 담긴 가치를 어떤 기관이나 단체가 온전히 구현하고 있을까? 그 단체는 어떤 종류의 목표를 이루기 위해 노력하며 어떤 실천에 참여하고 있을까? 과연 그들은 잘 하고 있는 걸까? 그리고 개인으로서 혹은 종교인으로서, 크고 작은 공동체의 구성원으로서, 우리는 지금 어떤 가치를 실천할 수 있을까?

이 책을 읽고 있을 회의론자들의 입장에서 생각해본다면, 그들은 아마도 다음과 같은 점을 우려할 것이다―"생태문명은 다소 추상적인 용어인데, 과연 무엇을 할 수 있을까? 실제로 실천과 행동을 유발하고 유도할 수 있을 만큼 충분히 구체적이고 명확한가? 너무 이상주의적인 것 아닌가? 결국, 지나치게 유토피아적이라면 결코 현실이 될 수는 없다. 특히 오늘날의 세계에서는 더욱더 그럴 가능성이 없다."

이런 의문들은 타당하다. 생태문명은 이제 추상적인 개념을 넘어 실천을 의미하는 단어가 되어야 한다. 수제 셔츠의 여러 색상처럼 다양한 특징이 서로 스며들어 현재에 적합한 통합적인 실천에 대한 비전을 만들어내듯, 지금껏 제안되었던 개혁들은 경제와 생산, 에너지와 교통 정책, 농촌 생활의 재생동화, 지속가능한 도심의 건설, 교육, 공동체, 문화와 전통, 영성과 종교 등 사회의 모든 분야들을 재고하고 재구성하는 데 어떤 영향을 미치는가라는 측면에서 평가할 수 있다. 이러한 각 영역의 진정한 변혁들은 더 광범위한 문명 전환의 기반이 된다.

경제와 생산

오늘날 전 세계에서 개인주의의 가장 강력한 보루는 인간의 경제적 활동이 무엇인지에 관한 상세한 이해를 추구하는 경제학이다. 인간은 항상 재화를 생산하고 교환해 왔지만, 종종 그 활동이 공평하거나 공정한 방식은 아니었다. 근대에 일부 유럽 이론가들은 개별 소비자들이 자신에게 가장 이익이 되는 것을 우선적으로 고려하여 의사 결정을 내릴 때만 (생산·교환 시스템으로서의) 경제가 효과적으로 작동할 수 있다고 주장했다. 우리가 생산하고 교환하는 모든 것의 총합이 바로 '시장'이며, 시장이 외부의 간섭 없이 작동하도록 내버려두면 개인은 각자의 노력에 대해 완전하고 공정한 보상을 받을 수 있다고 주장했다.

개인이 자신의 이익을 극대화할수록 다른 사람들도 더 잘 살수 있다는 생각은 명백하게 직관에 반한다. 그러나 이러한 생각은 근대 경제학자들에게 매우 중요하게 여겨져서 그들은 인간이 호모이코노미쿠스homo-economicus, 즉 '경제적 인간'이라는 결론을 내렸다. 이 생각에 따르면, 인간은 이기적인 생산자이자 소비자이며 다른 모든 것들은 바로 이 관점에서 정의되고 평가된다. 지금 우리가 소비주의라고 알고 있는 것은, 경제적 개인, 즉 독립적인 소비자가 사회의 기초 단위라는 이러한 관점의 표현이라 할 수 있다. 근대 사회와 생태문명의 차이를 이보다 더 선명하게 정의하는 지점도 아마 없을 것이다.

신자유주의 경제학과는 무관하게, 인간이 지구에서 장기적으로 생존하고 번영하려면 개인이 획득하고 소비할 수 있는 것의 척도가 아니라 다른 방식으로 가치를 정의하는 법을 배워야 한다는 점은 분명해 보인다. 개인들이 자신이 속한 공동체의 이익보다 자신의 이익을 우선시할 때, 사람들이 의존하며 사는 공동체는 약화될 수밖에 없을 것이다. 물론 개인을 탈중심화한다는 것은, 이 문제의 해결책이 개인을 희생하며 집단에 더욱 초점을 맞추는, 반대 극단에 위치한 집단주의라는 것을 의미하지는 않는다. 안타깝게도, 20세기에 벌어진 경제학에 관한 많은 논쟁들은 양 극단에 있는 사람들 간의 반복적인 레슬링 경기와도 같았다. 실용적인 의사 결정에서는 변증법적 해결책, 즉 효과적인 공동체 내에서 유능한 개인들이 협력하는 방법을 찾아야만 한다.

인류가 '취득acquisition'을 인간의 핵심 가치로 계속 고수하는 한 생태문명으로 나아갈 생각을 시작조차 할 수 없을 것이다. '합리적 경제 행위자'의 표준 모델은, 각 경제 행위자가 가능한 한 적은 노동력으로 가능한 한 많은 것을 가능한 한 가장 낮은 가격으로 취득하려고 노력한다는 것을 전제한다. 예를 들어, 현재 점점 더 많은 사회 시스템을 모델링하는 데 사용되고 있는 경제학의 게임 이론Game Theory은 이러한 가정을 기반으로 한다. 다행히도 경제 이론의 새로운 학파인 생태경제학은 지속가능한 생산·교환 시스템을 모델링하기 위해 공동적이고 환경적인 전제들을 사용한다.[2] 이 대안적 모델은 전도가 유망하지만 현재 지배적인 경제 시스템으로부터 큰 저항을 받고 있다. 은행들과 그 외 부유한 금융 기관들은 대안적 통화 시스템으로 전환하는 과정에서 금융 권력을 잃게 될 것이다. 이들이 자발적으로 산업과 정부에 대한 통제력을 완화할 가능성은 거의 없다. 지역공동체의 경제 활동 이익이 초국적 주주 소유의 기업들로 이전되지 않고 지역공동체 내에 남아 있어야만 지역사회가 안정될 수 있다.

지역 경제의 성공은 결국 외부의 투자자가 지역사회 내부의 자산을 취득하기 위해 기꺼이 지불하는 금액이 아니라 지역공동체의 상호 역량 강화에 달려 있다. 여기에서는 검소함, 지속가능성, 상호호혜주의가 지역공동체의 경제 건전성을 나타내는 훨씬 더 중대한 지표들일 것이다. 예를 들어, 자산 가치의 순증가만으로는 지역 내에 있는 한 가정의 기본적인 필요를 충족하기에 턱없이 부족하며, 실업과 임금 문제를 해결할 수도 없다. 지속가능한 지역공동체는 외부의 대규모 금융 기관이 아니라 가족, 소규모 기업 같은 지역 내 경제 단위가 주요 경제 주체가 되는 '마이크로 경제micro-economies'를 기반으로 한다. 지역공동체의 삶의 질은 지역사회의 노동력과 그들의 가족들을 재정적으로 부양하는, 생산적이고 의미 있는 일자리들과 불가분의 관계에 있다. 사람들은 본능적으로 건강한 생태적 조건에 있는 건강한 인간 공동체 내부의 안전한 장소를 찾는다. 지역공동체들은 일할 수 있는 사람에게는 일자리를 찾아주고, 일할 수 없는 사람들을 위해서는 생계상의 필요를 채워주는 책임을 받아들일 가능성이 매우 높다.

우리는 주로 시장 활동의 크기나 한 국가의 국내총생산으로 측정되는 경제성장을 가장 중요한 임무라 여기는 지구적 경제 시스템의 토대 위에서 살아간다. 사실, 오늘날 많은 사람들에게 '가치'는 얼마나 많은 돈을 가지고 있는지와 동의어로 여겨진다. 어떤 것의 가치가 높을수록 더 큰 액수의 돈으로 교환할 수 있기 때문이다. 이는 개인들에게만 해당되는 것이 아니라 국가 전체의 가치를 평가하는 수단으로도 확장되었다. 아이러니하게도, 국내총생산은 한 국가의 행복이나 복리를 평가하는 주요 기준이 되었다. 그러나 이러한 정량적인 행복의 척도는 시민의 행복을 질적으로 평가할 수는 없다. 우리는 종종 "시간이 곧 돈이다"라는 말을 듣는다. 이는 시간의 가치에 대한 편협한 관점을 드러낸다. 사실 "시간은 생명이다."[3] 우리가 생명보다 돈을, 건강보다 부를 우선시하기 시작하면 우리의 가치 체계는 왜곡된다. 돈은 양적으로 더 많고 적음으로만 측정될 수 있다. 반면, 충만한 삶은 풍부한 질적 가치와 더 나은 삶과 더 나쁜 삶 사이의 미묘한 차이를 기반으로 만들어진다. 그러므로 국내총생산은 시장 활동을 양적으로 측정할 수는 있겠지만, 질적인 경험은 설명할 수 없다. 사랑이나 행복을 계산기로 측정할 수는 없는 것이다. 그러나 우리는 심지어 행복조차도 높은 생활 수준과 재화의 풍족함으로 정의되는 부와 동일시하는 경향이 있다.

인류는 성장을 가능하게 하는 지구의 한계에 봉착하고 있다. 또한 건강한 생태계들의 역할이 명명백백해지고 있다. 그러니 이제는 '정지[정상] 상태steady state'에서 제 지역 환경과 상호작용하며 살아가는 지역 경제 공동체의 유지라는 모델로 전환함에 초점이 맞춰져야 한다. 국가들은 국내총생산 기반의 성장 지표에서 탈피하여 지역공동체 기반의 강력한 경제·사회 정책들을 수립함으로써 이러한 생태적 전환에 핵심적인 역할을 할 수 있다. 결국 성장이라는 개념 자체가 시스템적으로 정의롭고 생태적인 사회를 향한 발전으로 재정의될 때만 지속가능한 인류 공동체는 실현될 수 있을 것이다.

행복과 복리에 대한 경제적 척도들은 아직 초기 단계에 있기 때문에 우리가 이 목표를 얼마나 잘 달성하고 있는지 확인하기는 쉽지 않다. 그럼에도 이 분야에서 이미 훌륭한 작업들은 시작되었다. 많은 학자들과 지도자들이 사회 번영을 측정할 수 있는 방법을 재정립하고 있다. 예를 들어, 부탄 왕국은 국민총행복Gross National Happiness(GNH)이라는 대안적인 개념으로 국내총생산의 위상에 도전장을 내밀었다. 국민총행복 지수는 2008년에 부탄 헌법에 추가되었다. 이 지수는 국민의 행복과 복리를 측정하기 위해 도입되었다.[4] 국민총행복 지수는 금전적 거래의 산술적 총량의 중요성을 강조하기보다는 부탄인의 전체적 복리라는 지표를 통해 국가의 거버넌스가 효과적인지 평가하려고 노력한다.

국민총행복 지수는 우수한 거버넌스, 생태적 다양성과 회복력, 공동체의 활력, 문화적 다양성과 회복력 등 개인의 전반적인 행복과 관련된 9가지 요소를 평가하여 측정한다. 부탄 정부는 개별 가구들을 대상으로 90분간 종합적인 설문조사를 실시하며, 여러 계층의 변수들을 활용해서 국민총행복을 평가한다. 국내총생산에 대한 대안으로서 국민총행복은 양적 변수와 질적 변수를 모두 포괄하는 기준들을 포함하며, 이를 통해 진행 상황을 측정하는 총체적인 접근법을 고안해냈다.

부탄의 전 국왕인 지그메 싱예 왕척His Majesty Jigme Singye Wangchuck 국왕은 "국민총생산보다 국민총행복이 더 중요하기 때문에 국민총생산은 믿지 않는다"[5]고 했다. 이것은 부탄 왕국 내에서 국내총생산이 중요하지 않다거나 사소하다는 의미는 아니지만, 작금의 지구적 경제가 제공하는 관점과는 매우 다른 관점을 고수한다는 점을 보여준다. 시민의 복리에는 경제적 복리가 포함되지만, 시민의 복리를 경제적 복리로 환원할 수는 없다. 국내총생산이 환원주의적이라면 국민총행복은 전체론적이라 할 수 있다. 부탄 왕국은 시장에서의 경제적 활동들의 변동을 통해 협소하게 진보를 정의하는 대신, 경제와 시민의 정서적 웰빙을 모두 강조한다. 경제적 이익으로만 한 사회의 진보를 측정할 때 우리는 삶의 가장 중요한 부분인 만족감과 행복감, 풍요로운 관계들을 누리는 경험을 무시하게 된다. "성공하는 사람이 되려 하지 말고 가치 있는 사람이 되려고 노력하라"[6]는 알베르트 아인슈타인의 말을 다시 생각해보게 된다. 만일 국가들이 시장 활동의 증대가 아니라 '지속가능한 인간의 행복'이라는 관점에서 성공을 측정한다면, 이는 곧 문명적 변화를 야기할 수 있는 시스템의 변화가 진행되고 있다는 표시일 것이다.

인간사회에 대한 유기체적 이해와 환경 윤리에 기반한 새로운 경제학인 생태경제학은 이미 이러한 새로운 발전 지표들을 뒷받침하면서, 사용 가치와 교환 가치의 간극을 좁히고 있다. 생태문명에 대한 격렬한 저항은 부분적으로는 경제성장과 발전에 대한 중독에서 비롯된다. 베이징 대학교 교수인 후안칭즈Huan Qingzhi에 따르면, "중국 환경 문제의 핵심은 근대화 발전(개발)이라는 일차원적 경제 이념에 있다."[7] 이 이념은 점점 "경제성장 논리" 그리고 심지어 "자본의 논리" 자체에 정치적이고 사회적으로 종속되고 있다. 경제학자 허먼 데일리는 경제성장을 "만병통치약이자 최고의 선"으로 간주하는 경제성장 숭배를 "성장광증growthmania"이라고 불렀다.[8] 많은 사람들은 경제성장이 빈곤과 실업, 범죄를 포함한 거의 모든 중요한 사회 문제를 해결할 수 있을 것으로 생각한다.

화이트헤드 철학의 전통을 따르는 존 캅과 같은 구성적 포스트모더니즘 사상가들에게 현재의 주류 발전 모델은 지속불가능할 뿐만 아니라 심각한 문제를 가지고 있다고 여겨진다. 캅은 저서《경제주의에 대한 지구주의자의 도전 The Earthist Challenge to Economism》에서 이 발전 모델이 초래한 몇 가지 결과들을 다음과 같이 언급했다.

[이 모델은] 수백만 명의 사람들의 삶을 뿌리뽑았고, 수억 명의 사람들을 전통적인 공동체들로부터 분리시켰으며, 범죄와 중독과 가족 해체를 증가시켰고, 저강도 분쟁들로 수많은 가난한 사람들을 학살했으며, 전 세계의 산림을 파괴했고, 어장을 고갈시켰고, 표토의 대부분을 침식했고, 생물다양성 손실을 가속화했다. 또한 우리 후손들에게 심각한 문제를 야기할 가능성이 높은 방식으로 세계의 기후를 변화시키고 있다.[9]

기존 경제 이론에 따르면, 환경은 경제의 일부이며 성장 기회를 놓치지 않기 위해 경제 시스템에 포함되어야 한다. 자연은 인간의 생산과 경제성장을 이끄는 원동력으로서 도구적 가치를 지니고 있다. 우리는 이러한 경제 이론이 잘못되었다고 생각한다. 사실 그 반대가 옳다. 경제가 부분이고 자연이 전체다. 인간의 생산 활동은 유한한 엔트로피 생태권ecosphere에 시급히 통합되어야 하고 그리하여 성장의 한계가 가시화되어야 한다. 마찬가지로 전통적인 경제학자들은 **성장** (재화나 자원의 축적 또는 흡수에 의한 규모의 양적 증가)과 **발전** (디자인, 기술 또는 윤리적 우선순위의 질적 개선)을 구분해 왔다. 이에 반해 생태경제학자들은 **성장 없는 발전**, 즉 생태적으로 지속가능한 규모 이상으로 자원 처리량을 양적으로 늘리지 않고 질적으로 개선하는 것을 주장한다. 우리의 비전과 정책은 인간의 경제를, 유한하며 성장하지 않는 생태권의 하부 시스템으로 보는 통합적 경제관에 기반해야 한다.

이 유한한 지구에서 인간 삶의 궁극적인 목적은, 그것이 어떤 것이든, 무한한 성장일 수는 없다. "생명 없는 부는 없다"[10]는 존 러스

킨John Ruskin의 유명한 원칙이 우리가 함께 생각하는 데 더 좋은 출발점이 될 수 있다. 인간의 목표가 본질적으로 무엇인가를 취득하려는 것이라고 생각하는 한, 우리는 생태문명으로 나아갈 생각조차 할 수 없다. 생태문명 운동은 공동선을 향한 경제의 방향 전환에서 시작된다. 우리는 경제economy와 생태ecology의 그리스어 어원인 '오이코스oikos'라는 공동의 집에서 책임감 있고 다양한 방식으로 살아가는 인간들을 위한 지속가능한 미래를 추구한다.

생태문명이 가능하기 위해서는 현재의 경제학적 사회 분석이 본질적으로 추상적이라는 점을 반드시 인식해야 한다. 예를 들어, 사회와 사회적 계약, 법률, 화폐 등은 모두 추상적 개념들이지만 우리의 일상생활에 깊은 영향을 미치고 있다. 이것이야말로 '잘못 놓인 구체성의 오류the fallacy of misplaced contriteness'의 사례다. (2장 참조) 이러한 화폐의 물화reification는 생태문명을 구축할 때 가장 문제가 되는 것들 가운데 하나다. 수상작이기도 한 저서《공동선을 위해: 공동체, 환경, 지속가능한 미래를 향한 경제의 방향 전환》에서 허먼 데일리와 존 캅은 우리의 현재 경제 이론과 그 실천들의 많은 문제점들이 추상적인 경제를 구체적인 것으로 착각하는 데서 비롯된 것임을 보여준다.

요약하자면, 변화는 주류 근대 경제학에 대한 비판적 재평가에서 시작되어야 하며, 여기에는 주류 경제학의 가장 핵심적인 몇 가지 전제들에 대한 도전이 포함된다. 여기에는 인간의 본성은 본질적으로 '취득적'이라는 전제, 성장 모델이 유일한 지속가능한 경제 형태라는 전제, 그리고 생태계가 (단기적인) 경제적 성공을 위해 존재한다는 전제 등이 있다. 장기적 경제적 생존을 위한 프레임워크는 건강한 지역 시스템들을 유지하기 위해 필요한 것을 식별함으로써 확립될 것이다. 이러한 변화를 이루기 위해서는 상호작용하는 살아 있는 공동체들의 가치를 중심으로 경제 이론과 실천의 방향을 재설정해야 할 것이다.

생태문명은 경제적 이익과 진보와 행복의 관계에 의문을 제기하며, 무엇보다도 경험과 삶의 가치의 역동성에 가장 큰 관심을 기울인다. 국내총생산 모델과 유사한 방식으로 우정 관계의 성공 여부를 측정하려면 누군가가 페이스북에서 얼마나 많은 '친구'를 보유하고 있는지 확인해보고 싶을 수도 있을 것이다. (이러한 관행은 생각보다 널리 퍼져 있다.) 그러나 이 숫자는 그 관계의 깊이와 질, 즉 좋은 시기나 나쁜 시기에 경험하게 되는 친구의 역할이나 그 관계가 개인의 정체성과 행복에 미치는 전반적인 영향에 대해서는 아무것도 알려주지 않는다. 전 세계의 문화적, 영적 전통들에서 이해되어온 인간 번영의 경험에서 부는 삶에 관한 풍요로운 방정식 안에서 단 하나의 변수를 의미할 뿐이다. 인간의 번영은 금전적 측정에 집착하는 서사를 넘어서라고, 가족과 친구들과 공동체들과 자연과 맺는 구체적인 관계들 속에서 새로운 양태의 의미와 중요성을 찾아보라고 우리에게 손짓한다.

이쯤 되면 당신은 이렇게 생각할지도 모르겠다. "그래서 뭐가 어떻게 달라질 수 있다는 거지? 가족의 행복을 측정할 때 난 국민총생산은 사용하지 않아. 난 국가 경제 지표를 연구하는 전문 경제학자도 아니야. 부탄이 내 일상생활과 대체 무슨 상관이 있다는 말이지?" 가치와 성공을 평가하는 시스템으로서의 국내총생산과 국민총행복은 실용적이라기보다는 추상적으로 보일지도 모르겠다. 하지만 사실 우리는 매일을 공동체 안에서 살아가고 있다는 사실을 기억하는 것이 중요하다. 공동체들은 시스템들을 기반으로 한다. 세계에서 가장 지배적인 시스템은 자본주의 경제 시스템이며, 이 시스템에서는 국내총생산이 선호되는 척도다. 그렇다면 이런 상황에서 우리는 무엇을 할 수 있을까? 국민총행복이 우리에게 제시하고 있는 통찰을 개인적인 차원에서 어떻게 적용할 수 있을까? 다음에 마트에 가서 장을 보거나 아마존 같은 온라인 쇼핑 사이트에서 쇼핑할 때, 나 자신의 전반적인 행복만이 아니라 주변 사람들의 행복을 고려해서 구매 결정을 했으면 좋겠다. 이제부터는 주식에 투자할 때, 수익률이나 분기별 수익만이 아니라 투자하는 회사의 사회적, 환경적 영향도 고려했으면 좋겠다. 이러한 우선순위의 변화를 보여주는 좋은 예로, 주로 대학과 협력하여 화석연료 관련 주식을 매각하고 지속가능성을 우선시하는 기업에 재투자하는 국제기금네트워크Intentional Endowments Network[11]가 있다.

은행과 금융

경제학과 생산에 관련된 한가지 주제는 은행과 금융이다. 현재 경제 시스템이 소수의 사적으로 소유된 몇몇 다국적 은행들에 의해 통제되고 있다는 사실은 놀랄 일이 아니다. 이러한 민간 금융 기관들의 주요 목표는 수익을 극대화하고 자신들의 경제적 이익을 보호하는 것이다. 자본주의와 관련하여 현재의 민간 은행 시스템은 급격한 경제적 불평등, 즉 소수의 손에 부가 집중되는 이 전례 없는 폐해에 기여해왔다. 옥스팜Oxfam의 2017년 보고서에 따르면, 세계에서 가장 부유한 8명의 남성이 인류의 가장 가난한 절반(38억 명)과 같은 양의 부를 소유하고 있다. 이러한 불평등은 단순히 돈에 관한 문제가 아니라 정치, 법률, 사회에 대한 권력과 영향력, 심지어 전쟁 가능성에까지 영향을 미친다. 민간 은행에는 사적 이익이 존재한다. 종종 이러한 사적 이익은 공공의 이익과 다수의 복리를 희생하면서 추구된다. 이것은 구조적인 문제다.

그렇다면 우리는 무엇을 해야 할까? 우리는 지금까지 안정적인 경제를 위해서 "너무 커서 실패할 수 없다"고 생각되는 민간 은행들에 의존하는 것이 불가피한 것이라고 여겨왔다. 생태문명 운동은 이러한 가정에 이의를 제기한다. 은행들의 근본적인 관심사가 공익을 지원하는 것이라면 은행의 시스템이 과연 어떤 모습일까 한번 상상해보자. 소상공인과 주택 소유자, 지방 정부들에 힘을 실어주는 금융 기관들이 있다면 어떤 모습일까? 은행들이 주주들에게 이익을 가져다주기보다는 앞서 언급한 사람들과 지방 정부들에게 장기적인 이익을 제공하는 것을 사명으로 여긴다면 과연 어떻게 달라질까?

이런 비전이 실행 가능한 금융 기관의 모델은 이미 존재한다. 예를 들어, '공공 은행Public Banking'은 지역공동체들을 지원하는 소규모의 지역화된 경제를 구축하는 데 중요한 진전을 이루어 왔다. 이 운동의 선두주자 중에는 엘렌 브라운Ellen Brown과 공공은행 연구소 Public Banking Institute, PBI가 있다.[12] 2008년 세계금융위기 이후 대안적인 은행·통화 시스템의 필요성이 분명해졌다. 이에 대응하여 엘렌 브라운은 "우리 모두의 지속가능한 번영을 지원하는 은행·통화 시스템"을 추진하기 위해 공공은행연구소를 설립했다.[13] 브라운이 자주 강조하듯, 미국의 대표적인 성공 사례는 미국 최초의 공공 은행인 노스다코타 은행Bank of North Dakota이다. 노스다코타 은행은 노스

타코타 주가 소유한 금융 기관으로서 "노스다코타의 농업, 상업, 산업을 촉진하는 양질의 건전한 금융 서비스를 제공함"을 목표로 한다. 이 은행은 개인 소유주들이나 주주들을 위한 재정적 이익 증대가 아니라 지역의 복리 증진을 주요 목표로 하는 금융 기관이다. 노스다코타 은행은 주정부 차원의 성공적 공공 은행 사례 중 하나에 불과하다. 공공 은행 운동은 2008년 세계금융위기에서 우리 모두가 보았던 것과 같은 민간 은행의 위험한 관행들을 고발하는 한편, 지역공동체의 건강과 복리에 투자하는 대안적 (금융) 시스템을 장려한다.

아마도 이 글을 읽고 있는 독자 중 대다수가 노스다코타에 거주하지 않을 가능성이 높다고 생각한다. 그렇다면 지역공동체들의 복리를 증진시키는 대안적 은행·금융 시스템에는 어떻게 참여할 수 있을까? 거주 지역의 신용 조합credit union에 참여하는 것을 일단 제안할 수 있겠다. 더 좋은 방법으로는 대안적인 지역 화폐를 활성화하는 데 도움을 줄 수 있는지 알아보는 것이다. 북미와 영국에는 예전에 널리 퍼졌던 고대 물물교환·무역 시스템을 모델로 한 지역 무역 시스템들이 많이 존재한다. 매사추세츠주 버크셔 지역에서 사용되는 버크셰어스BerkShares 화폐가 대표적인 예이다.[14] 가르 알페로비츠Gar Alperovitz와 넥스트 시스템 프로젝트Next Systems Project가 추진하는 것과 같은 "커머닝(공통화하는)" 시스템을 활성화하고 촉진하는 지역 P2P방식의 협동조합도 있다.[15] 현행 은행·금융 시스템의 근본적인 결함들이 드러나면서 새로운 창의적 대안들이 등장하기 시작했다.

교육

교육은 삶의 필수적인 부분이다. 넓은 의미에서 교육은 모든 형태의 인간이 할 수 있는 학습을 포함한다. 학교 교육 같은 공식적인 교육도 있지만, 일상적인 경험을 통해 비공식적으로 이루어지는 학습도 있다. 교육을 새롭게 생각한다는 것은 생태학적 원칙들에 기반한 사회를 향한 우리의 운동에서 가장 중요한 실천적 단계일지도 모르겠다.

다음의 네 가지 변화가 생태적 교육 모델의 출발점이 될 수 있을 것이다—가치 중립적 교육의 신화를 버리는 것, 현재의 편협한 분야별 전문화에 중점을 두는 것에 도전하는 것, 폭발적으로 증가하는 생태 위기에 초점을 맞추는 것, 지속가능성에 관한 질문들을 커리큘럼의 중심에 놓는 것 등이다. 이를 하나씩 살펴보도록 하자.

오늘날 대부분의 정규 교육은 '책 속의 지식'과 경력 개발을 지향하고 있다. 이른바 '가치 중립적인value-free' 연구가 대두되면서 주관적인 가치관의 영향을 받지 않고 세계의 사실들을 공정하게 연구하고 제시해야 한다는 주장이 제기되었다. 이러한 교육 방식이 근대 세계를 지배하고 있다. 가치 중립적인 교육에는 세계가 가치들과는 분리된 사실들에 의해 구성된다는 견해가 내포되어 있다. 이러한 사실-가치를 분리하는 이분법은 자연을 사물들 (사실들)과 주관적 가치들로 양분하는 데 기여해 왔다. 그러나 세상을 객체들의 집합이 아닌 주체들의 공동체로 이해할 때, 우리는 어떻게 모든 사실들에 가치가 내재되어 있는지를 깨닫기 시작한다.

예를 들어 지구 온난화는 사실이다. 이 사실을 가치 중립적인 것으로 (좋은 것도 나쁜 것도 아닌) 취급하는 것은 다수의 종들의 멸종과 미래 세대의 삶의 질에 무관심하다는 것을 의미한다. **가치 중립적인 교육은 가치에 대해 중립적인 것이 아니라 가치에 대한 성찰이 없는 것일 뿐이다.** 지구 온난화와 같은 사실을 문제로 인식하는 것 자체가 이미 가치 판단을 내리는 것이기 때문에 이러한 교육은 우리 세계의 가장 중요한 문제에 대응할 수 없다. 반면, 자기들이 속한 농촌이나 도시에서, 이를테면 자기 집 뒷마당에서 출발해서 전 지구적 문제들에 대한 창의적인 해법을 찾아내도록 학생들을 훈련시키는 교육 모델이 필요하다. 이 문제들은 포괄적인 것들이므로, 해법 역시 협력적인 성격이어야 한다. 따라서 복잡한 문제들을 해결하기 위해 다른 사람들과 협력하도록 훈련하는 교육 모델이 필요하다. 생태학적 원칙을 기초 삼아 사회에서 성공하도록 훈련시키는 교육 모델, 즉 자연과, 인간 사이에서 조화롭게 살아가는 법을 가르치는 교육 모델이 필요하다. 가치에 관한 성찰을 촉진하는 교육적 방법론 없이는 학생들이 이러한 새로운 과제에 대비할 수는 없다.

현실 세계의 문제를 해결하는 것은 고도로 전문화된 분야의 연구를 발전시키는 것과는 다르다. 그러나 현재의 전문화된 분과학문 구조에 도전한다는 과업은, 단순히 일부 교육 정책들을 바꾸는 문제가 아니라 인류의 지식과 교육 전반을 조직하는 새로운 방식들에 대한 비전의 수립을 필요로 한다. 생태문명에의 참여와 기여 자체가 가치에 깊이 이끌려서 나오는 행동이기 때문에, 가치 중립적 교육의 주창은 필연적으로 작금의 위기 앞에서 행동이 얼마나 시급한지를 인식하지 못하게 할 것이다.[16]

학자들이 자신의 학문 분야에만 머물러 있는 한 기후위기에 대한 대응은 파편화되고 그에 따른 해결책을 찾는 진전은 미미할 것이다. 강력하고 포괄적인 해결책은 모든 전문화된 학문 분야들을 아우르는 통합적인 협력을 통해서만 가능하다. 세분화된 전문적 기술 자체가 문제가 되는 것은 아니다. 모든 사람이 엔지니어가 될 수는 없고, 모든 사람이 물리학자가 될 수는 없으며, 모든 사람이 외과의사, 음악가, 교육자가 될 수는 없다. 지속가능한 생태적 미래를 만들어내기 위해서는 앞서 언급한 전문가들을 포함해 더욱 다양한 분야의 전문가들이 필요하다.

지혜와 감사라는 가치는 한 분야의 전문성보다 우선시되거나 적어도 그 안에 통합되어야 한다. 고전적으로 교육은 전인whole persons에, 폭넓은 인격의 형성에, 인간다움 (후마눔humanum)의 함양이라는 최우선 목표에 방점을 두었다. 상호연결성이 분석과 전문화에 선행했다. 현행 대학들의 구조와 사명으로는, 그것이 근본적으로 수정되지 않는 한, 이러한 과제를 수행할 수 없다. 고등교육의 경제적 모델에서는 어느 정도 독립적인 많은 수의 학교들이 필요하며, 각 학교들은 생존을 위해 자체적으로 자금을 대개는 산업계로부터 조달해야 하는데, 이 과정에서 일반적으로 사회적인 가치보다는 시장의 힘에 의해 좌우되는 경우가 더 많다.

교육 개혁은 대학 단위에서 먼저 시작될 수 없다. 지방의 농촌 지역에 위치하고 학생들이 개방적인 방식들로 사고하고 탐구하도록 장려하는 학교들은, 일반적으로 도시의 대규모 대학들보다 자신의 핵심 가치를 정립할 수 있는 전인적 인재들을 배출하는 데 훨씬 더 성공적이다. 유치원부터 초중고에 이르는 교육에는 텃밭 가꾸기, 생태계 학습과 체험, 책임감 있는 삶의 방식에 대한 학습이 포함될 수 있을 것이다. 고등학교와 대학은 고도의 학제간interdisciplinary 또는 초학제간

transdisciplinary 교육과정을 중심에 둘 수 있을 것이다. 또한 적절한 인턴십을 도입하고, 전체를 틀짓는개념으로 생태문명 개념을 사용할 수도 있을 것이다. 대학원 과정에서는 세계에서 발생하는 실제적인 가치 관련 문제들에서 출발해서 그 문제들을 해결할 앞선 기술들을 제공하는 것도 가능할 것이다.

생태적인 방향으로 사회를 재구성하는 것이 우리의 생존을 위해 필요하다는 점을 감안할 때, 미래 시민들이 새로운 사회에 필요한 기술들을 갖추도록 교육하는 것이야말로 최우선 과제가 된다. 그러나 가치라는 범주 자체를 교육과정에서의 (한가지 또는 유일한) 핵심 구성 요소로 재정립하지 않는 한, 첫걸음을 내딛는 것조차 불가능할 것이다.

작금의 근대 사회의 안락함은 모든 사람이 쉽게 누릴 수 있는 것은 아니지만, 그 영향은 어디에서나 느낄 수 있다. 우리가 처한 다양한 환경적, 사회적 컨텍스트는 우리에게 다양한 해결책이 필요하다는 것을 인식하도록 촉구한다. 각 지역에는 지역 고유의 사회적 계층화와 배제의 상호작용, 인종적·민족적 차별점, 문화적 신념과 관습, 경제 시스템이 존재한다. 각각의 사례마다 고유한 문제들이 발생하기 때문에, 농촌 공동체에서는 특히 더욱, 지역화된 해법을 필요로 한다. 생태학적 원칙들을 가르치기 위한 획일적인 모델 대신 장기적인 지속 가능성을 위한 교육은 매우 구체적인 형태를 띤다. 예를 들어, 건강한 농촌 환경에서는 자연과 조화를 이루는 삶의 패턴을 더 쉽게 찾을 수 있고 따라서 가르치기도 쉽다. 탄탄한 농촌 공동체들은 아이들에게 살아 있는 생태계의 직접적인 예를 제공하는 반면, 공원과 텃밭이 없는 열악한 도심 환경에서는 교사들이 유사한 사례를 찾기 위해 더 큰 노력을 기울여야만 한다.

생태문명은 실제로 어떤 모습일까?

농촌 교육과 식량

자본 중심의 소비가 지배하는 생활 방식에서 벗어나고자 하는 사람들과 농촌 공동체를 보다 효율적으로 만들려는 사람들은 이 과제의 어려움을 잘 알고 있다. 일본 도치기Tochigi 현에 위치한 아시아 농촌 연구소Asian Rural Institute(ARI)는 매우 유용한 성공 모델을 제시한다. 이 비영리 교육 단체는 농촌·풀뿌리 지도자들이 효과적이고 지속가능한 농법들과 공동 생활에 대한 모든 것들을 자세히 배울 수 있도록 지원한다. 참가자들은 이 과정을 통해 학위를 취득하거나 전통적인 형식의 수업에 참석하는 것은 아니다. 대신 이 과정은 실습과 교육 경험들을 통해, 친교하며 살아가기라는 체화된 가치로써 더 넓은 세계에 영향을 미칠 차세대 지역 지도자를 양성한다. 이러한 체험형 교육 프로그램에 참여하기 위해 전 세계 각지에서 아시아 농촌 연구소로 참가자들이 모여들고 있다.

아시아 농촌 연구소의 9개월 교육 프로그램은 번영하는 공동체를 지원하는 데 필요한 세 가지 주요한 축을 중심으로 짜여 있는데, 모심의 리더십, '음식-삶', 공동체 건설이 그 세 가지 주요 개념이다.[17] 이 세 가지 주요개념은 각각 관점의 패러다임 전환을 제시한다. 모심의 리더십은 근대적 사고의 경쟁적인 본성에 대항하고 사회의 다양한 각 부분들의 상호 번영을 강조한다. '음식-삶'은 음식이 우리 삶의 필수적인 요소로서 중요함을 재확인하며 음식과 삶 자체의 상호 관계를 강조한다. 마지막으로 공동체 건설은 공동체적 공생의 강점들을 강조한다. 참가자들의 인종적, 문화적 차이들은 지속가능한 공동체 건설이라는 공동의 비전을 향해 나아가는 주요 자원들이 된다. 이 혁신적인 교육과정들이 종료되면, 참가자들은 각자의 지역공동체로 돌아가 긍정적인 변화를 위한 촉매제로서의 역할을 수행하게 된다.

아시아 농촌 연구소는 전 세계에 적용할 수 있는 실용적이고 일상적인 지식을 가르친다. 또한 공동체 번영을 만들기 위해서 이론과 실천을 미묘하게 결합한다. 이러한 교수법은 개인성과 경쟁과 이익 지향적인 기준을 지나치게 강조하는 근대 교육 시스템에 맞서는 것이다. 근대적 교육 시스템은 미래를 위한 문명의 변혁을 이루지 않고 현재의 지속 불가능한 궤도를 영구화한다. 성인들과 어린이들에게 생태적 삶에 대해 교육하는 주요한 방법들 중 한가지는 가치를 반영하고 상호 번영을 위한 구체화된 지식을 증진하는 커리큘럼과 교육 방법을 사용하는 것이다.

이러한 유형의 교육 모델은 고립된 전문성에서 벗어나는, 공정하고 지속가능한 식량 생산과 분배 방식들에 필수적일 보다 통합된 실용적 지혜로의 전환을 보여준다. 160여 개국에서 이 모델을 적용한 사례는 슬로 푸드Slow Food의 활동에서 찾아볼 수 있다.[18] 이 단체의 직접적인 목표는 우수하고 깨끗하며 공정하게 생산된 먹거리를 지원하는 것이다. 이 단체는 "지역별로 고유한 음식문화와 전통의 소멸을 막고, 빠른 생활fast life의 증가에 대응하며, 음식에 대한 관심이 줄어드는 것을 방지하기 위해" 활동한다. 교육적인 접근법으로서 슬로 푸드는 각 지역의 사람들에게 그들이 먹는 음식이 어디에서 왔는지 그리고 그들이 어떻게 음식을 선택하는지가 그들 자신과 그 지역, 나아가 더 넓은 세계에 어떤 영향을 미치는지 가르치는 데 도움을 준다. 이러한 교육적인 접근법은 동시에 시스템적 요소를 강조한다. 슬로 푸드의 교육적 목표는 "음식이 문화, 정치, 농업, 환경을 포함한 우리 삶의 다른 많은 측면들과 어떻게 연결되어 있는지 보여주는 것이다. 먹거리를 선택하는 방식을 통해 우리는 먹거리의 재배, 생산, 유통 방식에 총체적으로 영향을 미칠 수 있으며, 결과적으로 세상을 변화시킬 수 있다."[19]

전문적으로 분화된 연구가 아니라 생명을 위한 교육이야말로 생태문명 교육의 지표다. 특히 식량의 생산, 유통, 조리, 섭취를 가르치는 것은 이 지구에서 과거와는 다른 방식으로 살아가는 데 너무도 중요하다. 어찌 되었든 모든 사람은 음식을 먹어야 살아갈 수 있다. "넷플릭스가 없으면 죽을 것 같다"는 아이들의 말을 들어봤을지도 모르겠지만, 사실 넷플릭스 같은 것들이 없어서 우리가 죽는 경우는 거의 없다. 숨 쉴 수 있는 공기와 비바람을 피할 수 있는 안전한 장소와 물과 음식이 우리에게 절대적으로 필요한 기본적인 생존 요소들이다. 이러한 것들을 손쉽게 누릴 수 있을 때 우리는 필수적인 요소들에 대해 거의 생각하지 않는 경향이 있다. 식량은 인간의 생존에 가장 중요한 조건 중 하나임에도 대부분의 초중고 교육과정에서 너무도 적은 관심을 받고 있다. 그 결과로 음식에 대한 결정들이 인간의 건강과 삶의 질에 지대한 영향을 미침에도 매일의 삶에서 정보에 기반해서 먹거리에 대한 결정들을 내릴 준비가 전혀 되어 있지 않은 세대가 출현하고 말았다.

오늘날 미국인의 2% 미만이 농장지역에서 생활하고 있는데[20], 이는 식품의 생산과 소비 사이의 단절이 점점 더 커지는 원인이 되고 있다. 미국인의 거의 절반이 그들이 구입하는 식품이 어디서 재배되었는지, 어떻게 생산되었는지에 대한 정보를 전혀 또는 거의 찾아보지 않으며, 현재 미국에서 유통되는 포장 식품의 75% 이상에 유전자 변형 농산물GMO이 포함되어 있음에도 자신들이 소비하는 식품이 유전자 변형 농산물인지 알지 못한다고 답했다.[21] 미국인들이 식품에 대해 얼마나 잘 알지 못하는가를 보여주는 추가적인 증거도 있다. 한 연구에 따르면, 미국 성인의 7% (1,730만 명)가 초콜릿 우유가 갈색 소에서 나온다고 믿는 것으로 나타났다.[22] 미국 농무부가 90년대 초에 의뢰한 또 다른 연구에 따르면, 미국 성인의 약 20%가 햄버거가 소고기로 만들어졌다는 사실을 모르는 것으로 나타났다.[23] 더 놀라운 사실은, 피클은 오이로 만들어지고 양파와 상추는 식물이며 감자튀김이 감자로 만들어진다는 사실과 감자가 땅 속에서 자란다는 사실을 모르는 등 미국 어린이들이 얼마나 농산물에 대해 무지한지를 보여주는 최근 연구는 이 결과에 언급조차 되지도 않았다는 것이다.

여러분이 먹는 음식에 대해 얼마나 알고 있는지 한번 생각해 보기 바란다. 슬로 푸드와 아시아 농촌 연구소 모델에서는, 지역 농부들과 대화를 나누며 우리가 매일 먹고 있는 음식에 대해 더 많은 것을 배울 수 있다. 여러분이 사는 지역에 있는 농부 시장에서 과일과 채소를 직접 구매해보기를 바란다. 여러분이 사는 지역 근처에 '애이미의 농장Amy's Farm'[24] 같은, 농산물 재배와 수확을 돕는 자원봉사 지원 단체가 있을지도 모른다. 또는 여러분이 사는 지역에서 팜투테이블Farm to Table 음식점을 찾아볼 수도 있을 것이다. 아니면 지역 원예 센터에 연락해 참여할 수 있는 수업이나 그룹이 있는지 알아보는 방법 또는 도시에 위치한 작은 주택의 마당에서 과일과 채소를 재배하고 닭을 기르는 일 같은, 퇴비 만들기나 '도시 귀농urban homesteading' 관련 기술을 배울 수 있는 유튜브 동영상을 시청하거나 페이스북 그룹에 가입하는 방법도 있다.

소소한 시작도 변화를 일으킬 수 있다. 여러분의 가족과 민족의 역사가 지니고 있는 음식 문화와 전통에 대해 연구해 보라. 먹거리의 재배와 유통에 관여하고 있는 지역 종교 단체의 활동에 참여하는 것도 또 다른 좋은 방법이다. 영성에 기반을 둔 단체들은 인간 행동의 기초가 되는 가치들에 세심한 주의를 기울이는 경향이 있기 때문에 비정규 교육과정으로서 가치 중심의 학습을 하기에 특히 좋은 장소가 될 수 있다. 여러분이 그 외의 어떤 다른 선택을 하든, 남아프리카나 남미나 아시아에서 미국으로 배송된 과일과 채소보다는 여러분이 살고 있는 지역에서 재배된 과일과 채소를 구매하는 것이 더 좋다는 점을 기억하기 바란다.

종교와 영성

근대 사회는 종교와 영성을 구시대적인 사고의 양태로, 현실 세계와는 연관성이 없는 미신으로 잘못 인식하는 경향이 있다. 마르크스의 유명한 표현을 빌리자면, 종교는 "인민의 아편"과 같은 일종의 일탈로 종종 간주되기도 한다. 그러나 종교는 항상 인류사회와 문명의 중요한 부분이었고, 현재도 그런 역할을 하고 있다. 공동선을 위해 헌신하는 새로운 유형의 문명을 만들어 가려면 종교와 영성의 긍정적인 역할을 인정해야 한다.

오늘날 점점 더 많은 사람들이 전통과 종교가 생태문명을 만드는 데 중요한 역할을 할 것이라는 사실을 깨닫고 있다. "자연을 존중하는 도교적 관점부터 인간과 자연이 하나라는 유교적 사상, 모든 생명체는 평등하다는 불교적 믿음에 이르기까지 중국 종교는 수천 년 동안 우리 문화가 생존할 수 있도록 도움을 주었다. 중국 종교는 환경 위기를 예방하고 평화롭고 조화로운 사회를 건설하는 데 강력한 무기가 될 수 있다."[25] 1967년 린 화이트Lynn White에 의해 본질적으로 반환경적이라는 이유로 비난 받았던 기독교 신학은 현재 생태신학, 지속가능성, 환경윤리, 그 외 관련 주제를 다룬 방대한 양의 저술에 영감의 원천이 되고 있다.

과연 세계의 다양한 종교들이 생태문명에 기여할 수 있을까? 대답은 매우 간단하다. 우리가 공동의 보금자리인 지구라는 더 큰 생명 공동체 안에서 함께 살고 있다는 사실을 계속 상기하는 한 종교는 생태문명에 기여할 수밖에 없다. 사실 종교와 영적 공동체들의 지원 없이는 생태문명을 구축할 가능성도 없다. 세계 인구의 85% 이상의 사람들에게는 종교가 있다. 이는 60억 명이 넘는 인구로, 종교는 지구상에서 가장 큰 영향력을 행사할 수 있는 집단이라고 할 수 있다.[26] 전 세계적 차원에서 중대한 변화를 만들어내고 싶다면 종교 공동체들과 협력할 필요가 있는 것이다.

그러므로 우리에게는 전 세계적인 관점이 핵심적으로 중요하다. 종교가 국지적이고 경쟁적일 때, 그것은 분열을 일으키고 궁극적으로는 폭력을 낳는다. 종교가 쇼비니즘chauvinism보다 공동체를 강조할 때, 종교는 고유한 영향력 있는 목소리가 된다. 사람들로 하여금 인류사회의 가장 밑바닥층에 있는 이들을 포함하여 모든 생명 공동체를 존중하고 돌보며 살도록 정신적 영감원으로 작용하는 한, 종교와 영적 전통들은 긍정적인 안내자 역할을 한다. 종교와 영적 전통은 누구도 소외되지 않는, 창의적이고 자비로우며 참여적이고 생태적으로 지혜롭고 영적으로 만족스러운 지역공동체들을 건설하도록 사람들에게 영감을 줄 수 있다. 또한 사회의 리더들이 이러한 목적에 도움이 되는 공공 정책들을 만들어내도록 영감을 줄 수 있다.

종교 지도자들이 자신들의 역할을 성공적으로 수행하기 위해서는 프란치스코 교황이 생태회칙 〈찬미 받으소서〉에서 밝힌 것과 유사한 방식으로, 이 지구와 지구 안의 가장 다급한 처지에 있는 생물들을 위해 행동해야 하는 이유를 공식적인 언어로 표현할 수 있어야 한다. 그 자체가 가치 지향적 공동체인 종교들은, 공동의 보금자리를 소중히 여기고 지속가능한 공동체들을 구축하며 모든 생명체를 존중하며 살아가는 삶을 저해하는, 오늘날의 핵심 전제들에 이의를 제기하기 좋은 위치에 있다. 종교와 영적 전통들은 세계관과 필적할 만한 종교적 신앙과 이를 뒷받침하는 실천 그리고 개인과 집단을 변화시키는 능력을 지니고 있기에, 현재 우리 앞에 놓여 있는 다음과 같은 전환을 완수한다는 과업의 지원에 없어서는 안 될 필수적인 요소다.

- 감각적 경험에만 초점을 맞추는 피상적인 경험주의에서 깊은 경험주의로 전환한다. 이 전환은 자연세계에 관한 지혜를 생산해낼 여러 경험을 우리가 음미하도록 해준다.
- 개인주의를 지나치게 강조하는 입장에서 우리는 공동체에 속한 일원들이며, 우리의 행복은 더 큰 전체의 행복에 달려 있다는 인식으로 전환한다.
- 인간 생명의 가치에만 초점을 맞추는 인간중심주의에서 모든 생명이 지닌 가치를 인식하고 궁극적으로 모든 생명체에 대

한 사랑biophilia으로 전환한다.

• 국가와 민족에 대한 배타주의적 충성심에서 온 세계에 대한 충성심으로 전환한다.

• 선택적인 연민에서 포용적인 연민으로 전환한다.

세계의 종교들과 토착적인 생활 방식들이 이러한 과제를 실천하는 데 앞장선다면 변혁을 위한 이들의 역할은 아무리 과대평가해도 지나치지 않을 것이다. 이들은 개인의 선택에만 초점을 맞추지 않고 개인의 변혁과 기업의 행동을 촉구한다. 이미 진행 중인 문명 전환에 필요한 지혜는 체화된 지혜, 즉 실제의 행동으로 옮겨질 수 있고 의례화되는 (몸으로 느끼는) 세계 감각일 것이다.

기독교가 아브라함 계통의 종교인 유대교와 이슬람교의 조력을 받아 앞으로 다가올 전환기에 주도적인 역할을 할 것이라는 가정을 종종 접하게 된다. 여러 가지 이유에서, 그런 일이 일어날 가능성은 낮다. 각 종교에는 각각 고유한 강점이 있을 뿐 아니라 신자들과 비신자들 모두에게 영향을 미치는 고유한 방식이 있는데, 이 종교 전통 전체를 생각해보는 것이 매우 중요하다. 다음과 같은 사례를 살펴보기 바란다.

힌두교는 다이애나 에크Diana Eck가 신의 '다수성manyness'이라 불렀던 것을 인정함으로써 다원성 자체를 포용하도록 우리를 초대한다. 신의 다수성이란 인격적 또는 초인격적 용어로 이해되는 신적 실재를 깨닫고 느낄 수 있게 해주는 다수의 얼굴과 이름을 말한다. 생태문명이 다양성에 대한 건강한 존중을 유지하는 한, 힌두교는 특별한 목소리를 제공할 수 있을 것이다.

불교는 우리에게 자유를 주는 것은 우리가 소유한 물질적 재화의 양이 아니라 지혜와 자비라는 한쌍의 덕목임을 인식하도록 초대한다. 생태문명이 만물의 상호연결성에 대한 지혜로운 인식과 모든 생명체에 대한 자비로운 대응에 기반하는 한, 불교는 특별한 목소리를 제공할 것이다.

　　자이나교는 급진적인 비폭력으로 마음에서 우러나오는 아힘사ahimsa를 실천하며 살도록 장려하며, 이를 통해서 누가 우리의 연민을 받을 자격이 있는지에 관한 생각과 감각을 넓혀준다. 숨 쉬는 공기 중에 있는 미생물에 해를 끼치지 않기 위해 입에 마스크를 쓰는 자이나교의 남녀 승려들만큼 생명 존중을 구현한 종교적 전통도 없을 것이다. 생태문명이 포용적인 연민을 필요로 하는 한, 자이나교는 특별한 목소리를 제공한다.

　　도교는 우주 전체를 관통하며 (다른 곳 중에서도) 우리 자신의 몸으로 화신化身한 기氣와 유사한 에너지를 감지하라고, 그것에 깨어 있음으로써 건강하게 살 수 있다고 우리를 격려한다. 생태문명이 생명의 활기찬 역동dynamics에 대한 민감성과 전인적 건강을 향한 내면의 끌림에 대한 감수성을 필요로 하는 한, 도교는 독특한 목소리를 제공할 수 있다.

　　유교는 천지인 삼위일체라는 더 큰 우주적 맥락에서 인간을 바라보고, 그 안에서 리(理)와 인(仁)에 기반하여 인간답고 상호 호혜적인 방식으로 살아가라고 우리를 안내한다. 생태문명이 이러한 방식의 관계적 삶에 대한 앎, 개인은 언제나 공동체-내-개인이라는 앎을 함의하는 한, 유교는 고유한 목소리를 제공한다.

　　이 종교들은 남아시아와 동아시아의 전통 중 일부에 불과하다. 다른 '경전 종교들'과 토착민들의 인생 이해와 삶의 방식들도 고려할 필요가 있다. 이것들을 제외한, 조금 전 살펴본 다섯 가지 사례에서도 우리는 이 종교 전통들이 제공하는 혜택 중 일부만을 언급했을 뿐이다. 다양한 종교 전통들이 기여할 수 있는 것들은 상호 보완적임에도, 16세기 이후 근대 사상은 단 하나의 참된 종교를 위해 이들을, 거짓되다 규탄하거나 강제로 억압해야 하는, 서로 모순된 진리 주장들의 집합으로 변질시켰다. 그러나 사실 종교 전통들은 그것들 자체가 자비심으로 향하는 서로 관련된 경로들의 집합체이기에, 전환기에 있는 이 세계에 가장 강력한 희망을 제공할 수 있다.

최근 몇 년간 많은 종교 기반 단체들이 지속가능성과 생태 정의eco-justice를 위해 노력하고 있다. 현재 우리가 처한 환경적 상황은 종교계 전반으로부터 놀라울 정도의 반응을 이끌어내고 있다. 예를 들어, 전 세계 여러 종교 전통을 아우르는 종교 간 환경 연합체인 그린페이스Green Faith를 생각해보자. 이 종교 단체는 다양한 환경 프로그램을 만들고 실행하고 있는데, 이로써 환경에 대한 청지기적 정신과 윤리적인 대응을 촉매하는 통로로서의 종교적 헌신에 관한 비전을 전파하고 있다. 그린페이스는 여러 종교적 전통들이 현재 환경적 위기에 어떻게 대응하고 있는지를 강조하는 다양한 교육 자료를 제공한다.

뉴저지에 소재한 이 비영리 단체는 1992년 창립 이래 영성, 청지기 정신, 정의라는 세 가지 원칙을 통해 많은 개인들과 종교 기관들을 변혁시켜 왔다. 이 단체는 인류가 어떻게 지구와 창조세계에 연결되어 있는지에 방점을 두는 새로운 프로그램들을 정기적으로 만들고 있다. 이러한 신념은 이 단체의 교육 프로그램에도 반영되어 있는데, 그 중 하나인 그린페이스 펠로우십GreenFaith Fellowship 프로그램은 종교 지도자들에게 환경의 중요성에 대해 교육하고 현재 인류가 직면하고 있는 전 지구적 위기에 대한 관심을 촉구한다. 프로그램의 목표는 종교 지도자들에게 지속가능한 예배공간을 만드는 데 필요한 도구를 제공하는 것, 타인과 자연에 대한 윤리적인 배려를 옹호하는 것이다. 이 단체의 활동은 종교를 세상의 필수적인 구성 요소로 만들어 종교 생활을 고양시킨다. 이 단체의 종교적 신념과 실천은, 인간의 소비 행태에 비판적이어야 함과 동시에 환경을 보호해야 한다는 요청에서 분명하게 드러난다.

종교 지도자를 위한 환경 관련 이해력 향상 프로그램을 제공하는 것 외에도, 그린페이스는 주요 생태적 관심사를 주제 삼아 종교 공동체들을 조직하고 있다. 그 대표적인 사례로 여러 종교의 교단들과 기관들이 화석연료와 관련된 산업에는 투자를 회수하고 청정 에너지 관련 산업에 재투자할 것을 촉구하는 '지금 당장, 투자회수와 재투자!Divest & Reinvest Now!' 캠페인을 꼽을 수 있다. 또 다른 프로젝트는 2년 과정의 자격증 프로그램인 그린페이스의 환경 리더십 프로그램으로, 종교 단체들이 건전한 환경적인 실천을 할 수 있도록 안내하며, 이 실천 중 상당수는 그 단체들에 재정적 혜택을 제공한다.

생태문명은 삶의 영적 특성을 포용하고 포괄한다. 종교적이며 영적인 차원은 우주 자체를 윤리적 의무감과 창조된 세계에 대한 책임감으로 대할 수 있게 하는 생태적 비전에 적합하다. 이는 우주를 인간의 필요를 충족시키기 위해 설계된 생명 없는 자원의 저장소가 아니라, 그 자체의 의도성과 내재적 가치를 지닌 부서지기 쉬운 시스템으로 전혀 다르게 이해하도록 권장한다. 종종 종교인들은 '참 자아'에 초점을 맞추기 위해 '자아'를 부정하라고 말한다. 이러한 생각의 전환은 우리 인식의 범위와 그 인식 안에 놓인 우리 자신의 위치까지도 확장해 나가려는 생태문명과 일치한다. 종교적 관점이 무엇을 포괄하는지에 대한 우리의 이해가 확장하고 있고, 그 결과 사회와 환경의 개선을 위해 힘쓴다는 과업은 종교인들과 종교기관들이 수행하는 핵심 사업이 되고 있다.

그렇다면 이러한 것들이 독자들에게는 어떤 의미를 갖게 될까? 만약 여러분이 종교적-영적 공동체의 일원이라면 환경 정의에 초점을 맞춘 소그룹을 시작하거나 교회, 회당, 사원, 모스크가 소유한 땅에서 텃밭 가꾸기 프로젝트를 주도할 수 있을 것이다. 또한 비즈니스 리더나 학자, 농부, 환경 운동가와 같은 사람들을 여러분의 공동체의 초청 연사로 초대할 수도 있을 것이다. 또는 다음 번에 열리는 세계종교의회Parliament of the World's Religions에서 (소속 단체의) 대표로서 참여하거나 기후 행동이나 기후 정의 섹션에 참여할 수도 있을 것이다.[27] 만일 여러분이 종교적-영적 공동체에 속해 있지 않다면 야외에서 시간을 보내며 자연과 더 깊이 교감하는 데 시간을 더 투자하고, 그런 후 이러한 신념을 공유하고 함께 일할 의향이 있는 사람들을 찾아보는 방법도 있다. 또는 만약 환경 정의를 위해 일하는 비영리 단체의 일원인 경우, 해당 지역에 위치한 종교나 가치를 기반으로 하는 그룹들과 공동 프로젝트를 위해 협력하는 것을 고려할 수도 있을 것이다.

농업과 전통과 기술

어떤 사람들은 생태문명을 떠올리며 근대화 이전의 세상을 상상한다. 이런 사람들은, 생태문명 같은 새로운 종류의 사회를 추구하는 이들은 인류가 누리고 있는 근대 사회의 혜택을 미처 알아채기도 전에 사라져버린 산업화 이전 시대로 되돌아가기를 바라는 반개발주의자라고 생각하기도 한다. 그러나 이것은 전혀 사실이 아니다. 미래의 건강한 인류사회는 기술적 진보만이 아니라 기술적인 발전을 공익을 위해 사용하고자 하는 열망 역시 기꺼이 받아들일 것이다. 우리는 근대성의 이점들을 활용함과 동시에 사회의 기본 원칙들을 보다 종합적이고 지속가능한 방향으로 바꿔 나가야 한다. 생태문명은 과거의 어떤 황금 시대로 '돌아가는 것'이 아니라 전 지구적 번영이라는 미래로 나아가는 하나의 경로다.

기술과 환경 감수성의 풍요로운 상생을 보여주는 선도적인 한 단체가 있다. 캔자스주 살리나Salina에 있는 토지연구소The Land Institute가 바로 그곳이다.[28] 1976년에 설립된 이 혁신적인 단체는 생태계 내에서 자연적으로 발생하는 공생 관계를 이해하고 이를 재현함으로써 농법을 재정의하고자 노력해왔다. 간단히 말해, 이 단체는 자연을 거스르는 것이 아니라 자연과 함께 일하는 농업 모델, 즉 상호 번영하는 자연의 패턴을 모방하는 농업 모델을 장려하고 있다. 농약, 해마다의 단작농, 특정 지역에 한가지 작물만 심어 매년 다시 심어야 하는 농법, 합성 질소 사용을 통해 단기적인 이익을 추구하는 산업농과는 달리, 토지연구소는 웨스 잭슨의 리더십을 통해 토양의 건강 상태에 장기적으로 주목하며 다년생 다작농을 장려하고 있다.

토지연구소는 진화 · 생태 과학의 원리와 농학 (토양 관리 · 작물 생산 과학)의 응용 기술을 활용하여 자연의 순환과정을 방해하지 않는 새로운 다년생 곡물인 컨자Kernza를 육종했다. 이 새로운 곡물은 단작농 시스템의 일부로도 사용 가능하므로 그 자체로는 지속가능성을 함의하지는 않는다. 따라서 과학적 발전은 토양의 장기적인 건강을 중시하며 해로운 산업화된 농법에서 탈피함과 동시에 충분한 식량을 생산할 수 있는 다작농 방식을 수용하는 세계관의 변화와 결합되어야 한다. 그 결과, 우리는 토양의 건강과 식량 안보 모두를 확보할 수 있게 될 것이다. 토지연구소의 농법 전환은 생태문명을 만들어가기 위한 과학의 힘을 성공적으로 보여준다.

기술은 지속가능성과 상충되는 것이 아니지만, 그렇다고 기술이 세상의 모든 문제들을 해결할 것이라 기대해서도 안 된다. 토지연구소는 인류와 자연의 근본적인 관계를 재인식하는 동시에 신종 종자 개발 같은 과학적 성취를 활용함으로써 농산업에 구체적인 새 길을 제시하고 있다. 이런 행보의 결과는 보다 윤리적이고 환경적으로도 책임지는 방식의 농업이고, 이런 농법은 책임지는 방식으로 생산된 건강한 유기농 먹거리에 대한 새로운 전망을 제시한다.

여러분이 농부도 아니고, 새로운 다년생 곡물인 컨자를 여러분이 소유한 몇 평 가량 되는 땅에 심을 계획도 없다고 가정해보자. 그렇다면 여러분이 이러한 새로운 농업 모델과 적절한 기술 사용을 지원할 수 있는 방법은 무엇일까? 소유하고 있는 잔디밭을 작은 텃밭으로 바꾸는 결정도 한가지 방법일 것이다. 석유 기반의 화학비료를 사용하지 않는 농업을 응원하는 방식으로, 지역산 유기농 농산물을 구매할 수도 있을 것이다. 육류를 비롯해 가금류, 생선, 유제품 등 동물성 먹거리를 식단에서 제외하는 방법도 있다. 만약 여러분이 육류를 먹는다면, 소나 돼지보다 환경에 미치는 영향이 훨씬 적은 닭을 선택하고, 그중에서도 지속가능한 방식으로 사육한 육류를 구입하는 방법도 있다. 한편, 발전된 주요 기술들을 활용하는 것을 고려할 수도 있다. 집에 태양광 패널을 추가하거나 자동차를 전기자전거로 바꾸는 행동도 여기에 포함될 수 있다. 물론 기술만으로는 충분하지 않다. 이상적으로는 집을 개보수하는 등 전반적으로 에너지 소비를 줄일 방법을 찾는 것이 좋겠다. (커뮤니티 주택 에너지 개조 프로젝트Community Home Energy Retrofit Project와 같이 이러한 프로젝트를 지원하는 여러 단체가 존재한다.[29]) 심지어는 에어컨을 사용하지 않고 창문을 여는 것만으로도 도움이 된다. 매일 우리는 음식을 먹고 기술을 사용한다. 우리는 우리 자신이 소비 과정에서 내리는 선택들에 대해 반드시 성찰하기 시작해야 한다.

생태문명이 기술적 진보에 개방되어 있고 미래 지향적이라는 사실이 곧 전통과 문화를 거부해야 한다는 당위를 의미하는 것은 아니다. 넓은 의미에서의 생태문명을 만들어내고, 특히 환경 관련 법률들을 시행하기 위해서는 각 문화권의 고유한 전통적 지혜의 도움이 필요하다. 한 나라의 문화는 그 나라의 과거와 미래에 대한 열망을 담고 있는 서사들과 분리하여 연구할 수 없다. 이는 가족들이나 다른 사회적 제도들에 대한 연구에도 마찬가지로 적용될 수 있다. 생태문명에는 우리 모두를 단일한 인류 역사 안에 위치시키는 광범위한 구체적 서사들이 시급히 필요하며, 여기에는 인류 역사를 자연계 전체라는 컨텍스트 안에서 파악하는 서사들도 포함된다.

많은 사람들은 그들 자신의 전통적인 가치관을 버리는 편이 좋다는 권유를 받아왔는데, 이에 따라 삶은 무의미하다는 생각이나 허무주의적 사고에 빠질 위험성 역시 증대되어왔다. 이러한 현상은 중국의 경우는 문화대혁명 기간에 발생했는데, 그 이후에 나타난 여러 경향에서도 찾아볼 수 있다. 지구적 경제 경쟁에서 성공하려는 열망은 중국인들로 하여금 하늘(天)에 대한 공경, 자연과 인간의 일체됨('도道')에 비추어 행동하기, 검소함의 전통을 이어가기, '모든 살아 있는 것을 소중히 여기는' 지혜를 실천하기와 같은, 중국 고유의 전통적인 영적 자원들을 포기하도록 압박해왔다. 이런 경향은 다른 나라에서도 발견된다. 전통의 의미를 높이 사는 구성적 포스트모더니즘 사상가들은 이러한 전승 지혜와 전통을 생태문명의 (아울러 효과적인 환경 법과 규제를 이끌어내는 환경 정책을 위한) 강력한 정신적 버팀목이 될 값진 보물로 여긴다.

문화에 관한 다른 많은 통찰들 역시 생태문명으로의 전환을 진전시키고 지원하는 데 중요한 역할을 할 것이다:

1. 모든 문화의 필수 요소는 음식이다. 결국, 농업의 핵심 요소는 문화다. 무엇을 먹고, **어떻게** 먹거리가 생산, 유통, 조리되는지는 문화를 형성하는 의미에 관해 많은 것을 말해준다. 먹거리의 생산과 소비에 대한 결정은 지속가능성의 핵심일 뿐만 아니라 개인들의 즐거움과 사회적 웰빙에도 기여한다. 생태적 감수성은 우리의 식생활에 큰 영향을 미친다.
2. 자기가 번영할 수 있도록 노동하는 이들을 존중하고 보상하지 않는 그 어떤 문화권도 생태적이라고 주장할 수는 없다.
3. 우리는 피부색, 계급, 젠더 문제와 관련된 깊은 갈등에 익숙

해져 있지만, 생태문명에서는 그와 같은 구별점이 선명하게 나타나서는 안 된다. 물론, 사회적 위계질서의 근거로서 그와 같은 구별점이 있어서도 안 될 것이다.

4. 한 집단의 문화적 정체성이 아무리 강하더라도 오늘날의 세계에서는 주변 문화의 다원성에 대해 열린 자세를 유지해야 한다.

5. 문화는 정적인 것이 아니며 다양성, 복잡성, 변화는 지속성을 보이는 모든 문화의 특징이다.

6. 인간의 삶에서 변하지 않는 것이 있다면, 그것은 그것이 언젠가는 끝난다는 것이다. 죽음에 대한 이러한 자각은 의미에 대한 성찰로 우리를 이끈다. 전통적인 사고와 관습은, 생태계 연구가 그러하듯, 삶만이 아니라 죽음도 긍정한다.

7. 생태문명에는 현존 인간의 행동들에 대한 과감한 비판이 요구된다. 하지만 생태문명은 항상 자기성찰도 요구한다.

8. 아름다움이라는 가치를 공적인 가치로서 재도입하는 것은 가치를 결정하는 과정에서의 경제학의 배타적인 지배를 타파하는 데 기여할 것이다. 한 사회가 생명을 돌보며 생태적으로 건전한 패러다임으로 나아가려면, 그 사회는 사회의 핵심 가치이자 조직 원리가 되는 아름다움에 매진해야만 한다.

요약하면, 자신의 문화에 대한 지식과 올바른 이해는 앞으로 다가올 전환기에서 그 중요성이 줄어들기는커녕 오히려 더 커질 것이다. 결국 문화적 공통점은 특정한 역사 전통 안에 있는 공동체를 하나로 묶어준다. 또한 공통의 사명감을 부여하고 그 사명에 부합하는 활동을 지원한다. 공유되는 서사들은 공유되는 정체성을 제공하여 어떤 위기 상황이 발생할 때 신뢰할 만한 지침을 제공한다. 공유되는 문화적 정체성과 그 정체성에 수반되는 가치에 대한 강력한 공감대가 없다면, 한 집단의 사람들이 공동체로서 결속하거나 개인이 집단을 대신하여 희생을 감내하는 일은 아마도 불가능할 것이다.

공동체

생태문명을 향한 전환에서 가장 희망적인 한가지는 공동체의 역할을 재인식하는 전환이다. 오늘날 우리는 역설적인 세계에서 살고 있다. 한편으로는 기술 혁명이 우리를 타인들만이 아니라 우리가 살고 있는 이 지구라는 행성과도, 과거에는 상상할 수 없었던 방식으로 연결해주고 있다. 정보는 클릭 한번으로 전 세계에 즉각 공유된다. 인류는 그 어느 때보다 서로에게 잘 연결되어 있지만, 우리는 그 어느 때보다 더 고독하다. 이 새로운 기술의 연결성은 가장 기본적인 사회 단위인 가족과 공동체에는 크게 도움이 되지는 않는다. 자살률은 계속해서 치솟고 있고, 복잡한 도시에서 고립된 채 살아가는 사람들은 아파트 벽을 공유하는 다른 이들의 이름조차 모르는 경우가 많다. 인류가 기술 혁명에 점점 더 몰두하면 할수록 인간 관계는 전례 없이 무너지고 있다. 뭔가 잘못되었다.

인류 공동체를 구성하는 사회적 뼈대에 과연 어떤 일이 발생한 것일까? 왜 근대 시기 동안 인류 공동체는 퇴보한 것일까? 이 질문들에 답하기란 쉽지 않다. 그러나 몇 가지 우리가 주목할 만한 답변들이 있다. 전 지구적 근대화는 경제가 주도하는 세계화 패턴에 기반한 하나의 동질적인 문화를 선호하면서 전통적인 관심사와 공동체를 사실상 뒤편으로 밀려나게 만들었다. 그렇다면 상상해보자. 서로 다른 다양한 공동체들이 지배적인 근대성의 문화에 무비판적으로 동조하는 것이 아니라, 다른 대안이 있다는 점을 대외적으로 표명하는 방법으로서 각자의 고유한 (문화적) 정체성을 활용하기 시작했다고 말이다.

이러한 새로운 동력을 우리의 구체적인 안내표지로 받아들이는 경우, 그것은 공동체 생활을 재건해야 할 필요를 우리에게 말해준다. 만일 자기 자신을 (자기 주변의 대지 공동체와 관계를 맺고 있는 하나의 장소 안에 있는) 어느 특정 공동체의 일원으로서 이해하게 된다면, 사람들은 그들 자신을 공동체-내-개인으로 인식하기 시작할 것이다. 이 과정에는 우리 자신의 소속감을 강화하는 방식으로 우리의 사회적 삶을 재구성하는 과정이 포함된다. 그리고 이것은 곧 우리와 함께 살아가는 사람들과 우리가 살아가는 장소에 대한 우리 자신의 애착감을 우리가 강화한다는 것을 의미한다.

이 목표를 달성하기 위한 최선의 방법이자 아마도 유일한 방법은 우리의 지역 정체성과 지역 참여 '로컬리즘localism'을 더욱더 강조하는 것이다. 그러나 개인을 희생시키면서까지 공동체에 특권을 부여하지 않도록 주의해야 하는 것처럼 (또는 그 반대의 경우도 마찬가지다), 세계화를 배제하면서 로컬리즘을 포용하는 것도 피해야만 한다. 우리는 강하고 건강한 지역공동체를 구축하는 것만이 아니라 지역공동체들과 이보다 더 큰 단위의 광역 지역공동체들을 연결하면서, 각 지역공동체가 상위의 공동체들의 공동체community of communities의 일부임을 인식하여 지역공동체로부터 외부로 확장해가기 위해 노력해야 한다. 지역공동체는 비교적 자급자족하는 형태의 교역을 하게 되겠지만, 인접한 공동체들과의 협력이 필요한 경제 이슈도 있을 것이다. 건강한 지역공동체는 기본적인 자기 이해의 한 부분으로서 다른 공동체들과 그 구성원들을 존중하고 인정하는 마음을 갖게 될 것이다. 각각의 공동체들은 자신들이 처한 지역적, 사회적 컨텍스트에 뿌리내린 채, 다른 공동체들 그리고 수역과 해안 지역과 산악 지역과 생태적으로 공존하는 방법을 배우게 될 것이다.

생태문명에는 소수의 극단적인 개인주의자들이 포함될 수 있을지 모르지만, 거친 개인주의는 상호 연결된 어떤 문명을 장기적으로 유지할 수 없다. 상호 의존적인 집단들이 만들어내는 풍요로운 동력은 각 개인이 자신을 가장 주요한 단위로 여기는 세계와는 양립할 수 없다. 사회들이 존속되기 위해서는 개인들의 요구가 집단 전체의 필요에 의해 절제되어야만 한다. 실제로 이를 위해서는 세계를 원자화된 개인들의 집합체가 아니라 사회들의 총체로서 경험하는 방법을 배워야 한다. 가장 건강한 사회 질서란, 각 사회 집단이 스스로를 주변에 있는 다른 공동체들의 번영에 끊임없이 의존하는 공동체로 여기게 되는 질서일 것이다.

따라서 첫 번째 과제는 사회를 단순히 개인들의 집합으로 보는 시각에서 벗어나, 인간사회를 **공동선을 위해 살아가는 공동체-내-개인들**로 재인식하는 것이다. "한 아이를 키우려면 온 마을이 필요하다"는 전통 속담은 이러한 심오한 진리를 잘 표현하고 있다. 한 명의 사람으로서 우리 모두는 우리를 낳고 길러준 살가운 인간 공동체들에 의해 형성된다. 우리 각자는 오직 공동체라는 컨텍스트 안에서만 온전한 사람이 되고, 사회는 그 사회를 구성하는 이들이 전체에 더 크게 기여하는 이들이 될 때 비로소 진정한 공동체가 된다.

개인의 욕구를 충족시키는 것이야말로 사회의 토대라는 신화에서 일단 벗어나기만 하면, 가족과 이웃과 마을 또는 지역에 얼마나 기여했는가라는 관점에서 자신과 주변 사람들을 판단하는 법을 배우게 된다. 가치의 중심이 바뀌는 것이다. 만약 내가 언제나 어떤 공동체의 일원이고 그 공동체 없이는 존재할 수 없는 사람이라면, 공동체와는 떨어져 앉아서, 마치 언덕 위에 있는 왕처럼 각 집단들이 나에게 어떻게 이익을 줄 것인가를 묻는 것은 망상일 뿐이다. 우리가 공동체들의 번영을 위해 노력하는 이유는, 우리가 공동체들을 통해서만 온전한 사람이 될 수 있기 때문이다.

공동체를 새롭게 상상하는 사람들의 한 예로 비영리 단체인 로컬 퓨처스Local Futures를 들 수 있다.[30] 로컬 퓨처스는 발전 단계에 있는 공동체들을 대상으로 건강한 지역공동체에 영감을 고취시키는 대안적인 선택들에 관해 교육하고자 한다. 이 단체는 "거대한 기업들과 초국가적인 기관들이 지배하는 지구적 경제에 대한 의존에서 벗어나 생태계에 미치는 영향이 훨씬 적은, 보다 분권화되고 다각화된 경제 구조로의 발전"을 강조한다.[31]

'대안 노벨상'으로 불리는 '바른 생활상'을 수상한 헬레나 노르베리-호지Helena Norberg-Hodge가 설립한 로컬 퓨처스의 첫 프로젝트는 40여 년 전 히말라야 서부의 '작은 티베트'라고도 불리는 라다크에서 시작되었다. 당시 이 지역은 근대화를 이루고 국제적인 관습과 에티켓을 도입해야 한다는 엄청난 경제적 압박에 직면해 있었다. 많은 사람들이 서구적 근대화에 매료되었지만, 그 지역의 지도자들은 자기들의 문화적·환경적 여건이 서구적 근대화를 지속할 수 없다는 점을 알고 있었다. 근대화를 역설하는 글로벌 서사를 약화시킨다는 희망을 품은 채 헬레나는 현재 로컬 퓨처스로 알려진 라다크 프로젝트를 시작했고, 라다크 거주민들과 함께 미래로 그들을 인도할 그들 고유의 서사를 만들고자 했다.

수십 년이 지난 지금도 이 프로젝트의 효과는 계속되고 있다. 로컬 퓨처스는 라다크 주민들과 또 다른 지역의 사람들이 서구식 개발 모델에 대한 대안을 찾도록 지원함으로써, 공동체들이 지속가능한 발전이라는 공유된 비전 안에서 자기들만의 고유한 정체성을 유지할 수 있도록 돕고 있다. 로컬 퓨처스는 사회의 구심점으로서 지역공동체의 중심성을 회복한다는 점에서 대안 모색하기가 무엇인지를 보여주는 모범적인 모델이다. 공동체들은 공동선을 위한 상호호혜 관계라는 견고한 토대 위에서 구축되는 법이다. 토착민들의 지혜를 머금으며, 활기 넘치는 문화를 지원하고 지탱하면서 말이다.

라다크 공동체에 합류하기 위해 히말라야 산맥으로 이주할 계획이 여러분에게 없다고 가정해보자. 여러분은 여러분이 속한 지역공동체를 강화하기 위해 어떤 노력을 할 수 있을까? 사실 우리가 사는 세상은 공동체들의 공동체들의 공동체들로 구성되어 있다. (이런 공동체의 관계는 무한히 확장할 수 있다.) 여러분에게 가장 가까운 가정을 공동체의 축소판으로 볼 때, 가정은 마을의 일부이고, 마을은 도시의 일부이며, 도시는 지역 (또는 지방)의 일부, 지역은 주의 일부, 주는 국가의 일부라고 볼 때 이것이 어떤 의미가 있는지 한번 생각해보자. 세계화의 시대인 오늘날엔, 지구 전체가 단일한 공동체가, 그러니까 궁극적으로는 지역적 공동체들에 근거를 둔 공동체가 되고 말았다. 노르베리-호지 같은 리더는, 생각은 지구적으로, 행동은 지역적으로 하라고 독려한다. 여기에는 지역 농부가 생산한 농산물을 구매하거나 소규모 로컬 사업체의 서비스를 이용하는 것부터 동네에서 음식을 서로 나누어 먹는 행사나 지역사회 봉사 프로젝트를 기획하는 것까지 다양한 행동이 포함될 수 있다. 해비타트 포 휴메니티Habitat for Humanity[32] 같은 단체에 참여하거나 지역 센터 또는 방과 후 프로그램에 자원봉사자로 참여하거나 공동체 텃밭 조성에 협조할 것을 우리는 권장한다. 궁극적으로 건강한 공동체들이야말로 생태문명의 토대들이다.

결론

이 챕터에서 우리가 살펴본 각 분야와 단체들은 회복력을 갖춘 지역공동체의 힘을 증진하는 행동의 잠재적 원천이다. 앞서 살펴본 그룹들은 실제적인 실험의 주체들이다. 즉, 이들은 지속가능하지 않은 모든 것들이 필연적으로 해체될 수밖에 없듯, 현재의 문명이 해체되어가면서 등장하게 될 온전히 지속가능한 문명의 구축을 시작한다는, 우리 시대의 가장 중요한 요구에 부응하고 있다. 우리는 현재 우리가 살고 있는 세계와 역사적으로 존재해온 세계를 우리의 기준점으로 삼을 수밖에는 없다.

이 챕터의 목적은 어떤 식으로 생태문명이 이미 하나의 현실이 되어가고 있는지를, 아울러 이러한 전환을 지원하기 위해 우리 각자가 취할 수 있는 구체적인 행동은 무엇인지를 선명하게 밝히는 것이었다. 앞서 몇몇 챕터에서 반복해서 살펴보았듯, 생태문명은 단순히 환경주의의 다른 말이 아니며, 일반적으로 사용되는 것처럼 '지속가능성'에만 국한되지도 않는다. (물론 새로운 사회는 지속가능해야만 한다) 이 챕터에서 살펴본 사례들은 지속가능하고 공정한 삶의 방식으로 나아가기 위해 우리가 실행해야만 하는 특정 종류의 행동이 무엇인지를 말해준다.

전환을 위한 변혁적인 행동이 핵심이다. 그러나 생태문명의 비전은 우리가 **무엇을 할 수 있는지**를 넘어 우리가 **어떤 사람이 될 수 있는지** 역시 고려하라고 우리에게 요청한다. 생태문명은 단순히 더 많이 보유하거나 더 많은 행동을 하는 것이 아니라 더 많이 **존재하는 것**에 관한 것이다. 이 차이는 사소해 보일 수 있지만 엄청난 차이를 만들어낸다. '생태적인 사람eco-person'이 되고자 한다는 것은 우리가 지금껏 탐구해온 행동들의 이면에 있는 더 심오한 동기를 말해준다. 생태적인 사람의 성장은 단순히 탄소, 돈, 온도 등의 양적인 측정기준이 아니라 내면적으로 풍요로운 관계라는 질적인 측정기준과 관련 있다. 우리가 누구인지는 우리가 하는 행동을 분명 포함하지만, 그것은 우리가 하는 행동 그 **이상**이다. 생태문명 운동의 핵심에 있는 것은 바로 '그 이상의 것'이다.

지금까지 살펴본 사례들은 우리의 주의를 위로, 앞으로, 아래로 향하게 한다:

- **위로**—이 사례들은 우리가 장기적인 목표들에 집중하는 데 도움이 되기 때문이다. 정책 전문가들과 풀뿌리 활동가들 역시도 개별 나무들에 너무 집중한 나머지 장기적인 목표인 숲을 놓치는 함정에 빠질 수 있다.

- **앞으로**—우리는 지속가능한 문명으로 우리를 인도할 일정한 변화들을 현 사회에 도입하기 시작했다. 각 부문에서 우리는 새로운 문명으로 이어질 실행 단계들, 즉 새로운 로드맵의 윤곽을 차례로 나열할 수 있었다. 사실상 우리가 어디로 향하고 있는지는 아직 아무도 완전히 알지 못한다. 따라서 이 작업

은 실제로 아직 알려지지 지형에 대한 지도를 처음으로 스케치하는 것과도 같다. 이 일곱 가지 질문을 통해 대략적인 지도가 드러나기 시작했다. 해가 거듭되어 생태적 목표들(필요들!)이 더 분명해지게 되면, 이 지도에 더 많은 세부 사항을 추가할 수 있을 것이다. 그러나 오직 길을 걷기 시작할 때만 목적지는 더 명확해지는 법이다.

- **아래로**—경영계에서는 이미 유명한 격언 하나를 떠올려보자—당신이 결정을 내려야 한다고 생각하는 것 가운데 80%가 확연해질 때, 바로 그때 행동을 개시해야 한다. 아래를 바라본다는 것은 빅 아이디어를 현실화하기 위해 지금 당장 행동에 옮긴다는 것을 말한다. 때로 이것은 말 그대로 당신 발 밑의 땅을 바라본다는 것이다. 그 땅에는 물이나 텃밭이 필요할지도, 산업으로부터 비롯된 오염을 정화하는 일이 필요할지도 모른다. 또는 그 땅을 놀이터로 만들 필요가 있을지도 모르고, 자연보호협회Nature Conservancy에 기부하여 국립공원으로 영구 지정해야 할 필요가 있을지도 모른다.

생태문명이라는 아이디어가 희망적인 것은, 먼저 지구상의 유토피아를 상상한 다음 그것을 현실에 구축하려고 노력할 필요는 없다는 것이다. 생태문명은 완벽한 미래에 대한 꿈이라기보다는 일련의 구체적인 과업들이다. 즉, 생태문명은 정책적 차원과 개인의 삶의 방식 모두에 적용되는 **구체적인 행동 지침**이다. 생태문명은 최종적이고 고정된 목적지나 목표로 간주되어서는 안 되며, 항상 공동체 안에서의 역동적인 삶의 방식에 관한 것이어야 한다.

8장

생태문명이
우리에게 희망을 불러일으키는
이유는 무엇인가?

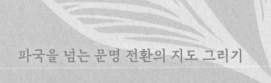

파국을 넘는 문명 전환의 지도 그리기

생태문명이
우리에게 희망을 불러일으키는
이유는 무엇인가?

앞서 생태문명의 의미에 관해 살펴본 질문들은 생태문명의 풍요로움과 중요성을 드러내주었다. 이 질문들은 인류 문명사, 새로운 생태 과학, 생태적 위협의 근본 원인과 관련된 것들이었다. 이런 작업을 통해 우리는 생태문명과 관련된 개념적인 토대가 되는 생각들을 심도 있게 살펴보았고, 비록 다른 용어를 사용하고 있더라도 생태문명 운동과 협력할 수 있을 다른 분야의 리더들을 찾기 위해 우리의 그물망을 넓게 던졌다. 생태문명이 단지 유토피아적 이상에 불과할지도 모른다는 생각에 관심을 둔 채로 우리는, 생태적인 토대 위에 사회를 재건하는 과업에 사람들이 나서기 시작할 때 생태문명이 실제로 어떤 모습이게 될지를 보여주었다.

세계 곳곳에서 많은 사람들이, 생태문명을 위해 애쓰는 행동 자체가 자신들에게 희망을 준다고 말하고 있다. 베이비붐 세대부터 밀레니얼 세대, 종종 냉소적인 Z세대까지, 희망의 상실이 우리 시대의 주요한 화두가 되고 있는 상황에서 어떻게 이런 일이 가능할까?

절망감이 우리의 가장 큰 적일지도 모른다
청중에게 기후변화에 대해 자주 이야기하는 우리 같은 이들은 낙담함의 위험을 잘 알고 있다. 기후변화와 관련된 데이터를 대형 스크린에 보여주면, 행사장 안에 있는 사람들의 분위기가 무거워짐을 느끼게 된다. 그 사람들에게는 매일 전 세계의 신문에서 기후위기에 대한 점점 더 충격적인 데이터가 나오는 것처럼 보일 것이다. (실제로 그렇다.) 우리는 그러한 충격적인 데이터를 겁먹은 사람들에게 보여줘야만 하는 일을 하면서도 동시에 그들의 희망을 지키기 위해서도 노력한다. 종종 우리는 우리 자신을 "할 수 있어, 이번에도 이길 수 있어!"라고 말하는 축구 코치와 비슷하다고 느낀다. 우리는 무엇보다도 절망이 우리의 가장 큰 적이라고 사람들에게 말한다. 불가능해 보이는 과제를 제시하면 사람들은 지레 포기하고 이 심각한 위기가 우리에게 요구하는 행동을 취하지 않을 것임을 우리는 알고 있다. 그들은 지구를 위한 적극적인 지지자이자 강력한 활동가가 되는 게 아니라 압도적인 절망에 마비되고 말 것이다.

그러나 공개 세션이 끝나고 기조 연설자들끼리 함께 나가서 맥주나 커피를 마시며 친구처럼 이야기할 때면, 우리의 목소리는 더 부드러워지고 토론은 훨씬 더 침착한 분위기에서 이루어진다. 가장 최근에 발표된 데이터는 무엇이지? 기후 모델들은 어떤 예측을 하고 있지? 정부 기구와 기업은 이에 대해 어떻게 대응하고 있고 어떤 면에서 대응하지 못하고 있지? 이처럼 전문가들의 대화 속에서 당신은 문득 두려움이 엄습하는 것을 느낄지도 모르겠다. 인류는 이토록 자명한 사실을 직시하고 과연 필요한 조치를 취할 수 있을까? 인간은 본질적으로 이기적인 존재일까? 가장 암울한 예측이 현실이 되어 결국 우리가 살아남지 못한다면 어떻게 될까? 경제와 환경의 붕괴를 피하기에는 너무 늦은 것일까?[1] 하루가 시작될 때부터 끝날 때까지 과학적·사회적 사실과 함께 뒹굴며 우리 역시 절망감에 시달리며 산다. 오, 의사들이여, 당신 자신부터 치유하라!

이러한 과학적·사회적 데이터가 의심의 여지가 없는 것들이라는 점부터 확인하자. 각국은 2015년 파리 협정에서 스스로 설정한 목표에 계속 미치지 못하고 있다. 이와 동시에 과학자들은 21세기에 섭씨 3도(4.8℉) 이상 온도가 상승하는 지구 온난화를 피하기 위해 무엇을 해야 하는지에 관한 보다 구체적인 목록을 제시하고 있다. 요약하자면, 지구의 평균 기온이 지금 같은 추세로 멈출 줄 모르는 상승세를 이어갈 경우 지구 곳곳에 어떤 영향을 미치게 될 것인지, 연구 결과들이 점점 더 정밀하게 보여주고 있다. 전 세계 각 지역의 기온이 1도씩 상승할 때마다 이것이 날씨와 해수면 높이와 농업 생산량과 가용 수자원에 어떤 영향을 미칠 것인지 이제 우리는 알고 있다.

지구 온난화의 위험도는 매우 높다. 만일 우리가 적절히 대응하지 못한다면, 우리가 지금 알고 있는 정도의 지구의 생명 지탱 능력은 파괴될 것이다. 그 결과 150만 종에 이르는 생물종이 타격을 입게 될 것이다.[2] 그러나 이 사안은 과학부터 철학, 정치학, 경제학까지, 그리고 농업부터 교육까지 사회의 여러 분야와 영역에 걸쳐 매우 복잡하게 얽혀 있다. 또한 요청되는 개혁의 규모도 거대하다. 지금 우리는 전 세계의 국가들과 기업들과 중산층 소비자들의 행동 패턴에서의 근본적인 변화, 즉 극빈층을 제외한 모든 사람들의 라이프 스타일에 영향을 미치게 될 거대한 변화를 논하고 있다. 현실과 당위에 관한 이러한 자각은 심대한 불안감을 야기하는데, 이 불안감은 우울증과 무관심 또는 자포자기를 유발할 수도 있다.

만약 여러분이 열대우림 손실이나 생물종 멸종, 토양 침식 문제의 해결 또는 빈곤층의 권리와 환경 정책들을 위한 로비에 몰두하는 시민단체에 속해 있다면, 이러한 어려움을 가까이서 경험하고 개인적으로도 잘 알고 있을 것이다. 때로는 경이로운 성공을 축하하기도 하고, 때로는 그간의 노력이 말 그대로 세상을 바꾸기도 할 것이다. 그러나 때로는 실패들, 한정된 자금, 불의한 방법을 통해 돈을 버는 사람들의 노골적인 반대, 그리고 어느 쪽이든 상관하지 않는 대중의 태도로 인해 어려움을 겪기도 할 것이다. 전반적으로 기후는 변해가고 있지만 사람들은 (아직) 변하지 않고 있다는 점도 여러분도 잘 알고 있을 것이다.

"그들을 이길 수 없다면, 그들과 함께하라"는 오래된 격언은 전 지구적 착취에 관련된 시스템들과 자본주의의 영향을 (무기력하게) 바라보고만 있는 수많은 이들에게 유혹이 된다. 대체 어떻게 하면 그토록 거대한 규모의 변혁을 현실화할 수 있을까? 젊은이들과 활동가들의 눈에서 반짝이고 있는 이상주의는 우리 앞에 놓인 문제들의 거대한 규모 앞에서 희미해질 수 있다.

무언가를 실현하는 빅 아이디어

생태문명 개념은 이러한 상황에 직접 응답하는 소리를 낸다. 생태문명은 환경 관련 시민단체들이나 시위나 시민운동을 대체하지 않는다. 생태문명은 오히려 이 모든 것들에 크게 의존한다. 그러나 생태문명은 큰 청사진(그중에서도 가장 큰 청사진)을 우리 눈앞에 제시함으로써 매우 결정적인 방식으로 이러한 활동 전체를 뒷받침한다. 생태문명은 장기적인 관점으로 확장된 현실주의라고 볼 수 있다. 문명의 변화를 연구하는 것은 유토피아적인 세상을 꿈꾸는 것도, "완벽한 문명이 곧 다가올 테니 걱정하지 마세요"라고 말하는 것도 아니다. 대신, 근대 시대의 지속 불가능한 관행들이 5년 후에 끝나든, 50년 후에 끝나든 아니면 점진적인 전환 과정을 거치거나 급격한 붕괴를 통해 끝나든, 그 이후에 다가올 미래를 위한 토대를 마련하기 위해 소매를 걷어붙이고 지금부터 일에 착수하는 것이 우리의 의무일 것이다.

그렇다면 문명의 변화에 대한 전망은 왜 우리에게 희망을 주는 것일까?

1. **이 전망은 방향을 제시한다.** 생태문명의 가능성을 성찰하는 행위 자체가, 진정으로 지속가능한 것이 되려면 인류 문명이 어떻게 재구성되어야 할지를 진지하게 숙고하게 만든다. 이 성찰은 문명 전환이라는 목표를 이전보다 훨씬 더 구체적이고 명확한 것으로 만들어준다. 지속가능하고 정의로운 사회가 무엇인지에 관한 개념들이 더욱 분명해지면서 현재의 정책들에 대해 더 많은 지침을 제공하기 시작했다. 우리는 적어도 우리가 어디로 가야만 하는지에 관한 대략적인 로드맵을 가지고 있으며, 이는 우리가 어떻게 그곳에 도달할 수 있는지를 어느 정도는 알고 있다는 것을 의미한다. 광야에서 정처 없이 방황하면 절망에 빠질 수 있지만, 가고자 하는 목적지를 알고 있다면 아무리 큰 산들이 가로막고 있더라도 희망을 품을 수 있다. 우리는 우리가 어디로 가야 하는지 이미 알고 있다.

2. **이 비전은 전체를 포괄하는 비전으로부터 뻗어 나온다.** 다음으로 이야기할 희망은 생태문명이라는 용어 자체에 담겨 있

다. 생태문명은 인류의 장기적인 목표 자체를 제시한다─오랜 기간 동안 지속가능한 글로벌 문명에서 인류가 더불어 살아간다는 목표 말이다. 이 문명에서는 자원들이 공유되고 다수가 소수의 죄악으로 인해 고통받지 않는다. 우리가 직면한 위기는 포괄적인 특성을 보이기에 오직 똑같이 포괄적인 일련의 해결책들을 통해서만 이 위기에 적절히 대처하는 것이 가능하다. 문명적 변화를 위한 비전으로서 생태문명은 시스템 변혁을 위한 시스템 전략을 권장한다. 문명적 변화는 위험 부담만 큰 것이 아니라 해결해야 할 문제가 끝도 없이 산적해 있기에 많은 사람들이 부담스러워한다. 하지만 전체를 포괄하는 접근법을 취하게 되면 파편화된 문제들의 목록은 통합된 문명 시스템의 렌즈를 통해 재조명된다. 이것은 곧 수없이 많은 분절된 사회적·환경적인 문제들이 하나의 문명적 문제로 이해된다는 것을, 이 경우 문제는 감당하기 쉽게 느껴지고 희망마저 불러일으킨다는 것을 의미한다.

3. **이 비전은 이미 지금 여기에서 실현되고 있다.** 앞서 살펴본 로드맵의 가능성에 뿌리를 둔 희망은 두 번째 희망인 행동으로 이어진다. 목표를 이루려면 지금 당장 해야 할 일들이 많다. 변화를 일으킬 수 있을 때 보람을 느끼는 것은 인간의 본성이며, 정반대로 할 수 있는 일이 아무것도 없을 때 인간은 절망에 빠지게 된다. 병과 캔을 재활용하고, 자동차 운전을 줄이고 (또는 프리우스를 타고), 전 지구적으로 사고하면서 지역적으로 활동하면 자연환경을 보호할 수 있다고 믿었던 시절을 기억하는 독자들도 있을 것이다. 오늘날 우리는 이러한

조치만으로는 기후변화를 막을 수 없다는 사실을 알고 있다. 현 단계에서 우리는 성공을 과거와는 다르게 정의한다. 성공은 더 이상 기후 충격이나 생물종 멸종을 회피함에 관한 것이 아니다. 그것들은 이미 우리 주변에서 발생하고 있는 사건들이다. 대신, 이제 우리의 성공은 새로운 문명을 향한 진취적인 움직임에 관한 것이며, 경제적 붕괴를 피하든 경제적 붕괴가 지나간 후 재건을 시작하든 새 문명을 향해 전진하는 행동 하나 하나는 모두 가치 있다. 앞서 7장에서 살펴본 것처럼 새로운 문명을 향한 문명 운동은 이미 우리 앞에 있다. 하나의 생태문명이 제 모습을 드러내기 시작했다.

4. **이 목표는 달성할 만한 것이다.** 희망의 마지막 근거는 이상하게 보일지도 모르지만, 아마도 지금까지 제시된 근거들 가운데 가장 심오한 것, 바로 현실주의다. 미래에 일어날지도 모르는 두려운 가능성을 억누르고 생각하지 않으려 하면 불안이 더 깊어지는 경우가 많다. 반대로 두려움을 벽장 밖으로 꺼내어 똑바로 바라보면 일종의 낯선 자유가 찾아온다. 오늘날의 '근대' 문명과 지구상에서 지속가능한 삶의 형태 사이에는 큰 격차가 존재한다. 인류가 제때 대응하지 못하면 우리 모두가 큰 난관에 봉착할 수 있다는 위협은 실재한다. 만일 우리가 제대로 대응하지 못한다면, 우리가 알고 있는 세계화된 근대 세계를 이루고 있는 수많은 사회적, 경제적, 정치적 구조들의 붕괴를 목격하게 될 가능성이 높다. 그 결과는 심대할 것이다. 이러한 가능한 결과를 직시하는 것에는 뭔가 엄청난 자유가 있다. 우리가 직면하고 있는 상황을 알게 될 때, 우

리는 우리가 가장 피하고 싶은 것이 무엇인지도 알 수 있다.

지금의 전 지구적 상황에 대한 냉정한 평가를 받아들이더라도 우리가 문명 전환을 해낼 수 가능성은 여전히 있다. 우리가 지금 어디에 있는지를 알고 (현실주의), 우리가 어디로 가고 있는지를 알며 (목표), 우리가 무엇을 해야 하는지를 알고 (로드맵), 그것을 실행하고 (시민운동), 우리가 아마도 성공하게 되리라는 것을 (희망) 아는 것 자체가 이미 변혁적이다. 지속가능한 문명으로 가는 여정은 경이로운 기술 혁신, 큰 영향력이 있는 사람들의 대규모 자원 공유, 사람들의 자발적인 자기 희생을 통해 신속히 진행될 수 있다. 그렇지 않을 경우, 우리는 어쩌면 죽음의 음침한 골짜기를 먼저 걸어야 할 것이다. 그러나 어느 쪽이든 우리는, 아니 적어도 우리 중 일부는 생태문명에 도달할 것이다. 장기적인 결과를 진지하게 고찰하는 행위 자체가 모두를 위한, 가장 심오하고도 현실적인 희망을 불러온다. 이것이 바로 이 책의 비전이다.

프레임워크 만들기와 협업 촉진하기

이전 챕터에서는 생태문명이라는 개념이 어떻게 풀뿌리 시민운동 수준에서 새로운 실천에 동기를 부여하고 있는지 알려주는 몇 가지 사례들에 초점을 맞추었다. 이제 한 걸음 물러나 왜 이러한 실천적인 행동들이 촉발되었는지 알아보고자 한다. 생태문명은 일반적으로 환경주의와는 어떻게 다르며, 지속가능성을 향한 다른 '녹색' 운동과는 어떻게 다른 것일까?

정책 담당자들에게는 식량, 물, 에너지 등 특정 분야의 전문가가 되어야 한다는 강한 압박이 있다. 우리에게는 전문가가 긴요하다. 농업과 경제 분야의 지속가능한 실천들을 수용하고, 재생 에너지의 개발과 사용을 지원하고, 대기 중 이산화탄소와 메테인을 저감하는 라이프스타일을 장려하는 행위도 긴요하다. 많은 시민단체가 이러한 분야 (그리고 기타 여러 분야)에서 훌륭한 일들을 이미 수행하고 있다. 정책 관련 업무를 수행하지 않는 시민단체는 풀뿌리 혁신운동과 시민운동을 지원하거나 영감을 주는 새로운 미래 비전과 서사를 개발하는 경우가 많다. 사회의 여러 부문들을 연결하는 구체적인 정책에 초점을 맞추는 경우는 상대적으로 적다.

가장 단순한 것부터 가장 포괄적인 것까지의 연속체를 생각해보자.

1. 인도의 표범 구하기, 핵폐기물의 안전한 처리 등 한가지 이슈에 관한 전문적인 토론

2. 에너지 분야 같은 특정 분야의 전문가

3. 두 부문 간 토론—예컨대 에너지와 수송은 어떻게 상호 연관되어 있는가.

4. 한가지 이슈를 주제로 한 다 분야의 토론—예컨대, 기후변화의 흐름을 되돌리기 위해서 취할 수 있는 10가지 이상의 구체적인 조치들.

5. 다양한 조치와 분석을 전 지구적인 행동 계획으로 통합하는 프레임워크.

6. 통합적 사고 같은 새로운 서사, 패러다임 또는 세계관—이것을 옹호하는 이들은, 만일 우리가 이것을 확실히 수용한다면 기후변화를 해결할 수 있다고 생각한다.

생태문명 개념은 위의 (5)단계에서 작동한다. 생태문명 개념은 처음 네 단계에서 마지막 단계를 전망하고, 마지막 단계에서 다시 개별적 단계들로 눈을 돌린다. 즉, 생태문명 개념은 문제를 총체적으로 바라보고, 부문 간의 상호 연결을 모색하며, 장기적인 변화를 이루어내는 데 가장 중요한 부문 간의 연결을 구축하는 것을 의미한다.

협업을 촉진하는 일과 프레임워크를 만드는 일의 관계에 대해 생각해보자. 협업을 촉진하고 유지한다는 것은 네트워크를 하나의 운동으로 성장시키고, 조직 구조를 통해 지원하고, 커뮤니케이션을 지속하고, '행동으로 동참할 수 있는 지지층'을 형성하고, 컨퍼런스와 시민들이 공적으로 참여할 수 있는 운동을 조직한다는 것을 의미한다. 350.org, 그린피스Greenpeace, 시에라 클럽Sierra Club, 세계자연기금World Wildlife Fund 같은 단체는 이러한 조직화를 매우 잘 수행하고 있다. 광범위한 프레임워크를 만드는 일은 이와는 다르다. 탄소 배출량 감축이나 산림 보존을 위해 싸우는 것이 매우 중요한 일임에는 틀림없지만, 광범위한 프레임워크를 만드는 일은 이런 활동들과는 다르다. 이 챕터에서 우리는 왜 지속가능한 미래 문명이 사회의 모든 면면을 재설계할 수 있는 프레임워크가 되어야 하는지를 밝혔다. 전에도 언급했듯, 전체를 이끄는 힘은 몇몇 환경적인 성취가 아니라 문명적 변화 그 자체다. 모든 활동들은 바로 이 목표의 달성에 기여하는 바에 따라 평가되며, 목표 달성 과정상의 단계로 간주될 것이다. 숲 전체를 바라봐야만 개별 나무들을 살릴 수 있는 방법을 알 수 있는 법이다.

전체를 아우르고 시스템적이며 장기적임—바로 이것들이 환경 관련 행동을 서술하고 구조화하고 실제로 수행하는 데 중요한 지침이 된다. 문명 단계에 이를 때까지 상호간 연결들을 추적할 때 우리는 그것들을 어떻게 이해하고 개선하고 테스트하고 적용할지 배우게 된다. 바로 이 **추적**이 식량 정의, 농업 개혁, 식수 접근성, 여성과 소녀들의 권익 신장, 사회와 개인들의 라이프스타일 변화 등 다양한 분야 간 협업을 지속하는 데 필요한 프레임워크다. 특정 정책들을 연구하는 싱크탱크 그룹들과 특정 개혁안들을 옹호하는 단체들은 환경적 변혁의 핵심 원동력이다. 그러나 장기적인 조율을 위해서는, 예를 들어 서로 다른 종교 기관들이 서로 협력하거나 정부와 기업과 비정부기구 간의 중요한 파트너십을 구축하는 것과 같은 일에는, 사회 각 부문들의 통합이 필요하다.

　　때로는 여러 부문들을 포괄하는 제안만으로는 충분하지 않을 때가 있다. "지구 온난화의 흐름을 되돌리려는 이제까지의 계획 가운데 가장 포괄적인 계획"이라고 자처하는 폴 호컨Paul Hawken의 저서 《플랜 드로다운 *Drawdown*》을 생각해볼 만하다.[3] '드로다운 아젠더 Drawdown Agenda'는 기후변화에 대한 100가지 해결책으로 구성되어 있는데, 에너지, 식량, 여성과 소녀들, 건물과 도시, 토지 이용, 교통, 물자, 매력적인 미래 에너지 등의 부문으로 나뉜다.[4] 호컨은 다양한 분야의 주요 계획들을 한 권의 책에 모아 훌륭한 공헌을 하고 있다. 그러나 우리는 여전히 다음과 같은 것을 질문할 필요가 있다―기후변화와 기후변화에 기여하는 수십 가지 요인들이 문명 변화라는 거대한 운동 안에서 어떤 위치를 차지하는가? 앞으로 닥쳐올 희생에 요구되는 희망은 무엇으로 유지할 수 있을까? 우리가 수행해야 하는 과업의 목록 외에도 이러한 다양한 영역을 개념적으로 연결하는 전 지구적인 사고 역시 필요하다. 점점 더 많은 이들이 다양한 분야들 간에 더 높은 수준의 통합이 시급하다는 점, 그리고 우리가 어떻게 변화를 만들어낼 수 있을지 이론적으로 더 정교하고 높은 수준의 사고가 필요하다는 점을 깨닫고 있다.

'백캐스팅'—목표를 향한 행동을 유도하는 방법

그렇다면 우리의 목표는, 장기적인 목표를 분명히 함으로써 그 목표가 현재 행동 지침 역할을 수행하게 하는 것이다. 일부 학자들은 이 과정을 설명하기 위해 '백캐스팅backcasting'이라는 용어를 사용한다. 백캐스팅은 "특정한 미래의 결과에서 시작해서 현재 상황까지 역방향으로 진행하는 역예측 기법"[5]이다. 이 기법은 1970년대부터 주요 사회 문제들을 해결하기 위한 방법으로 사용되어 왔다. 우리는 때때로 50년 후에 우리가 얻고자 하는 바를 알 수도 있지만, 그것을 얻기 위해 오늘날 어떤 노력을 기울여야 할지는 확신하지 못한다. 디자인 연구에서 사람들은 "미래의 사건이나 상황을 제안한 다음 역방향으로 작업하여 여기에서 저기까지 이어지는 그럴듯한 연쇄적인 인과관계를 구성한다."[6] 일반적으로 사람들은 미래를 향해 앞으로 나아가는 방식으로 해결책을 찾으려고 노력한다. 반면, 백캐스팅에서는 원하는 결과를 최대한 상세하게 기술하고 이러한 결과를 토대로 "장기적인 결과를 촉진할 수 있는 단기 계획 및 정책 목표"[7]를 도출한다.

'리버스 엔지니어링reverse engineering'이라는 용어도 비슷한 방식으로 사용되지만 그 의미는 다소 다르다. 본래 컴퓨터 과학에서 유래한 이 개념은 완제품 (일반적으로 하드웨어 또는 소프트웨어)을 분해하여 어떻게 작동하는지를 연구하고, 그와 동일한 결과를 얻을 수 있는 부품들을 조립하는 것을 의미한다. 더 넓게 보면, 리버스 엔지니어링은 전체에서 부분으로 이동하는 방식으로, 원하는 결과물을 만들어내기 위해 기존에 했던 것과는 다른 방식으로 부품들을 조합하는 것이다. 비유하자면 이것은, 현 사회의 각 부분을 어떻게 조직할 때 우리가 추구하는 결과를 더 잘 만들지 살펴보기 위해 생태문명이라는 더 넓은 개념을 면밀히 분석(분해)하는 것이다.

어떤 용어를 사용하든 핵심 아이디어는 동일하다. 현 시점의 행동에 대한 지침을 얻기 위해 미래에서 시작한다는 것이다. 순환과정을 추적하고 다시 또 추적할 필요가 있다— 현재의 의사결정 과정을 안내하기 위해 우리가 추구하는 목표인 지속가능한 사회로부터 백캐스팅하는 것, 그 목표를 향한 단계들로서 오늘날의 정책 결정의 결과물을 예측하는 것 말이다. 한편, 이러한 예측 행위는 목표의 확정에 도움이 되고, 이는 백캐스팅을 더 정교하게 만들어주고, 이는 또 오늘의 행동 방향을 더 잘 지시해준다.

이것이 바로 **현실세계에서 작동하는 생태문명**이다. 생태문명은 모든 분야들에 적용되는 생태학적 원칙에 기반한 전혀 다른 종류의 문명이라는 아이디어에서 시작해서 역방향으로 나아간다. 백캐스팅이 오늘날 환경 정책 수립의 표준을 정한다—이를 통해 학자들과 지도자들은 우리가 현재 실제로 하고 있는 일과 우리가 해야만 하는 일을 대조할 수 있다. 예컨대, 에너지·운송 부문의 현재 관행은 기후 파괴를 가속화함으로써 기존의 경제, 사회, 정치 시스템에 위협이 되고 있다. 대체 에너지원과 지속가능한 형태의 교통수단에 대한 투자는 전적으로 생태학적 원칙에 기반한 사회가 어떤 모습일지를 우리가 보다 구체적으로 그려 나가도록 도와준다. 다시 말하자면, 백캐스팅 기법을 사용함으로써 정책 입안자들은 현 상황에 보다 더 적합한 목표들과 전략적 우선순위를 정할 수 있게 된다.

　　이 백캐스팅 기법은 정부나 종교 지도자들, 그리고 많은 경우에 비정부기구 지도자들 사이에서 널리 이용되고 있지는 않다. 흥미롭게도 이 방법은 민간 부문에서 흔히 사용된다. 기업들은 종종 미래의 수요와 공급 패턴을 계산하여 자원 가용성과 소비자 수요를 예측한다. 그런 다음 기업들은 예측한 미래 상황에 관한 추정치를 기반으로 투자를 결정한다. 석유기업 쉘Shell이 수소 자동차 개발에 앞장서게 된 것도 이러한 종류의 추정 때문일 것이다. 앞서 언급한 '드로다운Drawdown' 프로젝트는 여러 부문들에 걸쳐 기후변화를 늦출 수 있는 방법론들을 종합한 것으로, 이는 중요한 진전이다. 하지만 백캐스팅 기법을 사용함으로써 이런 질문도 가능해진다──특정한 문명적인 목표를 기준으로 다양한 조치들을 어떻게 통합하고, 그것에 어떤 식으로 우선순위를 매길 수 있을까? 다양한 요소들이 조합되어야 한다는 점을 기준 삼을 때 최종적 결과물은 무엇일까?

　　〈스타트렉Star Trek〉의 피카드 선장Captain Picard처럼 우리 역시 "아직 아무도 가보지 않았던 곳으로 대담하게 나아가는" 여정을 시작하고 있다. 생태문명에 필요한 것이 무엇인지 우리도 처음으로 발견해가는 중이므로, 생태문명에 대한 비전은 유연할 필요가 있다. 최종 목표에서 역방향으로 나아가며 현재의 활동이 무엇이어야 하는지 알게 되는 이 과정에서 얻게 되는 통찰은 최종 목표 자체에 대한 우리의 이해에 다시 반영될 것이다. 이 과정은 직선형이 아니라 8자형에 가깝다. 이렇게 진행되는 과정을 통해 우리는 부자와 빈자

간 불평등이 심화되고 있고 유한한 지구에서 무한한 성장이 불가능하다는, 우리가 처한 상황의 실상을 알아차리게 될 것이다. 이러한 깨달음은 새로운 목적지를 향하는 새로운 지도를 만들게 할 것이다. 어떤 단체의 전략적 계획이 미션과 비전을 바탕으로 수립되는 것처럼, 국가 또는 지구 전체를 위한 전략적 계획도 통일된 목표에 따라 수립되어야만 한다. 그렇지 않을 경우 현재 우리가 목도하고 있는 것과 같은, 계획들과 정책들이 주먹구구식으로 나열된 혼잡한 상황이나 어떤 것도 더 이상 진행되지 않는 교착상태에 빠질 수 있다. 시민단체 부문에서도 우리는 각 단체들 간에 장기적 협력을 구축하는 데 어려움을 겪고 있다. 여러 단체들의 분절된 단편적인 노력만으로는 충분하지 않다. 즉, 그런 노력은 국가적, 국제적 수준에서 변혁을 일으키기에 충분할, 다부문에 적용되는 임계 질량을 만들어낼 수 없다. 오늘날의 부분적 노력의 총합은 우리에게 시급히 필요한 새로운 종합적 문명과는 너무도 거리가 멀다.

    이러한 종류의 통합적인 과업의 사례를 상상하기란 어려운 일이 아니다.[8] 이러한 사례는 대개는 글로벌 시스템 문제들에 대응하는 광범위한 정책 혁신의 사례다. 현재 케이프타운은 물이 완전히 고갈될 위기에 처해 있는데, 세계의 다른 도시들은 각자의 지역에서 예상되는 물 부족에 어떻게 대비할 수 있을까? 전 세계 종교 지도자들은 4년에 한번씩 만나 사회적 대외 활동을 조율하는데, 어떻게 하면 전문가들은 그들에게 기후위기에 관한 정보를 가장 효과적으로 전달할 수 있을까? 빈곤층의 식량 위기는 지역적, 지방적, 전 세계적인 여러 요인들에 의한 것인데, 어떻게 하면 전문가들이 함께 모여 보다 체계적이고 효과적인 대응책을 마련할 수 있을까?

이러한 교량 역할의 수행이 결정적으로 중요하다. 많은 단체들이 환경 위기와 관련된 특정 부문에서 일하지만, 다부문을 아우르며 일하는 단체는 극소수다. 또한 전체적으로 어떤 미래가 되어야 하는지를 논하는 '큰 비전' 단체들이야 많지만, 현재의 행동에 지침을 주는 데 필요한 세부사항에 대한 관심은 없다. 신중한 백캐스팅 기법을 기초 삼는 시민단체가 있다면, 그 단체야말로 현재 전 지구적 상황의 시스템적 문제들에 대응하는 정책의 대강과 행동 플랜을 개발하는 데 핵심적 역할을 담당하게 될 것이다.

국제적인 네트워크에서의 파트너십

백캐스팅 기법을 사용하기 위해 필요한 최소한의 합의 사항에는 어떤 것이 있을까? 먼저, 목표에 동의해야 한다. 우리는 그 목표가 진정한 생태문명이라고 믿으며, 앞서 5장에서 보았듯 이 문명을 다른 식으로 서술하는 것도 물론 가능할 것이다. 그러나 그 이름을 무엇이라 부르든, 그와 같은 새로운 문명은 기계론적이고 개인주의적 관점이 아니라 유기체적이고 생태학적인 관점에서 먼저 생각하는 사람들에 의해서만 만들어질 수 있다. 여기서 우리는 '두 쌍'의 용어로써 이러한 차이를 드러내고 있는데, 그건 발상의 전환에는 세계를 구성하는 단위, 그리고 이들이 어떻게 서로 연관되는지가 연루되기 때문이다. 개인의 독립적인 소비 욕구가 인류를 붕괴 직전까지 몰고 갔다면, 생태학적 원칙에 기반한 사회는 경쟁이 아닌 협력을 중심으로 **상호 의존**하는 것에서 시작해야 한다. 더 효율적인 기술은 물론 좋은 것이다. 그러나 사람들이 실제로 공유되는 이익을 위해서 살게 될 때야 비로소 그들은 이 변혁 운동에 완전히 동참한 것이다

생태문명이 우리에게 희망을 불러일으키는 이유는 무엇인가?

이번 챕터에서는 현재 많은 사람들이 하고 있는 행동을 뛰어 넘는 장기적인 비전을 중점적으로 다루었다. 우리는 개혁을 위한 중차대한 노력들에 둘러싸여 있고, 이것들을 지원하고 보조하는 활동은 중요하다. 현재 개혁을 향한 노력에는 에너지, 교통, 무역, 개발, 농업, 교육, 도시화, 경제학, 정치학, 국제관계 등 (이 목록에는 더 많은 부문들이 추가될 수 있다.) 사회의 거의 모든 부문이 포함된다. 그러나 현 시점에서의 목표는 현재의 구조를 개혁하는 것만이 아니라 변혁하는 것이어야만 한다. 에베레스트 산을 등반하려면 베이스캠프에 도착한 후 베이스캠프를 넘어 캠프 1, 2, 3, 4, 그리고 그 너머까지 올라가야만 한다. 마찬가지로 우리는 환경주의와 '녹색운동Going Green'을, 지속가능한 발전과 물질만능주의와 자본주의와 사회주의를, 심지어는 환경 정의까지도 넘어서 앞으로 나아가야만 한다.

재생 에너지를 예로 들어보자. 풍력이나 태양광 같은 재생 에너지 사용을 지지하는 많은 사람들은 현재의 (또는 계속 증가하고 있는) 에너지 소비 수준을 유지하면서 이산화탄소 배출을 줄이려는 의도로 재생 에너지를 사용한다. '지속가능성'이라는 용어는 종종 현재의 라이프스타일을 그대로 유지한다는 의미로 사용된다. (특히 현재의 라이프스타일을 계속 유지하고자 하는 사람들에게는 더욱 그렇다!) 반면, 생태문명은 재생 에너지 사용을 촉진할 수도 있겠지만, 자연과 취약층에 대한 현재의 착취 시스템을 넘어서는 **훨씬 더 근본적인 전환,** 라이프스타일과 소비 수준에 영향을 미치는 정신적 태도의 전환 역시 포함한다.

그렇다면, 사회 여러 분야 전문가들이 생태문명 구축이라는 장기적 목표의 관점에서 생각하고, 그 목표로부터 자신들의 분야를 되돌아본다고(백캐스팅한다고) 상상해보자. 이 목표는 그들의 전문 분야에 대한 각각의 연구, 그리고 그들이 결론으로 도출하는 권고사항들에 영향을 미치게 될 것이다. 이러한 영향은 그들이 함께 모여 분야들 간의 상호 연관성을 연구하고, 실제로 백캐스팅 기법을 사용해서 다부문 분석을 지도하는 실무 그룹을 구성하도록 만들 것이다. 이런 종류의 파트너십은 그 속성 자체가 변혁적이라 할 수 있다. 이러한 지속적인 협력은 변화를 위한 구체적인 계획들, 즉 정치권에서 통상 허용되는 것보다 더 광범위하고 장기적인 계획들을 만들어낼 것이다.

이러한 사례들은 유기체적 또는 생태학적 모델에 기초해서 행동하는 것이 어떤 변화를 일으키는지를 강조하는 데 도움이 된다. 생태문명 운동에 참여하는 단체들과 개인들은 표준적인 분과주의적 전제들에 도전하는 패러다임, 모델, 방법론들을 개발해왔다. 맥길 대학교의 피터 브라운Peter Brown, 버몬트 대학교의 존 에릭슨John Erickson 같은 학자들은 자신들이 훈련 받았던 '환경적으로 민감한 경제학environmentally sensitive economics'을 넘어 진정한 '생태경제학'의 옹호자가 되었기 때문이다. 이들은 근대 이후의 생태 사회의 번영과 안정에 기여할 교역 원칙 그리고 이를 위해 우리가 취해야 할 단계적 조치들을 개발하기 시작했다.

또한 생태문명 운동 내에서 성장하고 있는 새로운 종류의 파트너십이 있다. 철학자들과 역사가들과 종교 지도자들은 근대 이후 사회의 근간이 될 패러다임을 초기 단계에서 선명히 밝히는 데 도움을 준다. 이들의 비전이 분명하고 설득력이 높을수록 백캐스팅을 통해 자신의 분야를 이끌어가는 전문가들에게 더 큰 도움이 될 것이다. 정책 전문가들과 공익을 위해 일하는 민간 부문의 선구자들, 변호사들과 몇몇 정치 지도자들은 새로운 정책을 '실용화operationalizing'하고 필요한 정치적, 법적, 재정적 지원을 제공하는 데 큰 영향력을 발휘할 수 있다. 자연에도 법적 권리를 부여하는 지구법학Earth jurisprudence을 위해 노력하고 있는 한국의 강금실 전 법무부 장관처럼 '모두에게 이익이 되는 세상'이라는 장기적인 목표에서 영감을 받아 창의적 해결책을 제시하는 비전 있는 리더가 필요하다. 마지막으로, 시민단체의 수장들과 풀뿌리 활동가들은 진정한 생태학적 원칙들을 이미 실천에 옮기기 시작했는데, 판도 포풀러스의 대표인 유진 셜리Eugene Shirley가 자기 단체의 활동을 설명한 것처럼, 이들은 "생태문명이라는 이상을 구체화하고 있고" 또한 "그 문명이 정착할 곳의 주소를 제공하고 있다."[9]

이러한 유형의 상호작용을 설명하기 위해 **네트워크 이론**이라는 프레임워크가 등장했다.[10] 이 상호작용 과정은 위계적이지 않아서, 어느 한 영역의 발전은 전체 네트워크를 통해 반향을 일으킨다. 각 기여자는 네트워크상의 한 연결점(접속점)node이며, 한 기여자의 활동은 네트워크를 통해 퍼져서는 어떤 이에게도 영향을 미칠 수 있다. 생태문명을 향해 나아가는 데 필요한 사고하기의 양태라는 일반 목표에 초점을 맞추려는 이들은 전체를 아우르는 중요 개념들에 기여하게 될 것이다. 싱크탱크는 결과적으로 미칠 수 있는 영향과 시나리오를 연구하는 데 지속적인 역할을 한다. 풀뿌리 운동의 지도자들은 이미 이러한 아이디어들을 실천에 옮기는 실험을 하고 있으며, 이들이 보유한 경험과 지식은 이미 학자들과 정치 지도자들에게 없어서는 안 될 필수 요소가 되었다. 이 운동에 긍정적인 기여를 하기 위해서 어떤 용어나 이론에 완전히 동의할 필요가 있는 것도 아니다.

그 결과, 생태문명 운동 전반에 걸쳐 상호 격려의 네트워크가 형성될 것이다. 특정 분야의 활동가들은 타 단체가 인식하지 못하는 필요와 기회를 발견하고, 타 분야 활동가들에게 도움을 요청하거나 직접 행동에 나설 수도 있을 것이다. 생태문명 싱크탱크의 아이디어를, 그것을 시행할 수 있는 단체들에게 전달하는 것도 중요하다. 예를 들어, 포모나Pomona 남부의 이민자 농부들을 조직해서 이른바 '식량 사막food desert' 한가운데에서 채소를 재배하려는 낸시 민트Nancy Minte(언커먼 굿Uncommon Good의 대표)의 경우라면, 농부들이 자신들이 재배한 농산물을 이웃에게 합법적으로 판매할 수 있도록 시의 구역법을 변경하는 데 도움을 줄 변호사와 시 공무원이 필요할 것이다. 보다 글로벌한 수준에서 케이프타운 물 위기도 생각해볼 수 있을 것이다. 이곳의 물 위기는 수문학자의 노력만으로는 해결할 수 없다. 가뭄이 빈번해진 시대에 도시화 자체를 재고하는 데 필요한 사고와 실천의 변혁을 고안하고 실행하기 위해서는 남아프리카만이 아니라 전 세계의 광범위한 전문적인 지식이 요구된다.

공동선을 위한 네트워크 기반의 협력은 마을, 지방, 국가, 국제적 수준에서 구현될 수 있다. 복잡하고 풍요로운 네트워크의 특징은 다양한 접근법과 다양한 주안점들이다. 즉, 연결점들의 다양성이 빈곤해질 때, 네트워크는 실패할 수밖에 없다. 생태문명으로 향하는 운동 내에서 협력을 유지하는 데 필요한 근본적으로 다원적인 관점을 유지하려면, 생태문명에 대한 장기적인 관점이 필요하다. 초기 단계에서는 다소 비공식적인 구조로도 충분하지만, 시간이 지남에 따라 이러한 구조가 성장하고 더 확고하게 자리 잡아야 한다. 현재의 변화 속도로 볼 때 향후 몇 년 안에 상황은 우리가 (현재의 특정 단계를 위해) 개발할 수 있을 어떤 구조든 그것을 초과하게 될 것임을 기억해야 한다.

이것이 바로 우리가 생태문명을 위한 국제적 운동과 네트워크를 말하는 까닭이다. 이 운동과 네트워크는 풀뿌리 시민운동 수준부터 국제적인 수준까지 모든 수준에서의 협력적인 상호작용에 의해 좌우된다. 이 네트워크는 일상적인 탄소 발자국 저감과 도시 텃밭에 사용할 퇴비의 조성에서, 아프리카 마을의 여성들을 위한 소액 대출로, 또한 자신들이 초래하지 않은 기후변화로 인해 많은 사람들이 죽어가고 있는 국가들에 대한 막대한 재정적 지원으로 뻗어 나간다. 그리고 이 네트워크는 궁극적으로는 우리의 행동을 결정하는 가장 깊숙한 내면의 동기에까지 영향을 미치는, 기존의 것들과는 다른 세계관·인생관과 결부되어 있다. 생태문명 운동에 참여하고 있는 몇몇 구성원들은 이를 '생태 영성Ecological spirituality'이라고 부른다.

미래로의 전환을 위한 로드맵을 대중들이 인식하기 시작하면서 우리는 지금 희망이 어떻게 다시 태어나는지를 지켜보고 있다. 영국의 지도를 본다면 '모든 길은 런던으로 이어진다'는 결론에 이를 수 있을 것이다. 지속가능한 세상이라는 목표에서 역방향으로 바라보면, 인류 문명의 각 부문에서 시작된 길들이 마치 바퀴의 중심을 향하고 있는 바퀴살처럼 하나의 목표에 수렴하는 것을 볼 수 있다. 이 여정은 고통스러울 수도 있고, 인류와 생물종들의 멸종이라는 측면에서 우리는 우리가 이해할 수 있는 범위를 뛰어넘는 대가를 치를 수도 있다. 그러나 모든 도로가 수렴하는 지점이 지도상에 존재한다는 것은 분명하다. 그러므로 아무도 여러분에게 "우리는 그저 무엇을 해야 할지 모를 뿐이다"라는 말은 하지 못하도록 하라. 각 부문별로 필요한 단계적 조치들에 관한 최소한 대략적인 서술은 이미 마련되어 있으며, 우리가 각 단계의 조치들을 더 많이 시행할수록 그 다음 단계의 조치들이 더 분명해질 것이다. 이제 우리의 발을 내딛고 걷기 시작할 때다.

현실적인 희망

이 챕터에서 우리는 위기에 처한 지구의 현실을 냉철한 눈으로 살펴보았다. 인간의 활동으로 인해 지구환경에 존재하는 온실가스가 지난 80만 년 만에 최고 수준으로 상승했다. 이 실수의 결과들이 이제 전 세계적으로 가시화되고 있다. 미래도 마찬가지다. 과학적으로 더 앞선 종으로서 우리 인류는 그 결과들이 모든 대륙에 미칠 영향에 관해 매우 상세한 정보를 확보하고 있다. 우리 모두가 타고 있는 기차가 산비탈을 통제 불능 상태로 달리고 있다. 기차가 선로를 벗어나기 전에 브레이크를 밟을 시간은 이제 얼마 남지 않았다. 안타깝게도 우리는 앞으로 일어날 충돌의 결과가 어떤 모습일지, 우리가 알고 싶은 것보다 훨씬 더 많은 것을 알고 있다. 우리가 처한 현실을 부정한다고 해서 상황이 바뀌는 것은 아니다.

퍼시 비시 셸리Percy Bysshe Shelley는 문명 변화에 관한, 가장 영향력 있을 시 한편을 썼다. 그는 결코 잊히지 않을 몇 가지 강렬한 이미지로써 인류 문명의 우발성과 자신들이 이룩한 제국과 다국적 기업들이 결코 사라지지 않을 것이라고 생각하는 왕들과 테크노크라트technocrats들의 교만을 이렇게 포착하고 있다.

생태문명이 우리에게 희망을 불러일으키는 이유는 무엇인가?

나는 예스러운 땅에서 온 여행자를 만났다,

그가 말했다—"두 개의 거대한 돌로 만든 다리들이 몸통도 없이

사막 한가운데에 서 있었다…그 근처, 모래 위에,

부서진 얼굴 석상이 반쯤 파묻힌 채 뉘어져 있었다, 찡그린

얼굴로,

그리고 주름진 입술, 차가운 명령을 내리는 듯 비웃는 표정,

그 석상을 만든 장인이 그런 격정적 감정들을 잘 읽었다 말해

준다.

그 격정만은 살아남아, 생명이 없는 것들에 각인되었다,

그들을 조롱한 손, 먹이를 준 심장

그리고 받침대 위에, 이런 글귀가 쓰여 있었다:

내 이름은 오지만디아스, 왕 중의 왕이다;

내 작품들을 보아라, 이 장대함을 보아라, 그리고 절망하라!

그 옆에는 아무것도 남아 있지 않았다. 그 쇠망함 주변으로

거대한 잔해들, 끝이 없고 황량한

외롭고 평평한 모래만이 끝없이 펼쳐져 있다.

—퍼시 비시 셸리, 〈오지만디아스Ozymandias〉

근대 문명은 인류 역사상 최초로 전 지구적으로 확장한 문명

이며, 그 업적은 무궁무진하다. 그러나 자신의 오만함으로 인해 오

지만디아스가 되고 말았다. 한때 문명이 번성했던 곳에는 사막이 생

겨나고 있고, 그 폐허는 외롭고 평평한 모래로 둘러싸여 있다.

환영이 사라질 때 진정한 희망이 솟아난다. 셸리가 시에서 제

시한 황량한 이미지는 어떤 문명도 붕괴 가능성을 뛰어넘을 수 없다는 사실을 일깨워준다. 바로 이 지점에서 과학자의 지식과 역사가의 지식이 수렴한다.

그러나 상황은 절망적이지 않다. 전문가들이 촉구하고 있는 행동들은 정확하고 또한 시급하다. 전 세계의 비정부기구들, 용기 있는 개인들, 종교 공동체들, 몇몇 정부들과 기업들이 필요한 개혁을 실천하기 위해 구체적이고도 심지어 희생적이기도 한 조치들을 취하고 있다. 여러분도 동참해주기를 우리는 간절히 소망한다.

그러나 현 시점에는 우리의 현재 행동에 **대한** 태도도, 우리의 가능성에 대한 평가도 천편일률적인 것은 아니다. 어떤 환경운동가들과 활동가들은 우리가 힘을 합쳐 노력하면 재앙을 피할 수 있다고 낙관하고 있다. 다른 이들은 데이터와 현재 전 세계의 대응을 보면서 이미 너무 늦었다는 결론을 내린다. 태도가 중요하다. 희망 없이 살아가는 태도는 누군가가 행동에 나설 힘을 빼앗는다. 하지만 순진한 희망을 품고 산다면, 무기력한 실망에 빠질 수도 있다.

이 책은 이 두 가지가 아닌 세 번째 가능성, 즉 생각과 행동을 안내하는 접근법을 다루고 있지만, 태도에 관한 핵심적인 질문 역시 거론하고 있다. 현재의 전 지구적 상황을 문명사적 변화의 하나로 이해하기 시작하면, 매우 다른 종류의 희망, 즉 현실적인 희망과 장기적인 희망으로 이어진다. 지구는 몇 세기가 지난 후에도 여전히 생명체를 양육할 것이고, 우리가 보유한 거의 모든 시나리오에서도 인간은 여전히 지구에서 살 것이다. 그러나 모든 설명에 근거해 예상하자면, 여기에서 저기까지 가는 길은 험로가 될 것임이 틀림없다. 얼마나 험난할지는 어떤 책의 저자와 상담하느냐에 따라 달라질 것이다. 어떤 사람들은 약간의 어려움은 있겠지만 모든 것이 끝장나는 일은 없을 것이라 전망한다. 현재의 문명과 생활 방식은 약간의 손실을 경험하고 많은 개선을 통해서 결국은 난관이 극복될 것이라 예상한다. (아마도 휴가를 갈 때 우리가 여전히 비행기를 탈 수는 있겠지만, 전기 비행기로만 갈 수 있을 것이다.) 반면, '대안 모색하기' 운동은 데이터 해석을 통해 인류사회가 근본적으로 변모하게 될 것이라고 말한다. 지구의 온도가 섭씨 3도 이상, 즉 화씨 5.4도 이상 상승하는 사태는 더 이상 불가능한 것이 아니며, 그런 상황에서는 거의 모든 것이 영향을 받을 수밖에 없다.

현실적인 희망의 토대는 크게 두 가지일 것이다. 첫 번째 토대의 이름은 '지금'이다─지금 당장 소매를 걷어붙이고 나서서, 라이프스타일을 바꾸고, 지속가능한 공동체를 강화하고, 탄소 발자국을 근본적으로 낮추는 자립할 수 있는 기술을 습득하자. 이와 관련된 지식을 공유하고, 다른 사람들에게 동기를 부여하고, 국가적 · 국제적 운동을 형성하기 위해 함께 노력하자. 전 세계 곳곳에서 이러한 일들은 이미 일어나고 있다. 즉, 인류는 이미 변화해가고 있다. 우리가 우리의 마음을 (또는 우리의 어깨를) 이 일에 모은다면, 인류에게는 항로를 바꿀 기회가 여전히 있을 것이다.

만일 우리가 이 과업에 실패한다면 어떨까? 그래도 미래에 대한 희망은 남아 있을 것이다. 현 문명이 새로운 사막들과 경작할 수 없는 들판들과 마실 수 없는 물과 숨 쉴 수 없는 공기를 만들어낸다면, 그 기반은 결국 무너질 것이고 그 문명도 사라질 것이다. 그 문명의 생존자들이 또 다른 지속 불가능한 문명을 만들어낸다면, 그 문명의 운명도 마찬가지일 것이다. 지속가능한 문명만이 장기적으로 생존하고 번영할 수 있다. 이것이 바로 지속가능성의 의미다. 그렇다면 장기적인 해결책은 진정한 의미에서의 생태문명, 하나뿐이다. 이 점을 인식하고 생태문명을 만들어내기 위한 단계적 조치를 취하기 시작하는 것, 바로 이것이 현실적인 희망의 두 번째 토대다.

그러니 우리 함께 일에 착수하자. 오늘 우리가 내딛는 모든 긍정적인 발걸음에는 두 가지 목적이 있다. 우리 앞에 놓인 파멸의 심각성을 줄이는 것이 첫 번째이고, 지속가능한 사회로의 전환을 시작하는 것이 그 다음이다. 우리의 2세대 후손 (손주)이든 7세대 후손이든, 모든 우리의 후손들은 새로운 기술과 사고방식을 필요로 할 것이다. 우리가 이러한 기술을 재발견하고, 우리의 라이프스타일을 바꾸고, 우리의 후손들이 이 지구에서 생태적인 방식으로 살아가려면 필요할 세계관을 마련해가고 있다는 사실을 아는 것 자체가 우리에게 놀라운 희망을 선사해준다.

주석

1장

1. Charles Taylor, "Modern Social Imaginaries," *Public Culture* 14.1 (Winter 2002): 92; italics added.

2. Taylor, "Modern Social Imaginaries," 92.

3. "Civilization," National Geographic Society, https://www.national- geographic. org/encyclopedia/civilization/.

4. 메소포타미아에서 현재의 지구적 문명까지 문명들에 관한 기록은 다음을 참고하라: History of Civilization," HistoryWorld, http://www.historyworld.net/wrldhis/ PlainTextHistories.sp?historyid=ab25.

5. See Sydella Blatch, "Great achievements in science and technology in ancient Africa" *ASBMB Today* 12.2 (February 2013): 32–33; http:// www.asbmb.org/ asbmbtoday/asbmbtoday_article.aspx?id=32437.

6. Drawn from "Mayan Scientific Achievements," History, last modified August 21, 2010, http://www.history.com/topics/mayan-scientific -achievements, and Anirudh, "10 Major Achievements of the Ancient Maya Civilization," published February 26, 2017, https://learnodo-newtonic.com/mayan-achievements.

7. University of Chicago 2017–2018 Catalog, under the heading "Civilization Studies," http://collegecatalog.uchicago.edu/thecollege /civilizationstudies/; italics added.

8. Nicholas St. Fleur, "Volcanoes Helped Violent Revolts Erupt in Ancient Egypt," *The New York Times*, October 17, 2017, https://www .nytimes.com/2017/10/17/ science/volcanoes-ancient-egypt-revolts.html.

9. Data from *Forbes* magazine, https://www.forbes.com/sites / christopherhelman/2016/06/28/how-much-electricity-does-it-take-to-run-the-internet/#4144148d1fff.

10. 구글 분석에 따르면 용어 '생태적ecological'의 온라인 사용량은 1970년 전후로 급증했다가 1990년대에 다시 급증한 것으로 나타났다.

11. Holmes Rolston, "Science and Religion in the Face of the Environmental Crisis," in *The Oxford Handbook of Religion and Ecology*, ed. Roger S. Gottlieb (New York and Oxford: Oxford University Press, 2006), 387.

12. Richard Dawkins, *The Selfish Gene* (Oxford: Oxford University Press, 1976), xxi.

13. 이 인용의 첫 번째 부분의 출처는 Dawkins, *The Selfish Gene*, 11; 두 번째 부분의 출처는 1989 edition of *The Selfish Gene*, 20.

14. See John B. Cobb, Jr., ed., *Back to Darwin: A Richer Account of Evolution* (Grands Rapids: Wm. B Eerdmans Publishing Co., 2008).

15. 체사피크Chesapeake 생물학 연구소에 근무했던 로버트 울라노비츠Robert Ulanowicz는 생태계 역학을 뉴턴이나 다윈의 용어로는 설명할 수 없다는 이유에서 '제 3의 창'을 말한다. 다음을 참고하라. Robert Ula-nowicz, *A Third Window: Natural Life Beyond Newton and Darwin* (Philadelphia: Templeton Foundation Press, 2009).

16. Lynn Margulis, ed., *Symbiosis as a Source of Evolutionary Innovation: Speciation and Morphogenesis* (Boston: MIT Press, 1991).

17. Martin A. Nowak, "Five rules for the evolution of cooperation," Science 2006 (Dec 8); 314(5805): 1560–63; doi: 10.1126/science.1133755.

2장

1. "Global Climate Change: Vital Signs of the Planet," NASA, https://climate.nasa. gov/causes/; emphasis added.

2. Alfred North Whitehead, *Science and the Modern World*, (New York: The Free Press, [1925] 1967), 47.

3. 출처는 알 수 없지만, (누군가의 말처럼) 이 아이디어는 터무니가 없어서 그가 그렇게 말한 것이길 바랄 수밖에 없다.

4. Duck/Rabbit drawing from Joseph Jastrow, *Fact and Fable in Psychology* (Riverside Press, 1900), 295.

5. John B. Cobb, Jr., "Ten Ideas for Saving the Planet," http://www.ctr4process. org/whitehead2015/ten-ideas/.

6. 우리는 이 간략한 형태로 표현된 이 설명이 입장을 지나치게 단순화하여 본질적인 한계와 위험을 내포하고 있다고 생각한다.

7. Jay McDaniel, *What is Process Thought? Seven Answers to Seven Questions* (Claremont, CA: P&F Press, 2008).

8. John B. Cobb, Jr., *Whitehead Word Book: A Glossary with Alphabetical Index to Technical Terms in Process and Reality* (Claremont: P&F Press, 2008), 59.

9. Alfred North Whitehead, *Modes of Thought* (NY: The Free Press, [1938] 1968), 116.

10. Lucien Price, ed. *Dialogues of Alfred North Whitehead* (Boston, MA: Little, Brown, 1954), 254.

3장

1. Karl Marx, "Private Property and Communism," in *The German Ideology (1845): "Part 1A: Idealism and Materialism,"* para. 2; available online at the Marxists Internet Archive, https://www.marxists.org /archive/marx/works/1845/ german-ideology/ch01a.htm.

2. Charles Taylor, *Modern Social Imaginaries* (Durham, NC: Duke University Press, 2004). Taylor was influenced by an important earlier work, Benedict Anderson's *Imagined Communities* (London: Verso [1983] 2016). See also Appadurai's *Modernity at Large* (Minneapolis, MN: Univeristy of Minnesota Press, 1996), and Warner's *Publics and Counterpublics* (Brooklyn, NY: Zone Books, 2005.

3. Charles Taylor, "Modern Social Imaginaries," *Public Culture* 14.1 (2002): 91, 92.

4장

1. '대안 모색하기' 운동의 결론을 담은 여러 권의 책이 Process Century 출판사의 '생태 문명을 향하여Toward Ecological Civilization' 시리즈의 일부로 출간되었다.

2. 이번 컨퍼런스에 대한 허먼 그린의 보고서를 이곳에서 확인하기 바란다: http://ecociv.org/the-great-conference-at-claremont-re-imagining -civilization-as-ecological/. 그린은 지금까지 나온 다른 어떤 보고서보다 행사와 내용을 자세히 다루었다.

3. See John B. Cobb, Jr. and Wm. Andrew Schwartz, eds., *Putting Philosophy to Work: Toward an Ecological Civilization* (Anoka, MN: Process Century Press, 2018).

4. 이 장의 자료는 80여 개 워킹 그룹과 수백개의 각 세션 녹취록과 녹화물에 기초한다. 이 글과 생각에 대한 저작권은 전적으로 1,000여 명의 실무 참가자들에게 있다. 오직 이런 방식으로만 우리는, 누군가가 생태문명의 본질을 설명하기 위해 진지하게 노력하기 시작할 때 달성할 수 있는 것과 생태문명 쪽으로 우리를 이끌 첫번째 단계를 단 몇 페이지 안에 제시할 수 있을 것이다.

5. 베스트셀러인 다음의 책을 참고하라: *The Sixth Extinction: An Unnatural History* (New York: Picador, 2015) by Elizabeth Kolbert; also Jeremy Davies' *The Birth of the Anthropocene* (Oakland, CA: University of California Press, 2016) for discussions on the Anthropocene.

6. Zhihe Wang, Huili He, and Meijun Fan, "The Ecological Civilization Debate in China," *Monthly Review* 66, Number 6 (November 2014): 73.

7. Yijie Tang, "Reflective Western Scholars View Traditional Chinese Culture," in *The People's Daily*, February 4, 2005.

8. Wang Jin, "China's Green Laws Are Useless," China Dialogue, September 23, 2010, https://chinadialogue.net.

9. Robert Boyle, *A Free Enquiry into the Vulgarly Received Notion of Nature,* edited by Edward Davis and Michael Hunter (Cambridge: Cambridge University Press, 1996), 57.

10. Alfred North Whitehead, *Adventures of Ideas* (New York: The Free Press, 1933), 272.

11. For further information, see https://pandopopulus.com/.

5장

1. Francis, *Laudato Si': Encyclical Letter of Pope Francis on Care for Our Common Home* (Vatican City: Libreria Editrice Vaticana. Promulgated 24 May, 2015), http://w2.vatican.va/contenc/ francesco/en/encyclicals /documents/papa-francesco_20150524_cnciclica-laudato-si.html., §11.

2. *Laudato Si*: §138: "모든 것이 어떻게 상호 연결되어 있는지는 아무리 강조해도 지나치지 않습니다."

3. *Laudato Si*: §139.

4. *Laudato Si*: §139.

5. *Laudato Si*: §215.

6. David C. Korten, *Change the Story, Change the Future: A Living Economy for a Living Earth* (Oakland, CA: Berrett-Koehler Publishers, Inc., 2015).

7. David C. Korten, "Birthing an Ecological Civilization: Overview," published April 14, 2017, http://davidkorten.org/birthing-an -ecological-civilization/.

8. From the back cover of David C. Korten's *Change the Story, Change the Future: A Living Economy for a Living Earth* (Oakland, CA: Berrett-Koehler Publishers, Inc., 2015).

9. Korten, "Birthing an Ecological Civilization0

10. "About Us," Internet Archive, archived December 19, 2008, para. 1, https://web. archive.org/web/20081219222403/http://www.clubofrome.org/eng/about/3/

11. Keith Suter, "The Club of Rome: The Global Conscience," *Contemporary Review* 275, no. 1602 (July 1999): 1-5.

12. David Konen, "A Living Earth Economy for an Ecological Civilization," http:// ecociv.org/a-living-earth-economy-for-an-ecological-civilization-david-korten/.

13. David C. Korten, *When Corporations Rule the Word,* 3rd Edition (The Living Economies Forum, 2015)

14. See Allysyn Kiplinger's article on Thomas Berry, "What Does Ecozoic Mean," *The Ecozoic Times,* https://ecozoictimes.com /what-is-the-ecozoic/what-does-ecozoic-mean/.

15. Thomas Berry, "The Ecozoic Era," ed. Hildegarde Hannum, The E. F. Schumacher Lecture, https://centerforneweconomics.org/publications /the-ecozoic-era/

16. John B Cobb, Jr., "Why This Conference?,"http://whitehead2o15 .ctr4process. org/about/why-this-conference/.

17. Berry, "The Ecozoic Era," italics added.

18. Berry, "The Ecozoic Era."

19. "Yoko Civilization International Conference," Yoko Civilization Research Institute, http://www.ycri.jp/e/.

20. "The Earth Charter," The Earth Charter Initiative, http://earthcharter .org/ discover/the-earth-charter/.

21. "Earth Charter Around the World," The Earth Charter Initiative, http:// earthcharter.org/.

22. "The Movement: The Earth Charter Global Movement," The Earth Charter Initiative, http://earthcharter.org/act/.

23. Zhihe Wang, Huili He, and Meijun Fan, "The Ecological Civilization Debate in China: The Role of Ecological Marxism and Constructive Post-modernism-Beyond the Predicament of Legislation," https://monthlyreview.orghor4/u/or / the-ecological-civilization-debate-in-china/.

24. John B. Cobb, Jr., "Constructive Postmodernism," ed. Ted Broek and Winnie Broek, http://www.religion-online.org/article /constructive-postmodernism/.

25. Tang Yijie, "Confucianism & Constructive Postmodernism," in *Comparative Studies of China and the West* 1 (2013): n.

26. Yijie, "Confucianism & Constructive Postmodernism," n.

27. David Ray Griffin, *The Reenchantment of Science: Postmodern Proposals* (Albany, NY: State University of New York Press, 1988), xiii.

28. Philip Clayton and Justin Heinzekehr, *Organic Marxism: An Alternative to*

Capitalism and Ecological Catastrophe (Claremont, CA: Process Century Press, 2014), 12.

29. See Thomas Piketty, *Capital in the Twenty-First Century [Le capital au XXI sitde]*, trans. Arthur Goldhammer (Cambridge, MA: Harvard University Press, [2013] 2014).

30. See "About The Center for Process Studies," https://ctr4process.org /about/.

31. See the United Nations document, "Transforming Our World: The 2030 Agenda for Sustainable Development," paragraph 14, https:// sustainabledevelopment. un.org/post2015/transformingourworld.

32. See the United Nations document, "Transforming Our world: The 2030 Agenda for Sustainable Development," paragraph 9, https:// sustainabledevelopment. un.org/post2015/transformingourworld.

33. See the data compiled and published by Oxfam, https://www.oxfam.org/en/ pressroom/pressreleases/2017-01-16/just-8-men-own-samc -wealth-half-world.

6장

1. 이러한 의견을 제시해준 데이비드 코튼에게 감사의 말을 전한다.

2. Pope Francis, *Laudato Sií'*, §139.

3. "7th Generation Principle," Seventh Generation International Foundation, http://7genfoundation.org/7th-generation/.

4. "What is the Seventh Generation Principle?" Indigenous Corporate Training, Inc., https://www.ictinc.ca/blog/seventh-generation -principle.

7장

1. 이 표현은 판도 포퓰러의 대표인 유진 셜리의 말이다. see https://pandopopulus. com/.

2. 생태경제학에 관한 논의를 보려면 다음을 보라: Peter Brown's *Right Relationship: Building a Whole Earth Economy* (2009); John Erickson's *Economists are Morons* (2015); and Herman Daly's *Beyond Growth: The Economics of Sustainable Development* (1997).

3. 이 문구는 데이비드 코튼에게서 가져온 것이다.

4. "Vision & Mission," Gross National Happiness Commission, https:// www.gnhc. gov.bt/en/?page_id=47.

5. Tashi Dorji, "The story of a king, a poor country and a rich idea," published June 15, 2012, https://earthjournalism.net//stories/6468.

6. May 2, 1955, issue of *Life* magazine.

7. Huan Qingzhi, "Terminating the Growth Without Boundary," *Green Leaf* 10 (2009): 114–21.

8. Herman Daly, *Steady-State Economics,* 2nd ed. (Washington, D.C.: Island Press, 1991), 183. 데일리는 '성장광증growthmania'이라는 용어를 영국 경제학자 E. J. Mishan에게서 빌려왔다.

9. John B. Cobb, Jr,.*The Earthist Challenge to Economism: A Theological Critique of the World Bank* (London: MacMillan Press, 1999), 42.

10. See John Ruskin, "Ad Valorem," Essay IV in *Unto this Last: Four Essays on the First Principles of Political Economy* (London: Smith, Elder, 1862): "생명 없는 부는 없다. 사랑, 기쁨, 감탄을 자아내는 그 모든 생명의 힘을 포함한 생명 말이다. 고귀하고 행복한 인간을 가장 많이 육성하는 나라가 가장 부유한 나라다." Kindle edition available through Project Gutenberg at http://www.gutenberg.org/ebooks/36541.

11. "Intentional Endowments," Intentional Endowment Network, http://www.intentionalendowments.org/.

12. See Ellen Brown, *Banking on the People: Democratizing Money in the Digital Age* (Washington, DC: Democracy Collaborative, 2019).

13. "Why Public Banks," Public Banking Institute, 2019, http://www.publicbankinginstitute.org/.

14. "Local Currencies Program," Schumacher Center for a New Economics, https://centerforneweconomics.org/apply/local-currencies -program/#BerkShares.

15. David Bollier, "Commoning as a Transformative Social Paradigm," published April 28, 2016, https://thenextsystem.org/commoning -as-a-transformative-social-paradigm.

16. 알프레드 노스 화이트헤드는 교육 철학에 관한 체계적인 재고에 중대한 기여를 했다. 예컨대 다음을 보라: *The Aims of Education and Other Essays* (1967); see also Robert S. Brumbaugh, *Whitehead, Process Philosophy, and Education* (1993).

17. "Our Training," Asian Rural Institute, http://www.ari-edu.org/en /our-training/.

18. See Slow Food at https://www.slowfood.com/.

19. "About Us," Slow Food, https://www.slowfood.com/about-us/.

20. "Food & Farm Facts: Resources," American Farm Bureau Foundation for Agriculture, http://www.agfoundation.org/resources /food-and-farm-facts-2017.

21. "How Many Foods Are Genetically Engineered?," UC Biotech, last updated February 16, 2012, http://ucbiotech.org/answer.php ?question=15.

22. Nancy Coleman, "Chocolate milk definitely doesn't come from brown cows— but some adults think otherwise," last updated June 16, 2017, https://www.cnn.com/2017/06/16/us/chocolate-milk-help- trend/index.html.

23. "20% of Americans don't know hamburger is beef. Ask them about chocolate milk!," Eideard, published June 22, 2017, https://www. google.com/amp/s/eideard.com/2017/06/22/20-of-americans -dont-know-hamburger-is-beef-ask-them-about-chocolate-milk/amp/.

24. See Amy's Farm at http://www.amysfarm.com/.

25. Pan Yue, "Marxist Notion of Religion Must Catch up with Time," *Huaxia Times*, December 15, 2001.

26. "The Changing Global Religious Landscape," Pew Research Center: Religion & Public Life, published April 5, 2017, http://www. pewforum.org/2017/04/05/the-changing-global-religious-landscape/

27. See the Parliament of the World's Religions at https:// parliamentofreligions.org/.

28. See the Land Institute at https://landinstitute.org/.

29. See the Community Home Energy Retrofit Project at http://www .cherp.net/.

30. See https://www.localfutures.org/.

31. "Global to Local," International Society for Ecology and Culture, https://www. localfutures.org/programs/global-to-local/.

32. See Habitat for Humanity at https://www.habitat.org/.

8장

1. 존 캅은 1971년의 저서 《Is It Too Late?: A Theology of Ecology》에서 이 질문을 제기했다. 70년대에는 더 낙관적이었지만 그후 오랫동안 아무런 변화가 없었기 때문에 캅은 생태환경 붕괴를 확신했지만, 희망을 버린 것은 아니었다. 따라서 그의 최근 연구는 생태환경 붕괴를 예방하기보다는 붕괴 이후 더 나은 미래를 위한 토대를 구축하는 데 초점을 맞춘다. 우리는 그 붕괴가 피할 수 있는 것이든 아니든 우리가 가야할 길은 동일하다고 믿으며, 친환경적인 문명 구축을 향한 발걸음을 내딛어야 한다고 말한다. (6장과 7장 참조)

2. 이는 약 750억 톤의 생명체다. 다음을 참고하라: "How many living things are there?" USCB Science Line, http://scienceline.ucsb.edu /getkey.php?key=1388.

3. Paul Hawken, *Drawdown: The Most Comprehensive Plan Ever Pro- posed to Reverse Global Warming* (New York: Penguin, 2017).

4. See, for example, "Food Sector Summary" at the Drawdown website, https:// www.drawdown.org/solutions/food.

5. "Backcasting," BusinessDictionary, http://www.businessdictionary .com/ definition/backcasting.html.

6. "Backcasting," Design Research Techniques, http://designresearchtechniques. com/casestudies/backcasting/.

7. "Backcasting," Design Research Techniques.

8. See EcoCiv.org for more details and further examples.

9. See PandoPopulus.org.

10. See for example Bruno Latour, *Reassembling the Social: An Introduction to Actor-Network-Theory* (Oxford: Oxford University Press, 2005). 과학기술 연구에서 라투르Latour, 미셸 칼론Michel Callon, 존 로John Law는 행위자 기반 네트워크 이론(ANT)에 중요한 공헌을 한 이들이다. 네트워크 이론은 컴퓨터 과학에서도 발전해왔다. See Andrey Kurenkov, "A 'Brief' History of Neural Nets and Deep Learning," http://www.andreykurenkov.com/writing /ai/a-brief-history-of-neural-nets-and-deep-learning/.

생태문명 운동은 이상주의자가 아닌
현실주의자의 운동이다

   2015년 여름이 시작될 무렵 전 세계에서 1,500명이 넘는 학자들과 활동가들이 미국 캘리포니아 클레어몬트로 모여들었다. 예상을 훨씬 웃도는 참석인원 규모에 나를 비롯한 컨퍼런스 주최자들은 흥분되면서도 당황스러운 마음을 감출 수가 없었다. 당시 나는 클레어몬트 신학 대학원에서 박사과정을 밟고 있었고, 컨퍼런스의 주요 주최자였던 과정 사상 연구소에서 코리아 프로젝트의 디렉터를 맡고 있었다. 이 컨퍼런스를 준비하기 위해 관련된 모든 주최자들은 오랜 준비 기간 동안 최선을 다했다. 그렇게 시작된 '대안 모색하기Seizing an Alternative' 컨퍼런스는 80여 개가 넘는 인류 문명의 세부 분야들을 전문적으로 다루며, 또 철학부터 다양한 학문 분야들의 경계를 넘어 실천적 정책 변화까지 아우르며, 더 나아가서는 문명 전환을 제안하는 유래 없는 모임이 되었다. 컨퍼런스를 통해 하나로 모아진, 문명사적 전환을 향한 정신과 모멘텀은 학문적인 컨퍼런스의 한계를 뛰어넘는 생태문명 운동으로 계승·발전하게 되었다.

   이 책은 2015년 컨퍼런스에서 촉발된 생태문명 운동의 시작과 비전, 그리고 그 후 약 4년 간에 걸친 구체적이고 실천적인 생태문명원의 활동을 통해 우리가 경험하고 배운 것들을 종합한, 즉 그간의 생태문명 운동을 집약한 첫번째 교과서와 같은 책이라 할 수 있다. 나의 스승이자 동료인 필립 클레이튼Philip Clayton, 앤드류 슈워츠Wm Andrew Schwartz 박사는 생태문명 팀과 함께 2015년 컨퍼런스의 자료부터 생태문명원의 최근 활동과 비전까지 이 책에 잘 담아냈다. 이 활동에는 2017년부터 시작된 한국 생태문명원의 활동도 포함되어 있다. 한국 생태문명원은 온라인으로 미국 클레어몬트와 한국을 연결해 생태문명을 주요한 주제로 다루는 국제 학술 컨퍼런스를 여섯 차례 열었다. 이 컨퍼런스들은 서울특별시, 서울특별시 교육청, 환경재단 등과의 협업을 통해 이루어졌다. 2022년에는 한신대학교와 협력 관계를 맺고 한신대학교에 생태문명원 한국분사무소를 개원했다. 그후 국내 외 여러 대학·기관들과 협력 관계를 구축하며 생태문명의 이론적이고 실천적인 기초를 마련하고 있다.

이 책을 통해 독자들은 근대 문명의 한계에 봉착한 현재 우리의 문명이 어디로 나아가야 할지에 관한 철학적이면서도 구체적인 대안을 찾을 수 있게 될 것이다. 기후재앙이 가시화되고 있고 연일 발표되는 환경 관련 연구 결과들은 암울하기만 하다. 마치 희망이 사라진 듯하다. 기후위기를 맞이한 우리 문명은 마치 영화 〈돈 룩 업 Don't Look Up〉에서 묘사하고 있는 상황을 현실에 그대로 옮겨 놓은 듯 대응하고 있다는 느낌을 지울 수 없다. 영화에서 다가오는 혜성으로 인한 지구의 공멸을 목전에 두고도 사람들은 하늘을 올려다보지 않고 여전히 자신들이 관심 있는 것에만 신경 쓴다. 영화에서 그리고 있는 상황과 현재 우리가 목도하고 있는 기후위기를 대하는 태도가 크게 다르지 않다. 하지만 이 책이 전하는 메시지는 최신의 과학적 연구 결과들이 제시하고 있는, 우리 모두가 공멸하고 말 것이라는 디스토피아적이고 자조적인 우울한 전망이 아니다. 그와는 정반대로 인류가 대면한 전 지구적인 위기 상황에 우리는 어떤 꿈을 꾸어야 하고, 어떤 희망을 가져야 하며, 어떻게 행동해야 하는지를 말하고 있다. 순진한 유토피아적인 환상이 아니라 매우 실제적이고 실천적인 새로운 문명적 행동 지침들과 방향을 제시하고 있다.

생태문명 운동은 철학자인 알프레드 노스 화이트헤드Alfred North Whitehead의 과정 사상에 기반하여 인식과 사고의 틀을 확장해가고 있다. 이러한 철학적 긴밀한 연결성으로 인해 이 책의 곳곳에는 여러 철학적 사조만이 아니라 화이트헤드의 철학적 사고에 관한 설명이 종종 등장한다. 특히 화이트헤드의 철학적 연구 결과들은 그 사상적 독특성과 화이트헤드가 기존 언어 체계와 철학 용어의 한계를 넘어서고자 새롭게 조어해서 사용한 특수한 용어들로 인해 다른 언어로 번역하기가 쉽지 않다. 이 책에서는 2020년 번역·출판된 《화이트헤드의 과정철학과 과정신학 용어집》(존 캅John Cobb 저, 이동우 번역)을 참고해서 번역했다. 그리고 화이트헤드의 철학에 익숙하지 않은 독자들을 위해서 철학적인 설명은 최대한 이해하기 쉽게 번역하려고 노력했다. 아울러 이 책을 번역하면서 어떻게 하면 독자들에게 이 책에서 설명하고 있는 생태문명이라는 개념을 더 잘 이해하도록 도움을 줄 수 있을지 끊임없이 고민했다. 그래서 생태문명 운동이 기반하고 있는 화이트헤드의 유기체 철학을 공부해왔고 생태문명 운동을 처음부터 함께해온 개인적인 경험을 살려서, 화이트헤드의 철학과 이 철학이 어떻게 생태문명과 연결될 수 있는지에 관한 간략한 설명 그리고 각 장별 해제를 아래에 첨부한다. 이 부분이 독자들에게 도움이 될 수 있기를 간절히 바란다.

번역 과정에서 도움을 준 클레어몬트 신학교 박사과정에 재학중인 정희영 선생님, 한국의 산현재 출판사, 미국의 프로세스 센추리 출판사Process Century Press, 미국과 한국의 모든 생태문명원 가족들에게 감사의 마음을 전하고 싶다.

마지막으로 화이트헤드의 저서 《사고의 양태》에 나오는 한구절을 나누고자 한다. 그는 우리가 절망적인 상황 속에서도 희망을 꿈꿀 수 있는 이유를 다음과 같이 말했다. "이 시대가 허무와 절망과 무기력 가운데 쇠퇴하고 있을 때, 과정의 형태는 초월의 영역에 잇대어 창조적인 새로운 질서를 꿈꾸는 이상을 현실속으로 이끌어낸다." 우리가 함께 생태문명적 전환을 이룩할 수 있기를 바라마지 않는다.

2023년 11월
캘리포니아 클레어몬트에서
이동우

역자 해제

화이트헤드 철학과 생태문명 운동

알프레드 노스 화이트헤드는 영국의 수학자이자 철학자로, 과정 철학process philosophy이라는 철학적 학파를 창시했다. 이 철학은 생태학, 신학, 교육, 물리학, 생물학, 경제학, 심리학 등 다양한 학문 분야에 적용되었다. 화이트헤드의 초기 경력은 수학, 논리학, 물리학에 초점을 맞추었는데, 그는 버트런드 러셀Bertrand Russell과 함께 수학 논리학에서 중요한 작품인 《수학 원리Principia Mathematica》를 공동 저술했다. 후에 그는 과학 철학으로 그리고 마지막으로 형이상학으로 관심을 옮겼으며, 대부분의 서양 철학과는 다른 포괄적이며 총체적인 형이상학 체계를 개발했다.

화이트헤드의 과정 철학(또는 유기체 철학)은 현실이 물질적 객체가 아닌 과정으로 구성되어 있다고 생각한다. 그는 모든 현실적 계기의 되어가는 과정들이 다른 과정들과의 관계에 의해 정의된다고 주장하며, 현실이 독립적으로 존재하는 물질의 조각들에 의해 근본적으로 구성된다는 전통적 논리를 거부했다. 과정 철학은 현실을 고정된 객체들의 집합이 아니라, 변화하고 서로 연관된 과정들의 연속으로 보는 관점을 제공한다. 화이트헤드는 우주 내 모든 사물이 고정된 것이 아니라 창조적 진보로서의 과정이며, 이 과정은 '창조적 진보로서의 새로움creative advance into novelty'으로 나타난다고 주장했다.

화이트헤드의 과정 철학에서 모든 사물은 경험의 순간 중에 있다. 이러한 '현실적 계기actual occasions[entities]' 개념은 그의 대표작인 《과정과 실재process and reality》의 형이상학에서 가장 특징적인 아이디어다. 모든 현실적 계기들은 우리가 생각할 수 있는 모든 것, 즉 전자 같은 소립자에서부터 우주의 개념으로까지 확장된다. 화이트헤드의 존재론에서 현실적 계기들은 경험의 무수한 순간들로 구성된 복합체로 간주된다. 이와 같이 화이트헤드의 유기체 철학은 세계를 서로 연결된 과정들의 망으로 보고, 우리의 모든 선택과 행동이 주변 세계에 영향을 미친다는 관점의 중요성을 강조한다. 이러한 관점은 특히 생태문명과 환경 윤리 분야에서 존 캅에 의해 발전되었으며 생태문명 운동을 주도하는 학자들에 의해서 계승되고 있다.

　　다시 강조하지만 화이트헤드의 유기체 철학은 현실을 고정된 객체들의 집합이 아닌, 상호작용하는 과정들의 연속으로 해석한다. 이러한 관점은 생태문명 운동이 추구하는, 생태계와 인간사회의 상호 의존적 관계를 이해하는 데 중요한 철학적 토대를 제공한다. 유기체 철학은 모든 존재가 서로 연결되어 있으며, 이러한 연결을 통해 전체적인 유기체가 기능한다고 보는데, 이는 생태계 내에서 각 구성원의 역할과 중요성을 인식하는 생태문명의 시각과 일치한다. 화이트헤드는 창조성을 모든 존재의 근본적인 속성으로 간주하며, 이는 끊임없이 새로운 형태와 관계를 생성하는 우주의 본성을 반영한다. 이러한 창조적 진화의 개념은 생태문명 운동이 지향하는 지속가능한 발전과 혁신적인 사회 변화를 위한 원동력으로 작용한다. 생태문명 운동은 이러한 창조성을 동력 삼아 기존의 경제적, 사회적, 문화적 구조를 재구성하고, 인간 활동이 생태계에 미치는 영향을 최소화하는 새로운 방식을 모색한다. 또한, 화이트헤드의 철학은 모든 개별적 행위가 광범위한 영향을 미친다는 점을 강조한다. 이는 생태문명 운동이 환경 윤리를 중시하고, 인간의 활동이 생태계에 미치는 장기적인 영향을 심각하게 고려해야 한다는 주장과 잇닿아 있다. 화이트헤드의 이러한 관점은 생태문명 운동이 지향하는, 생태적 책임감에 입각한 지속가능한 생활 방식을 실천하는 데 이론적 지지대를 제공한다.

　　요컨대, 화이트헤드의 유기체 철학은 생태적인 문명이라는 개념을 뒷받침한다. 이는 인간이 자연과 조화롭게 공존하며, 사회적, 경제적 시스템이 생태계의 원리에 부합하도록 구성되어야 한다는 생각을 포함한다. 생태문명 운동은 이러한 철학적 기반 위에 구축되어, 인간의 발전이 생태계의 건강을 해치지 않고, 오히려 자연과의 조화를 통해 이루어져야 한다는 새로운 비전을 추구한다. 이처럼 화이트헤드의 유기체 철학은 생태문명 운동이 지향하는 생태적 조화, 지속가능한 발전, 혁신적 변화, 환경 윤리 등의 개념을 철학적으로 뒷받침하며, 이를 통해 인류가 직면한 환경 문제에 대한 근본적인 해결책을 모색하는 데 중요한 영감을 제공한다.

장별 해제

1장은 '생태문명'이라는 개념을 정의하고 있다. '생태문명'은 '문명'과 '생태'를 결합한 개념으로, 인간사회의 조직과 자연환경과의 관계를 탐구한다. 문명은 대규모 인구, 광범위한 지역, 장기간에 걸친 공통적 특성을 나타내며, 자연환경을 변형시키는 능력이 그 특징 중 하나다. 자연환경을 상품화하고 자연과의 관계를 변화시킨 근대 문명은 경제와 공공 영역, 자치 등의 개념에 기반하며, 개인주의와 과학적 사고, 경쟁과 지배 등을 특징으로 한다. 근대 문명의 시작은 데카르트의 주체 중심 사고와 홉스의 경쟁과 지배의 모델에서 찾을 수 있다. 이는 개인주의, 과학적 사고, 기계론적 세계관을 바탕으로 발전했으며, 이러한 사고방식은 문명의 제도와 가치에 깊이 뿌리내렸다. 문명의 발달은 농업의 진보에서 시작해서 예술과 문화의 번영을 이끌었지만, 이것은 때때로 제국주의와 군사주의로 이어져 타 문화를 정복하고 파괴하는 결과를 낳기도 했다. 문명의 종말은 다양한 원인으로 인해 발생하는데, 근대 문명의 종말은 지구적 한계에 도달함으로써 명확해졌다. 생태학의 발전은 우리의 존재가 생태계에 의존하고 있음을 보여주고, 유전자 중심의 결정론적 생물학은 더 이상 유효하지 않다는 점을 강조한다. 이는 생물학적 시스템이 결정론적 이론만으로는 설명될 수 없음을 의미한다. 이와 같은 문명학적, 생태학적 연구의 결과물들은 근대 문명의 종말과 함께 현 문명의 새로운 생태적 문명으로의 전환을 고민하게 만든다. 생태적인 문명은 지구 생태계와 조화를 이루며 살아가는 실천을 추구하며, 지속가능한 사회와 경제 시스템의 재조직을 모색한다. 이것은 미래 문명 창조에 요구되는 가장 중요한 도전과제이며, 현재와 미래 세대를 위한 지속가능한 문명의 방향으로 나아가기 위한 필수적인 단계다.

2장에서는 생태문명 개념과 현 문명이 직면한 환경 위기에 대한 근본적인 원인을 탐구한다. 나아가 지속가능한 미래를 위한 새로운 패러다임의 필요성을 강조한다. 저자들은 기후변화의 주요 원인으로 인간 활동에 의해 증대된 온실효과를 지목하고, 이것이 단순한 증상이 아니라 근본적인 원인에 대한 이해가 필요함을 주장한다. 인구 증가, 산업화된 농업, 육류 생산, 연소 엔진 사용의 증가, 화석연료 소비 증가 등 다양한 원인들이 기후위기를 초래했으나, 이러한 각각의 원인들 뒤에는 더 근본적인 원인이 존재한다고 저자들은 설명한다. 생태문명은 지속 가능성 원칙과 공동선에 대한 헌신을 기반으로 한 문명의 형태로 정의된다. 이는 우리가 사는 세계를 유기체적이고 동적이며 상호 연결된 복잡한 시스템으로 이해하는 살아 있는 시스템 프레임워크를 제시한다. 저자들은 역사적으로 중요한 '빅 아이디어'들이 어떻게 문명에 혁명적인 변화를 야기했는지를 설명하며, 이러한 아이디어들이 처음에는 회의론과 적대감에 부딪혔지만 결국에는 받아들여졌음을 지적한다. 패러다임이란 인식의 틀을 의미하며, 패러다임 전환은 사고방식이나 행동방식이 새롭고 다른 방식으로 대체될 때 발생하는 중대한 변화를 말한다. 저자들은 우리의 근대 문명이 잘못된 패러다임에 기초하고 있으며, 이는 환경재앙으로 향하고 있다고 주장한다. 데카르트적 이원론과 계몽주의적 이원론이 어떻게 현대 문명의 잘못된 방향을 이끌었는지를 분석하고, 이러한 이원론이 인간중심적 세계관을 형성하고 자연으로부터의 소외를 가져왔음을 설명한다. 결론적으로, 2장은 지구에서 지속 가능하고 정의로운 삶의 방식을 찾기 위해서는 새로운 패러다임이 필요하다고 강조한다. 이는 단순히 새로운 생각을 아는 것을 넘어서, 우리가 배운 것을 버리고 기본적인 가정들을 재검토해야 한다는 것을 의미한다.

3장에서는 유토피아적 사고가 실제 세계에 미치는 영향을 탐구한다. 유토피아는 이상적인 사회에 대한 비전을 제시하지만, 그 실현 가능성에 대한 의문을 남긴다. 유토피아적 사고는 낙관주의에서 비롯되는데, 이는 유럽과 북미에서 강한 믿음으로 자리잡고 있다. 이런 사고방식은 역사적으로 진보적 변화를 촉진했으나, 위험한 측면도 있다. 유토피아적 사고의 위험성은 다양한 형태로 드러난다. 사람들이 완벽한 결과를 추구하면서 때로는 모든 수단을 정당화하는 경향이 있고, 문화적 맹목성으로 인해 자신의 가치관을 타인에게 강요할 수 있다. 유토피아는 비현실적인 면이 있어서 실천으로 옮겨지지 않을 때 패배주의적 태도를 낳기도 한다. 유토피아적 사고에 대비되는 개념으로 디스토피아가 있다. 디스토피아는 전체주의적이거나 환경적으로 황폐화된 상태를 묘사하며, 많은 이들이 디스토피아적 미래에 대해 걱정한다. 디스토피아적 사고는 생존을 우선시하고, 개인주의적 관점을 드러낸다. 반면, 생태문명적 사고는 어려운 시대에도 협력을 통해 생존하는 방법을 모색한다. 생태문명은 현재의 위기를 문명적 전환의 기회로 보고, 새로운 사회조직이 생태적 원칙에 기반해야 한다고 강조한다. 이는 유토피아적 사고의 한계를 넘어서며, 근대성의 결함을 극복할 수 있다는 희망을 제시한다. 사회적 상상은 특정 사회 집단과 개인들이 공유하는 가치, 제도, 법률, 상징의 집합체로, 사회를 함께 해석하는 방식을 의미한다. 찰스 테일러의 저서를 통해 널리 퍼진 이 개념은, 한 사회의 관행을 가능케 하는 상식화된 관념들로 설명된다. 서구 근대성의 핵심은 사회의 도덕적 질서에 대한 새로운 개념이며, 이는 단순한 이론에서 시작해 전 사회적 상상으로 발전했다. 테일러는 이러한 사회적 상상을 통해 지속가능한 선택지를 상상하는 것이 가능하다고 보았으며, 이는 정치적 행동과 정책 수립에 대한 새로운 길잡이 역할을 한다. 사회적 상상은 유토피아적 또는 디스토피아적 미래에 대한 비전을 제시할 수 있는 강력한 도구이다. 생태문명은 이러한 유토피아적 사고의 한 형태로, 현재의 글로벌 문제에 대한 실질적인 대안을 모색하는 한편 인류의 삶을 근본적으로 변화시킬 수 있는 새로운 방향을 제안한다. 생태문명은 단순한 이상을 넘어, 실제로 지속가능한 경제·사회 시스템에 관한 구체적인 성찰을 포함한다.

　4장은 생태문명에 관한 깊이 있는 통찰과 그 실현을 위한 다양한 노력을 조망하고 있다. 생태문명 운동은 단순한 지속가능성을 넘어선, 전 지구적 위기에 대응하기 위해 시스템의 근본적 변화를 탐색하는 것이다. 이 노력은 2015년 캘리포니아 클레어몬트에서 개최된 컨퍼런스에서 시작되었다. 이 컨퍼런스에서는 생태문명의 이론과 실천을 체계적으로 다루었으며, 이는 존 캅 박사의 사상에 근거를 두고 있다. 캅 박사는 화이트헤드의 유기체 철학을 토대로 생태문명에 관한 개론을 제시했다. 생태문명 운동은 세 가지 중요한 아이디어에 집중한다. 첫째, 지속가능한 사회를 넘어 시스템 변화를 도모해야 한다는 것이다. 둘째, 새로운 문명 구조의 등장에는 우리의 역할에 관한 새로운 인식과 서사가 필요하다는 것이다. 셋째, 세계관과 인생관의 변화는 생활과 실천의 변화로 연결되어야 한다는 것이다. 이는 생태 과학이 어떻게 생태적 세계관 형성에 기여하는지를 설명한다. 또한 이 장에서는 중국에서의 생태문명에 관한 논의를 다루며, 중국 정부가 생태문명을 명시적인 목표로 삼고 있음을 부각한다. 중국의 학자들은 서구 근대성 패턴을 따르는 것의 위험을 경고하며, 생태문명으로 전환하는 과정상의 성공과 난관을 탐구한다. 4장은 생태문명이 단순한 지속가능성을 넘어선다는 점을 강조하고, 기존 시스템의 유지만으로는 지구의 위기를 해결할 수 없음을 지적한다. 생태문명 운동은 인간과 자연의 상호 연결성을 인식하고, 이를 기반으로 새로운 사회 형태를 창출하려는 목표를 표명한다.

　　5장에서는 생태문명 개념을 세심하게 분석하고, 이것이 현대 사회에 끼칠 영향과 연관된 여러 운동들을 깊이 있게 탐색한다. 생태문명은 지속가능성을 기초로 하여 인류와 지구 전체의 이익을 위해 기능할 수 있는 문명의 새로운 모델로 제안되고 있다. 저자들은 우리가 인류 역사에서 매우 중요한 시기에 위치해 있으며, 인류의 장래가 현재 우리의 결정에 의해 좌우될 것이라고 강조한다. 또한 저자들은 생태문명이 이미 전 세계 여러 공동체에서 서로 다른 명칭으로 자리잡고 있으며, 이것은 근본적인 사회 변화를 향한 열망이 커지고 있음을 반영한다고 설명한다. 이 변화의 움직임은 농업 종사자, 교육자, 경제학자, 정치가, 기업인, 비영리 조직의 리더들에 의해 주도되고 있으며, 그들은 지구의 착취 문제를 해결하고자 하는 공동의 목표를 가지고 있다. 이러한 변화에 대한 요구는 프란치스코 교황부터 시진핑 주석, UN, 세계종교의회에 이르는 다양한 지도자들과 기관들에 의해 제기되고 있다. 저자들은 통합 생태학, 새로운 서사, 다양성 속의 통합, 구성적 포스트모더니즘, 생태대, 요코 문명 개념, 유기체적 마르크스주의, 과정 철학과 유기체 철학 등의 다양한 개념을 소개하며, 이들 사이의 차이점과 공통점을 통찰한다. 이 개념들은 인류가 세계를 이해하고 해석하는 방식에 변화를 주고, 우주를 하나의 생동하는 관계적 유기체로 바라보며, 기본적인 가치들을 재평가하고, 사회적, 정치적, 경제적 변화를 촉구하는 새로운 패러다임을 강조한다. 특히 프란치스코 교황은 '통합 생태학'이라는 개념을 통해 모두를 위한 통합적인 접근법을 설명하고, 환경적 문제를 시스템적 차원에서 바라본다. 이러한 접근은 환경적 위기와 사회적 위기가 서로 얽혀 있는 복합적 위기에 대응하는 전략을 제안한다. 교황은 인간의 행동과 인식, 그리고 사고 패턴의 근본적인 변화를 요구하며, 이를 통해 우리의 습관을 변화시키려 한다. 데이비드 코튼은 착취적 자본주의에서 벗어나 생명 시스템으로의 패러다임 전환을 요구한다. 그는 현 경제 시스템이 자연으로부터 우리를 멀어지게 만들었다고 지적하며, 인간의 웰빙을 단순한 금융 지표가 아니라 지구의 건강과 인간의 행복으로 측정해야 한다고 주장한다. 코튼은 새로운 이야기를 통해 우리가 세계와 서로를 바라보는 방식에 변화를 주자고 제안한다. 이 챕터는 생태문명에 대한 심도 있는 탐구를 통해 현대 사회에 대한 비판적인 시각을 제공하며, 지속가능하고 정의로운 세계로의 패러다임 전환을 강조한다. 이는 인간과 자연의 관계를 새롭게 조망하고자 하는 노력으로 평가될 수 있다.

　　6장은 인류가 지구에서 태어나고 지구에 의해 양육된다는 개념에서 출발하여, 지구를 살아 있는 시스템으로 보는 세계관을 탐구한다. 근대 서양 철학이 간과했던, 지구의 생명체로서의 특성과 인간이 지구와 분리되지 않고 서로 연결되어 있다는 점을 이해하는 것이 중요하다고 저자들은 강조한다. 이 장에서는 인류가 당면한 환경적, 사회적 위기들의 본질적인 연결성과 이에 대한 체계적이고 구조적인 대응의 필요성을 논한다. 지구적 위기에 대응하기 위해 UN의 지속가능 발전 목표들이 어떻게 서로 상호 의존적인지를 설명하며, 현재의 경제적, 사회적 가치와 시스템이 지구의 복리와 괴리되어 있다고 지적한다. 이는 불공정하고 지속 불가능한 소비, 파괴, 착취로 이어진다는 것이다. 반면, 생태문명으로의 전환은 지구와의 조화로운 공존을 기반으로 한 문명 재건에 초점을 맞추며, 이는 도시 설계, 식량 생산·소비 방식, 교육 시스템에 변화를 일으킬 것이라고 주장한다. 또한, 질문의 중요성을 강조하며, '왜'라는 질문을 통해 문제의 근본 원인을 심도 있게 파악하고 새로운 시스템을 모색해야 함을 역설한다. 다양한 사회적 문제들, 예를 들어 부의 불균형, 토양 침식, 기후 변화, 생물종 멸종 등에 대해 심층적인 질문을 던지고 이에 대한 해결책을 모색하는 데 중점을 둔다. 또한 저자들은 정부와 지역사회가 환경 문제에 대응하는 다양한 방식을 분석하면서, 하향식(정부 주도)과 상향식(시민 주도) 접근법이 어떻게 상호 보완적으로 작동할 수 있는지를 탐색한다. 중국과 미국을 비교하며 각각의 정치 시스템이 생태문명 구축에 어떻게 기여할 수 있는지도 설명한다. 이 장에서는 또한 개인, 지역사회, 국가가 생태문명 구축에 참여할 수 있는 구체적인 방법을 제안한다. 생태문명으로의 전환은 인류가 지속가능하고 공정한 사회를 구축하기 위한 실천적인 단계와 이에 대한 정교한 분석과 제안을 필요로 한다고 저자들은 말한다.

7장은 생태문명을 향한 전환과 그 과정에서 종교와 영성의 역할을 심도 있게 탐구한다. 환경 보호의 중요성을 종교적 맥락에서 바라보며, 종교 공동체가 화석연료 투자 철회와 재생 에너지로의 재투자를 촉구하는 캠페인 같은 구체적 행동을 통해 이 전환에 기여할 수 있음을 강조한다. 기술 발전과 환경 감수성을 조화롭게 발전시키는 기관의 사례로 토지연구소를 드는데, 이 기관은 지속가능한 농업 모델과 기술적 발전 사이의 상생을 강조한다. 문화적 가치, 음식, 다양성과 복잡성의 포용은 생태문명 전환에 필수적 요소로 제시되며, 죽음을 포함한 삶의 모든 측면을 긍정하는 태도가 이 전환에 필요함이 강조된다. 또한 저자들은 사회적 뼈대의 퇴보에 대한 비판적 성찰과 함께, 아름다움을 공적 가치로 재도입하자는 제안을 통해 경제적 결정과정에 다양성을 불어넣자고 촉구한다. 한편, 공동체의 중요성을 강조하며, 개인 기여와 상호 의존을 통한 공동체의 번영을 주장한다. 지역공동체를 강화하고 생태문명 구축을 위해 개인이 취할 수 있는 다양한 행동 방안을 제시한다. 이러한 행동은 단순한 활동을 넘어서 '더 많이 존재하는 것'에 초점을 맞추는데, 같은 맥락에서 저자들은 생태적 인간으로의 성장을 강조한다. 나아가 로컬리즘을 강조하고, 지역 정체성과 참여를 증진시키는 방향으로 논의를 전개한다. 공동체-내-개인으로서의 자각과 그 안에서의 소속감 강화가 중요함 역시 피력한다. 로컬 퓨처스 같은 비영리 단체의 예를 들어 지역공동체의 중요성과 각 개인이 속한 지역에서 실천할 수 있는 방안들을 탐색한다. 생태문명으로의 전환은 단순히 환경주의의 다른 말이 아니라, 지속가능성에 국한되지 않는, 보다 광범위한 사회적, 문화적, 영적 변화를 포함한다고 명시한다. 이 장은 생태문명을 향한 도전적이지만 필수적인 전환에 대한 우리의 역할을 재고하고 구체적인 행동으로 옮길 것을 촉구하는 것으로 마무리된다.

8장은 생태문명의 중요성을 짚으며, 그것이 어떻게 우리에게 희망을 부여하는지를 심도 있게 논의한다. 생태문명은 인류의 문명사, 새로운 생태학적 발견, 그리고 생태적 위협의 근원에 대한 이해를 바탕으로 한 개념적 틀을 마련해주며, 다양한 분야의 리더십을 결집시켜 사회 구조를 생태적 근거 위에서 재창조하는 과업에 주안점을 두고 있다. 전 세계적으로 베이비 붐 세대부터 Z세대까지 수많은 이들이 생태문명 실현을 위해 힘쓰고 있으며, 이러한 노력은 세대를 아우르는 희망의 메시지를 전달한다. 저자들은 지구 온난화 같은 환경 문제에 관한 과학적, 사회적 데이터를 제공하고, 이 문제들이 현실에서 얼마나 중대한지를 부각한다. 2015년 파리 협정 목표에 미달하는 정부와 기업들의 현실과 대비되는 부분이다. 이러한 문제에 대한 절망감을 인지하면서도, 저자들은 생태문명이라는 비전을 통해 우리에게 희망을 선사한다. 생태문명은 환경 운동을 지지하고, 그 이상을 추구하며, 장기적이고 확장된 현실주의를 제안한다. 생태문명은 전 지구적 착취와 자본주의의 한계를 넘어서 실현 가능한 새로운 대안을 제시하며, 복잡한 사회적 문제들을 문명의 차원에서 재해석하여 간단하고 희망적으로 다가갈 수 있는 방향을 제시한다. 이 비전은 지속가능하고 정의로운 사회 구축을 목표로 삼으며, 현 정책에 대한 새로운 방향을 제시한다. 또한 저자들은 생태문명이 실현되고 있는 구체적 사례들을 소개하고, 이러한 실천이 왜 시작되었는지를 탐색한다. 주변에서 일어나는 긍정적 변화를 강조하며, 새로운 문명으로 나아가는 진취적 움직임을 중요하게 다룬다. 8장은 생태문명이 달성 가능한 목표라는 점을 부각시키며, 현실적인 접근을 통해 두려움을 극복하고 희망을 발견할 수 있음을 강조한다. 인류가 제 시간에 적절히 대응하지 못할 경우 발생할 수 있는 사회적, 경제적, 정치적 파탄을 직시함으로써 얻을 수 있는 자유를 설명하는 것이다.

결론적으로, 이 책은 현재 인류가 직면한 중대한 위기들과 그 해결책을 다룬다. 저자들은 '생태문명'이라는 새로운 이념을 통해 지속가능한 미래를 그려내는데, 이는 과거의 문명 위기와 그 극복 과정에서 얻은 교훈을 토대로 한다. 이를 통해, '생태문명'이라는 개념이 인류에게 희망과 진로를 제시할 수 있음을 강조한다. 이 책에서 논하는 새로운 문명 체계는 단순한 유토피아적 상상이 아니라, 구체적으로 각 개인의 일상과 사회 정책에 실질적인 변화를 끼칠 수 있는 방안들을 제시한다. 저자들은 지속가능한 미래를 향한 '생태문명'의 필요성을 탐구하면서, 그 철학적 기초와 실천적 지침과 경로에 관해서 심층적으로 다룬다. 저자들은 이 책이 단순한 이론에 그치지 않고 각자의 생활 속에서 실질적인 변화를 이끌어낼 수 있는 계기를 마련해주기를 바라며, 그 과정에서 독자들에게 희망의 메시지를 전하고자 한다. 인류가 직면한 위기를 극복하고 지속가능한 미래를 구축하기 위해 필요한 철학과 실천 방안을 제공하는 이 책이 독자들에게 희망의 메시지와 함께 실질적인 변화를 일으키는 계기가 되기를 바란다.